PORTUGAL
E A
CONSTRUÇÃO EUROPEIA

Maria Manuela Tavares Ribeiro
António Moreira Barbosa de Melo
Manuel Carlos Lopes Porto
(Org.)

PORTUGAL
E A
CONSTRUÇÃO EUROPEIA

ALMEDINA

TÍTULO:	PORTUGAL E A CONSTRUÇÃO EUROPEIA
AUTORES:	MARIA MANUELA TAVARES RIBEIRO ANTÓNIO MOREIRA BARBOSA DE MELO MANUEL CARLOS LOPES PORTO (ORG.)
EDITOR:	LIVRARIA ALMEDINA – COIMBRA www.almedina.net
LIVRARIAS:	LIVRARIA ALMEDINA ARCO DE ALMEDINA, 15 TELEF. 239851900 FAX 239851901 3004-509 COIMBRA – PORTUGAL livraria@almedina.net LIVRARIA ALMEDINA ARRÁBIDA SHOPPING, LOJA 158 PRACETA HENRIQUE MOREIRA AFURADA 4400-475 V. N. GAIA – PORTUGAL arrabida@almedina.net LIVRARIA ALMEDINA – PORTO R. DE CEUTA, 79 TELEF. 222059773 FAX 222039497 4050-191 PORTO – PORTUGAL porto@almedina.net EDIÇÕES GLOBO, LDA. R. S. FILIPE NERY, 37-A (AO RATO) TELEF. 213857619 FAX 213844661 1250-225 LISBOA – PORTUGAL globo@almedina.net LIVRARIA ALMEDINA ATRIUM SALDANHA LOJAS 71 A 74 PRAÇA DUQUE DE SALDANHA, 1 TELEF. 213712690 atrium@almedina.net LIVRARIA ALMEDINA – BRAGA CAMPUS DE GUALTAR UNIVERSIDADE DO MINHO 4700-320 BRAGA TELEF. 253678822 braga@almedina.net
EXECUÇÃO GRÁFICA:	G.C. – GRÁFICA DE COIMBRA, LDA. PALHEIRA – ASSAFARGE 3001-453 COIMBRA E-mail: producao@graficadecoimbra.pt JANEIRO, 2003
DEPÓSITO LEGAL:	187861/02

Toda a reprodução desta obra, por fotocópia ou outro qualquer processo, sem prévia autorização escrita do Editor, é ilícita e passível de procedimento judicial contra o infractor.

ÍNDICE

APRESENTAÇÃO 9

PARTE I
CULTURA, IDEOLOGIA E PERCEPÇÃO

EÇA E A EUROPA OU AS SUAS RAZÕES
CARLOS REIS 15

OS INTELECTUAIS E A IDEIA DE EUROPA
MARIA MANUELA TAVARES RIBEIRO 31

A PERCEPÇÃO INSULAR DA EUROPA
JOSÉ GUILHERME REIS LEITE 41

UMA EUROPA DE NAÇÕES OU OS DENTES DE CADMO
EDUARDO LOURENÇO 53

COMENTÁRIO
ADRIANO MOREIRA 63

PARTE II

OS DESAFIOS POLÍTICOS

PORTUGAL E A IDEIA FEDERAL EUROPEIA:
DA REPÚBLICA AO FIM DO ESTADO NOVO
António Martins da Silva 69

A CONSTRUÇÃO EUROPEIA
E A DEFESA DAS IDENTIDADES NACIONAIS:
UMA PERSPECTIVA NORMATIVA
A. Barbosa de Melo 101

A PARTICIPAÇÃO DE PORTUGAL NAS INSTITUIÇÕES
INTERNACONAIS DO APÓS-GUERRA
José Calvet de Magalhães 125

A ESTRATÉGIA PARA A ADESÃO
ÀS INSTITUIÇÕES EUROPEIAS
J. Medeiros Ferreira 137

AS PERSPECTIVAS DEPOIS DE NICE
António Vitorino 167

COMENTÁRIO
J. J. Gomes Canotilho 175

PARTE III

O QUADRO ECONÓMICO: RISCOS E OPORTUNIDADES

A PARTICIPAÇÃO DE PORTUGAL NA EFTA
V. Xavier Pintado 179

O PROCESSO DE INTEGRAÇÃO DE PORTUGAL
NAS COMUNIDADES (EUROPEIAS) – UMA AVALIAÇÃO GERAL,
DÉCADA E MEIA DEPOIS
Ernâni Rodrigues lopes 191

EUROPA SEGURO CONTRA A VORACIDADE
Jorge Braga de Macedo 217

O SONHO DA CONVERGÊNCIA REAL
Manuel Porto
.... 235

O EQUILÍBRIO DE INTERESSES NA UNIÃO EUROPEIA
Vítor Martins 261

COMENTÁRIO
Jacinto Nunes 273

APRESENTAÇÃO

Reúnem-se no presente volume os textos actualizados das comunicações apresentadas no Colóquio "Portugal e a Construção Europeia", promovido pelas Faculdades de Letras e de Direito, pela Associação de Estudos Europeus, pelo Centro de Estudos Interdisciplinares do Século XX (CEIS20) e pelo Instituto de História e Teoria das Ideias, todos da Universidade de Coimbra, que se realizou nesta Universidade nos dias 23 e 24 de Novembro de 2001. O conjunto das intervenções põe a claro a complexidade, a delicadeza e a profundidade do processo histórico que, desde meados do Século XX, envolve a Europa e vai aproximando os Estados e povos que a ela pertencem.

O propósito dos organizadores foi convocar personalidades com diferentes formações académicas, enriquecidas por experiências culturais e profissionais as mais diversificadas, muitas delas credenciadas por relevantes missões ao serviço do País (políticos, diplomatas, filósofos, historiadores, jurisconsultos, economistas ...) para deporem sobre as preocupações, anseios e projectos que animaram Portugal e os seus dirigentes a trilhar os caminhos de concertação e unidade que, na segunda metade do Século XX, foram tecendo ou cerzindo o retalho europeu.

Ao longo do Século o desafio foi sempre, a bem dizer, o mesmo: nos campos político, económico, cultural, social e militar, como conciliar a *diversidade* com a *unidade* da Europa? Como esconjurar os males de uma trágica herança divisionista que, na mesma geração, ensanguentou a Europa e o Mundo com fratricídios que acabaram por atingir todo o género humano? Como garantir a esta parte ou "partida" do Mundo, que Zeus raptou e amou, segundo o mito grego, e que serviu de berço à mais prodigiosa civilização, a posição que lhe cabe, em importância e mérito, no contexto da globalização política, económica, cultural, tecnológica e militar de hoje?

Os ensaios de resposta institucionais têm sido vários. Pretende--se uma Europa da Cultura e do Espírito, mas também se quer uma Europa do Mercado Comum, uma Europa da Defesa e Segurança Comuns, uma Europa Social, uma Europa do Ambiente... Certo já é que por todo este espaço jorra a liberdade de pensamento, de religião e de ciência, entrelaçada nos demais postulados da democracia; circulam sem entraves ideias, pessoas, mercadorias e capitais; luta-se empenhadamente por uma cada vez mais ampla e mais efectiva protecção dos direitos do Homem e pela concretização da igual dignidade de todos, sem distinção do sexo, da raça, da língua ou do credo religioso; elege-se periodicamente representantes para elaborar convenções e participar na definição das políticas de alcance europeu; promove-se regularmente reuniões de chefes de Estado e governantes para tratar dos assuntos europeus; julga-se em nome do Direito Europeu e da sua Justiça ...

O que seja ou deva ser a Europa, de hoje e de amanhã, tem sido objecto, ao longo dos tempos, de reflexões do mais alto interesse político e cultural, que vão, por exemplo, de Robert Schumann a Jean Monnet, de Winston Churchill a De Gaulle, de Nietzsche a Ortega y Gasset ou de Jacques Maritain a Edgar Morin. Mas o tema já deixou há muito de ser assunto apenas das camadas dirigentes europeias, para passar a interessar o "homem comum", o eleitor, o agricultor, o operário, o empresário, o emigrante, o sedentário. Por trás desta generalização e a dar-lhe sentido está o facto de a Europa ser sentida, ou pressentida, como um processo em curso, como um projecto inconcluso, como uma tarefa inacabada.

As comunicações e comentários reunidos neste volume dão testemunho da memória colectiva de europeus e portugueses e revelam laços nem sempre lembrados entre o desenvolvimento da construção europeia e a participação de Portugal nos desafios e sonhos dessa "Terra Nova" – que vem emergindo, de vagar e de modo vário, de um já considerável acervo de experiências vividas em comum pelos povos e cidadãos da Europa. A fragmentação política, económica e militar, que, nos inícios do Século XX, parecia conduzir os europeus em direcção oposta à unidade, cedeu, visivelmente, o passo à *unidade plural* europeia.

Decerto ainda são muitas as insuficiências de percepção da identidade comum e as contradições e obscuridades que afectam a institucionalização dessa "*geografia de uma cultura*", que, na expressão feliz de Maria Teresa Gouveia, a Europa é.[1] Aqui fervilham valores, crenças, ideias, estruturas culturais, sociais, políticas e económicas, em contínua interacção, e de todas estas diferenças vai a Europa haurindo aquela sua unidade plural. Talvez não haja resposta para a questão de saber onde se encontra o centro dessa interacção a n dimensões – se na identidade cultural, se no processo de institucionalização política e económica.[2] Para melhor percepção desta problemática parece útil, entretanto, distinguir os três conceitos que dão forma à ideia de Europa: um conceito cultural, que equaciona a questão da identidade europeia; uma conceito filosófico, que se prende com o espírito europeu; e um conceito político-social e económico, em torno do qual se articula o processo da construção europeia.[3]

Foi longo o caminho da génese da ideia de Europa na Modernidade; complexo e sinuoso vem sendo o processo da sua construção institucional. No encontro de análises pluridisciplinares e de múltiplas perspectivas de reflexão e no diálogo racional e aberto que as tenha em conta ganhar-se-á, seguramente, altura para mais fielmente interpretar a herança da história e para moldar "com engenho e arte" as instituições do futuro.

---

[1] A expressão da personalidade portuguesa em referência é, muito justamente, retomada pelo professor de história da Universidade de Freiburg, Hermann Schäefer, no estudo *Europa's Einheit: Herkunft, Ziel, Form*, in "Europa als politische Idee und als rechtliche Form", volume organizado por Josef Isensee, Duncker & Humbolt, 1994, p. 18.

[2] J. Arroyo Pomeda, *Europa, casa de la razón y la libertad*, Madrid, Acento, 1999; *Les racines de l'identité européenne*, Paris, Economica, 1999.

[3] António Moreno Juste, *La idea de Europa: balance de un siglo*, Cuadernos de Historia Contemporanea, n.º 21, Madrid, Universidad Complutense, 1999, pp. 163-164.

Que o livro que agora entregamos ao leitor tenha o mérito de contribuir para avivar o interesse do povo português pela questão europeia e pela participação atenta e inteligente de Portugal na sua solução, eis o que para nós seria uma aliciante recompensa.

Dezembro de 2002

Os organizadores

MARIA MANUELA TAVARES RIBEIRO
ANTÓNIO MOREIRA BARBOSA DE MELO
MANUEL CARLOS LOPES PORTO

PARTE I

CULTURA, IDEOLOGIA E PERCEPÇÃO DA EUROPA

EÇA E A EUROPA OU AS SUAS RAZÕES

Carlos Reis

1. O título desta intervenção não é, evidentemente, apenas circunstancial. Se me interessa analisar aqui alguma coisa do que foi a relação de um grande escritor português – Eça de Queirós – com a Europa, também me interessa cruzar essa análise com o contributo de um dos grandes pensadores portugueses do nosso tempo: Eduardo Lourenço. *Nós e a Europa ou as duas razões* intitula-se um livro de Lourenço[1], livro em que está representada uma parte importante da reflexão do ensaísta sobre a Europa, prosseguindo um veio de indagação que, desde os primeiros textos do autor, tem sido recorrente; lembremos que um dos ensaios de *Heterodoxia I* (de 1949), "Europa ou o diálogo que nos falta", problematiza já a ideia, com contornos de mito, de uma Europa ausente para Portugal e para os portugueses. E é também essa síndrome de ausência que aflora em diversos textos de uma das mais consequentes e orgânicas obras de Eduardo Lourenço: *O Labirinto da Saudade* (1978).

Não por acaso, um dos textos incluídos em *Nós e a Europa ou as duas razões* (designadamente: "Nós e a Europa: ressentimento e fascínio") refere-se à chamada Geração de 70. E fá-lo em função de um dos temas mais insistentemente questionados por escritores--pensadores como Eça e Antero: "a consciência de uma distância, de uma marginalidade, talvez sobretudo, de uma como que fatal

---

[1] Em 1988 foi atribuído a Eduardo Lourenço, por ocasião da publicação de *Nós e a Europa ou as duas razões*, o Prémio Europeu de Ensaio Charles Veillon.

dependência ou inferioridade"[2]. Para essa que foi a "mais artística geração portuguesa desde os tempos camonianos" o que se exigia (e não sem equívocos, como também nota Lourenço) "era um *Portugal-outro*, um Portugal onde se actuasse, se vivesse, se pensasse e se inventasse como na Inglaterra, na Alemanha, *na França,* em suma, na única *Europa* que merecia esse título que desde então designa menos uma entidade geopolítica, uma história comum, do que *um mito*, o da Civilização, do Progresso, da Cultura como espelho e instrumento regenerante do destino humano."[3]

As razões que levam Eça de Queirós a pensar a Europa são, então, antes de mais razões geracionais: são algumas delas que o famoso texto "Um Génio que era um Santo" (de 1896, para o *In Memoriam* de Antero) passa em revista. As Conferências do Casino foram o episódio axial de um discurso geracional cujos ecos Eça trata de relembrar, nesse seu testemunho quase autobiográfico; e a recepção queirosiana do Realismo e do Naturalismo constituiu, no plano de um discurso literário marcado por inevitáveis incursões ideológicas, o contributo do nosso maior romancista para essa afirmação geracional, fortemente marcada, neste caso, por uma inclinação cultural claramente francesista.

2. Pode dizer-se, sem exagero, que a Europa enquanto tema jamais se desvaneceu dos textos queirosianos. E a isto deve acrescentar-se que a abundante e regular colaboração de Eça destinada à imprensa coeva revelou-se motivo e local privilegiados de reflexão sobre a Europa, reflexão não despida de oscilações e mesmo de contradições. Lembrarei dois momentos relevantes dessa produção cronística de temática europeia.

Em 1888, ano em que vai viver para Paris, Eça analisa, em "A Europa" (texto destinado ao jornal *O Repórter* e depois inserido por Luís de Magalhães nas *Notas Contemporâneas*), grandes questões da actualidade europeia, condicionada pela situação política, social

---

[2] *Nós e a Europa ou as duas razões*, 4ª ed., Lisboa, Imp. Nacional-Casa da Moeda, 1994, p. 25.

[3] *Nós e a Europa ou as duas razões*, ed. cit., p. 30.

e económica das quatro grandes potências europeias: a França, a Inglaterra, a Alemanha e a Rússia. Trata-se, para Eça, de apontar os efeitos visíveis de uma ampla crise sugestivamente referida nestes termos: "a máquina desconjuntando-se". A sobreprodução determinada pelo acentuar da industrialização, a proletarização por ela arrastada, a acumulação urbana e as suas tensões sociais, a poluição crescente desses meios urbanos, as emergências nacionalistas e a desenfreada especulação financeira são as perigosas perversões observadas na Europa e também em Portugal. Só que, neste caso, a pequenez portuguesa e os seus atávicos vícios temperamentais tendem a relativizar artificialmente essa crise. Atenuada pela distância e menorizada pela dimensão, ela parece, assim, ser irresolúvel, por defeitos de comportamento que marcam, mais uma vez, as diferenças entre Portugal e a Europa – essa mesma Europa de onde Eça escrevia, com o conhecimento de causa de quem vivia num dos seus centros estratégicos. Diz Eça de Queirós:

> No nosso canto, com a azulada doçura do nosso céu carinhoso, a contente simplicidade da nossa natureza meio árabe (duas máximas condições para a felicidade na ordem social), nós temos, ao que parece, todas as enfermidades da Europa, em proporções várias – desde o *deficit* desconforme até a esse novo partido anarquista que cabe todo num banco da Avenida. E desgraçadamente, além destes males, uns nascidos do nosso temperamento, outros traduzidos do francês, morremos a mais de um outro mal, todo nosso, e que só a Grécia, menos intensamente, partilha connosco: – é que, enquanto contra as tormentas sociais nas outras naus se trabalha, na nossa rota e rasa caravela tagarela-se! Tagarela-se num desabalado fluxo labial, cuja qualidade, desde 1820, não tem deixado de decair, da eloquência degenerando na loquacidade – da verbosidade descambando na verborreia![4]

---

[4] Eça de Queirós, *Notas Contemporâneas,* Lisboa, Livros do Brasil, s.d., pp. 148-149.

Já em "A Europa em resumo" (crónica de 1892, destinada à *Gazeta de Notícias*, do Rio de Janeiro) é claramente uma visão eurocêntrica que se afirma. Curiosamente, ela elabora-se em torno de uma dialéctica, cuja síntese se projecta sobre este texto: por um lado, a Europa é ainda o espaço de incubação de tensões e de conflitos de uma civilização em crise, que motivaria, nesse mesmo ano de 1892, o conto "Civilização", embrião d'*A Cidade e as Serras*; mas por outro lado, a Europa permanece o espaço de florescência de uma cultura que Eça trata de valorizar. E o facto de esta crónica inaugurar uma colaboração jornalística destinada ao outro lado do Atlântico[5] (quer dizer: ao espaço da não-Europa), torna mais expressivas as palavras de um Eça não isento de preconceitos eurocêntricos:

Se a Europa, como disse, não me lembro que afectado poeta alemão, é no mundo o *jardim da inteligência* – nós remetemos para aí, Brasil ditoso, um ramalhete das suas flores melhores, de modo que tu te possas regalar com o encanto das cores e a harmonia dos perfumes, sem teres de descer ao jardim e sofrer-lhe a humidade, os espinhos, as lagartas e os estrumes.[6]

3. À sua maneira, os romances queirosianos modelizam temas e preocupações europeias, no quadro de uma espécie de razão ficcional progressivamente consolidada. Rege-se essa razão ficcional

---

[5] A actividade jornalística de Eça tem sido das mais contempladas pelos estudos queirosianos dos últimos anos. Sobre a colaboração de Eça para a *Gazeta de Notícias* veja-se o estudo recente de Elza Miné, *Páginas Flutuantes. Eça de Queirós e o jornalismo no século XIX*, São Paulo, Ateliê Editorial, 2000, pp. 61-74.

[6] Eça de Queirós, *Notas Contemporâneas*, ed. cit., p. 184. Ressalta do tom algo displicente destas palavras um juízo pouco abonatório acerca da forma como Eça olhava os seus leitores brasileiros. Mais claro é esse juízo, quando se expressa (*et pour cause*) numa carta particular a Batalha Reis, de 6 de Julho de 1892, em que Eça pede colaboração para a *Gazeta de Notícias*, sob a forma de "noções fundamentais de ciência [para os] caixeiros do Rio", acrescentando ainda: "Tudo isso são *intrujices literárias* – mas convêm, agradam, são facílimas de fabricar" (citado por Elza Miné, *op. cit.*, p. 67).

pela singular lógica referencial que caracteriza a construção de mundos possíveis, que permitem aludir enviesadamente ao mundo real – e, desse modo, à Europa.

Não raro e compreensivelmente, as alusões à Europa articulam-se com o processo crítico da sociedade portuguesa, empreendido pela ficção queirosiana sobretudo nos anos 70, com sólido fundamento ideológico no tempo especialmente agressivo que foi o d'*As Farpas* (1871-72). A evolução literária de Eça diluiu em parte essa agressividade crítica, mas não a cancelou por inteiro; e nem as derivas exóticas, fantasistas e bíblicas d'*O Mandarim* (1880) e d'*A Relíquia* (1887) são suficientes para anular a preocupação queirosiana com a Europa; à sua maneira, o fradiquismo, a problematização da História e a tematização da civilização finissecular – para só aludirmos a alguns dos mais relevantes focos de irradiação semântica do Eça dos anos 80 e 90 – constituem também lugares de fixação da temática europeia, subordinada, como é evidente, à específica textura ficcional em que é representada.

Centrar-me-ei, por agora, em três romances queirosianos em que a questão da Europa, sempre disseminada no quadro disso a que chamei *razão ficcional*, assume algum destaque: *O Primo Basílio* (1878), *O Crime do Padre Amaro* (1880) e *Os Maias* (1888); e em todos eles procurarei realçar o significado de uma problematização dialéctica da Europa. Trata-se fundamentalmente de confrontar as *cenas da vida portuguesa* (expressão consabidamente queirosiana) com as *imagens da vida europeia* que nelas ecoam, sendo essa confrontação normalmente condicionada pela insinuação de sentidos que em tal confrontação inevitavelmente se projectam: a distância e a marginalidade portuguesas, o trauma do atraso, o provincianismo e a atracção cosmopolita que nele transparece.

Três exemplos, para melhor me expressar. N'*O Primo Basílio*, o *incipit* do relato inclui, nesse lugar estratégico do texto, um procedimento e uma reacção muito típicos dos costumes da burguesia (e da mulher) retratados no romance: Luísa está a ler o jornal e depara com uma notícia muito especial:

– Ah! – fez Luiza de repente, toda admirada para o jornal, sorrindo.

– Que é?
– É o primo Basílio que chega!

E leu alto, logo: «Deve chegar por estes dias a Lisboa, vindo de Bordéus, o sr. Basílio de Brito, bem conhecido da nossa sociedade. Sua Excelência, que, como é sabido, tinha partido para o Brasil, onde se diz reconstituíra a sua fortuna com um honrado trabalho, anda viajando pela Europa desde o começo do ano passado. A sua volta à capital é um verdadeiro júbilo para os amigos de Sua Excelência que são numerosos.»[7]

Aquele paquete de Bordéus (e também o de Marselha) são decisivos para o afrancesamento da vida cultural e social portuguesa, conforme mais tarde reconhecerão Eça e Fradique, o primeiro no registo difusamente autobiográfico do texto (deixado, contudo, inédito) "O 'Francesismo'"[8], o segundo estabelecendo esse afrancesamento como causa directa da descaracterização dos costumes e da cozinha tipicamente portuguesa. E de Bordéus chegarão ainda outras personagens do calibre de Basílio, afectadas pelo mesmo ou pior francesismo de maneiras e de mentalidade: Dâmaso Salcede, por exemplo. Pois bem: Luísa fica impressionada (a tal reacção de que falei) não pelo passado "brasileiro" de Basílio, mas sobretudo pelo aroma europeu e francês que lhe entra agora pela casa dentro, primeiro na notícia de jornal, depois na própria figura do primo regressado.

N'*O Crime do Padre Amaro,* nem mesmo a sonolência provinciana de Leiria dispensa um símile em que bem se espelha a quase ânsia de construir um discurso social europeizado. É num momento de aguda viragem da pequena política leiriense, quando o clero e a oposição parecem reconciliados:

Daí a dias, os frequentadores da botica, na Praça, viram com espanto o padre Natário e o Dr. Godinho conversando em harmonia, à porta da loja de ferragens do Guedes. O recebe-

---

[7] Eça de Queirós, *O Primo Basílio*, Lisboa, Livros do Brasil, s.d., p. 14.
[8] Publicado mais tarde (1912) nas *Últimas Páginas*.

dor – que era escutado com deferência em questões de política estrangeira – observou-os com atenção através da porta vidrada da farmácia, e declarou com um tom profundo «que não se admiraria mais se visse Vítor Manuel e Pio IX passearem de braço dado!»[9]

E n'*Os Maias*, de novo na capital do Reino e num nível social que, em princípio, justificaria alguma elevação e, por assim dizer, especialização de linguagem, a imagem da Europa distante dilui-se no discurso de Steinbroken. Explicando a Carlos por que razão recusara um convite de Afonso da Maia, o diplomata finlandês acrescenta:

> Mas, infelizmente, Santa Olávia era longe, tão longe!... Tinha de se contentar com Sintra, donde podia vir todas as semanas, uma, duas vezes, vigiar a Legação. *C'était ennuyeux, mais*... A Europa estava num desses momentos de crise, em que homens de Estado, diplomatas, não podiam afastar-se, gozar as menores férias. Precisavam estar ali, na brecha, observando, informando...
> – C'est très grave – murmurou ele, parando, com um pavor vago no olhar azulado. – C'est excessivement grave!
> Pediu a Carlos que olhasse em torno de si para a Europa. Por toda a parte uma confusão, um *gâchis*. Aqui a questão do Oriente... além o socialismo; por cima o Papa, a complicar tudo... *Oh!, très grave! très grave!*...[10]

Esta parece ser a Europa que de Lisboa se sente e se vê pelo "olhar azulado" de um diplomata decerto bem ajustado ao país longínquo em que todas estas coisas vagas se viviam. Tão distante e marginalizado que, logo aí, a atenção de Carlos se desvia: "Mas Car-

---

[9] Eça de Queirós, *O Crime do Padre Amaro*, Lisboa, Imprensa Nacional--Casa da Moeda, 2000; edição de Carlos Reis e Maria do Rosário Cunha; Lisboa, Imprensa Nacional-Casa da Moeda, 2000, p. 479.

[10] Eça de Queirós, *Os Maias*, Lisboa, Livros do Brasil, s.d., p. 202.

los não escutava, nem sorria já", porque se aproxima uma mulher magnífica e ainda desconhecida. É Maria Eduarda, trazendo consigo "um destaque estrangeiro, como o requinte claro de civilizações superiores", tudo em contraste com a "cidade antiquada" que a ambos envolve. Ironicamente (e tragicamente) essa lufada de civilização estrangeira traz de volta a Portugal e à família Maia um seu membro transviado e, com ele, o princípio do fim; e ironicamente também, Maria Eduarda viajara no mesmo paquete de Bordéus que trouxera Dâmaso Salcede.

4. O processo crítico que n'*O Primo Basílio* enquadra o imaginário da Europa acha-se sugerido, desde logo, no subtítulo do romance: *Episódio doméstico*. É num tal contexto – doméstico, burguês e lisboeta – que Luísa vive e absorve imagens do estrangeiro europeu que, para ela, tem marcadamente uma conformação livresca. A adolescência fora influenciada, como se sabe, pelo timbre medieval e escocês dos romances de Walter Scott; na maturidade de agora, Luísa convive com o "moderno" francês, centrado em Paris, lugar simbólico de todas as mundanidades e de todos os requintes a que a distância portuguesa aspira.[11] É ainda a idealização romântica que em Luísa estimula, na leitura d'*A Dama das Camélias*, a vivência puramente imaginária do cosmopolitismo ausente e inacessível, em que Paris flameja, por entre "ceias, noites

---

[11] Convém lembrar o quase escândalo que Teodorico provoca, num serão em casa da Titi. Diz o Dr. Margaride: "– E o nosso Teodorico? O nosso Teodorico ainda não nos disse qual era a sua ambição." E de seguida: "Corei: e Paris logo rebrilhou ao fundo do meu desejo, com as suas serpentinas de ouro, as suas condessas primas dos papas, as espumas do seu champanhe – fascinante, embriagante, e adormecendo toda a dor... Mas baixei os olhos; e afirmei que só aspirava a rezar minhas coroas, ao lado da titi, com proveito e com descanso..." Como o Dr. Margaride insistisse, achando normal que Teodorico "nutrisse uma honesta cobiça", o jovem herdeiro confessa: "– Nutro! – exclamei então decidido como aquele que arremessa um dardo. – Nutro, Dr. Margaride. Gostava muito de ver Paris." Ao que a tia reage: "– Cruzes! – gritou a Sr.ª D. Patrocínio, horrorizada. – Ir a Paris!..." (Eça de Queirós, *A Relíquia*, Lisboa, Livros do Brasil, s.d., pp. 57-58).

delirantes, aflições de dinheiro, e dias de melancolia no fundo de um *coupé*, quando nas avenidas do Bois, sob um céu pardo e elegante, silenciosamente caem as primeiras neves."[12]

Para que a síndrome do provincianismo português bem se evidencie, falta o movimento de confrontação a que já aludi: infelizmente para Luísa, o nosso Bois de Boulogne tem a dimensão acanhada e empoeirada do Passeio Público em que se observam "desconsolações de fadiga e aborrecimentos de dia santo."[13] Mas se em Luísa a confrontação é relativa (porque estabelecida entre o visto e o lido), não é assim com Basílio: a comparação de Lisboa com Paris, sendo embora parte de um comportamento arrogante e cabotino, explicita, com o conhecimento da experiência directa, o que Luísa apenas pode conjecturar: o episódio é ainda o do Passeio Público, numa noite em que lá se encontram os dois primos depois amantes:

    Basílio, ao pé de Luiza, ia calado. Que horror de cidade! – pensava – Que tristeza! E lembrava-lhe Paris, de Verão: subia, à noite, no seu *faeton*, os Campos Elísios devagar: centenares de vitórias descem, sobem rapidamente, com um trote discreto e alegre; e as lanternas fazem em toda a avenida um movimento jovial de pontos de luz; vultos brancos e mimosos de mulheres reclinam-se nas almofadas, balançadas nas molas macias; o ar em redor tem uma doçura aveludada, e os castanheiros espalham um aroma subtil.[14]

N'*O Primo Basílio* não se vai muito além disto, diga-se de passagem, porque mais não consente o alcance da intriga do adultério e os desenvolvimentos (chantagem, doença e morte de Luísa) que dela se deduzem.

Do mesmo modo (e até um certo ponto, como se verá), n'*O Crime do Padre Amaro* a pequenez das "cenas da vida devota" que

---

[12] Eça de Queirós, *O Primo Basílio*, ed. cit., p. 18.
[13] *O Primo Basílio*, ed. cit., p. 96.
[14] *Op. cit.*, p. 98.

o romance ilustra não permite mais do que escassas, mas quase sempre caricatas, alusões europeias. O caricato decorre aqui do facto de Leiria ser uma espécie de margem da margem, isto é, um lugar cuja distância é, para além do mais, marcada em relação a Lisboa, ela mesma, como se tem visto, afectada pela consabida e reiterada marginalidade em relação à Europa. E assim, àquele recebedor respeitado pelo seu saber em "questões de política estrangeira" vem juntar-se agora o Dr. Godinho. É no momento mais agudo da crise vivida por João Eduardo, escorraçado por Amélia: diante do jovem atormentado pelas maldades dos senhores padres, o pomposo causídico aproveita para dissertar acerca dos perigos que ameaçam Leiria: "Aonde nos querem os senhores levar com os seus materialismos, os seus ateísmos? Quando tiverem dado cabo da religião de nossos pais, que têm os senhores para a substituir? Que têm? Mostre lá!" João Eduardo não tem, evidentemente, nada para mostrar, a não ser um profundo e perplexo desalento. O que não impede o outro de acrescentar:

> – Não têm nada! Têm lama, quando muito têm palavreado! Mas enquanto eu for vivo, pelo menos em Leiria, há-de ser respeitada a Fé e o princípio da Ordem! Podem pôr a Europa a fogo e sangue, em Leiria não hão-de erguer a cabeça. Em Leiria estou eu alerta, e juro que lhes hei-de ser funesto!

De novo está sublinhada a distância de Portugal à Europa, agora pela via da acentuação irónica instituída por aquele discurso excessivo e empolado. Melhor do que ninguém parece percebê-lo João Eduardo, para quem as coisas têm, afinal, uma dimensão pequena e provinciana que bem dispensaria tanta retórica:

> João Eduardo recebia de ombros vergados estas ameaças sem as compreender. Como podia o seu «Comunicado» e as intrigas da Rua da Misericórdia produzirem assim catástrofes sociais e revoluções religiosas?[15]

---

[15] Eça de Queirós, *O Crime do Padre Amaro,* ed. cit., p. 573.

Já, contudo, o último capítulo d'*O Crime do Padre Amaro* abre caminho a reflexões de outro fôlego. A esse novo fôlego não é alheia a recomposição do romance, no episódio final passado em Lisboa e no Chiado, o que, por si só, redimensiona a acção ficcional, bem como este seu epílogo: a província ficou para trás e o enquadramento dos discursos ideológicos enunciados é o da capital do Reino e, nela, esse lugar fulcral da política à portuguesa que era então o Chiado.

Tal como acontecia na segunda versão do romance (e também na primeira), o episódio final decorre no momento em que chegam a Lisboa (à Casa Havanesa) as notícias da derrota da Comuna de Paris e das destruições que então atingiram a capital francesa[16]. A comoção que tais episódios suscitam traduz, à sua maneira, a consciência de um centro europeu distante, desejado e valorizado, por razões que falam por si: "Tinham pois as chamas aniquilado aquela centralização tão cómoda da patuscada!"[17]

A terceira versão do romance acrescenta ao episódio final um subepisódio em que a temática europeia se cruza com incursões de ordem histórica. É agora o conde de Ribamar, com a sua autoridade de político do constitucionalismo oitocentista, que assume a responsabilidade de operar projecções sobre a História europeia, projecções que superam as considerações do recebedor de Leiria, tanto na palavrosa convicção como na dimensão do equívoco: Ribamar antevê, para depois da Comuna, a restauração do Império e do poder papal. Mais: "creiam Vossas Senhorias um homem que conhece a sua Europa e os elementos de que se compõe a sociedade moderna, creiam que depois deste exemplo da Comuna não se torna a ouvir falar de república, nem de questão social, nem de povo, nestes cem anos mais chegados!..."

Cem anos é decerto muito tempo para que Suas Senhorias – o padre Amaro e o cónego Dias – possam atestar a falência das previsões europeias do político. Mas talvez não falte aos padres

---

[16] Certamente por lapso, na primeira e segunda versões Eça data esse episódio final de Maio de 1870.
[17] *O Crime do Padre Amaro*, ed. cit., p. 1021.

cinismo para aceitarem como certeiro o comentário final do conde, formulado de novo em clave de ponderação europeia: "– Vejam – ia dizendo o conde: – vejam toda esta paz, esta prosperidade, este contentamento... Meus senhores, não admira realmente que sejamos a inveja da Europa!"[18]

5. Constituindo, em muitos aspectos, o aprofundamento e a culminância do talento narrativo queirosiano, o romance *Os Maias* acolhe também a tematização ficcional da Europa, indo mesmo além daquilo que nos dois romances anteriores encontrámos. Este Eça, que ao longo de parte dos anos oitenta compõe e recompõe *Os Maias*, inscreve no seu romance temas e problemas que, por assim dizer colateralmente, vêm articular-se com a grande crónica de costumes (os "episódios da vida romântica" mencionados no subtítulo) e com a tragédia do incesto que dominam o relato. E assim, a preocupação cada vez mais evidente com o destino histórico, com a identidade e com a independência nacionais, a integração ibérica e a melindrosa relação com Espanha, as responsabilidades do país como potência colonial em África, a emergência do fradiquismo, como atitude pessoal e filosofia de vida, são, por junto, questões cujo afloramento em diversos episódios bem podem articular-se com a tematização da Europa.

Com efeito, por aquilo que arrastam, as questões mencionadas remetem indirectamente para a condição europeia de Portugal e encontram-se inevitavelmente implicadas nela. É essa condição europeia que se explicita, ainda que de passagem, em diversos momentos do romance, até ser reequacionada em função do motivo do regresso (motivo reiterado na ficção queirosiana, diga-se de passagem), tal como o encontramos no episódio final.

Um desses momentos ocorre quando está em causa, no jantar do Hotel Central, a ameaça de bancarrota, surgindo então a Europa como sublimação romântica de desgostos e de desfeitas. É o poeta Tomás Alencar quem assim pensa: se os políticos que governam Portugal, "outrora seus camaradas de redacção, de café e de batota",

---

[18] *O Crime do Padre Amaro*, ed. cit., p. 1035.

ignoram o talento do poeta de *Elvira*, então impõe-se uma certa ideia de Europa:

> O Alencar, porém, cofiava sombriamente o bigode. Ultimamente pendia para ideias radicais, para a democracia humanitária de 1848: por instinto, vendo o romantismo desacreditado nas letras, refugiava-se no romantismo político, como num asilo paralelo: queria uma república governada por génios, a fraternização dos povos, os Estados Unidos da Europa...[19]

Esta Europa romântica, que algo fica a dever à reconhecida hugolatria queirosiana, constitui, evidentemente, um lugar simbólico, idealizado e valorizado pela propensão aliteratada de Alencar, sem consequências de maior. Não perpassa nesta alusão, por isso, o propósito irónico que alimenta a encenação de discursos políticos afins dos que ouvíamos ao conde de Ribamar, no final d'*O Crime do Padre Amaro*.

A alma gémea de Ribamar, n'*Os Maias*, é o conde de Gouvarinho; e o momento em que ele se consciencializa de uma condição portuguesa menorizada no contexto europeu é também aquele em que, erguendo-se nos bicos de pés de uma dignidade a vários títulos inconsequente, o político rejeita a possibilidade de aceitar, numa recomposição governamental, a pasta dos Estrangeiros:

> – Essa nunca! – prosseguiu ele, muito compenetrado. – Para se poder falar de alto na Europa, como ministro dos Estrangeiros, é necessário ter por trás um exército de duzentos mil homens e uma esquadra com torpedos. Nós, infelizmente, somos fracos... E eu, para papéis subalternos, para que venha um Bismarck, um Gladstone, dizer-me «há-de ser assim», não estou!...[20]

---

[19] Eça de Queirós, *Os Maias*, ed. cit., pp. 166.
[20] *Os Maias*, ed. cit., p. 548.

Para tranquilidade de todos – até mesmo, quem sabe, de Bismarck e de Gladstone... – Gouvarinho não vai para os Estrangeiros e acaba por ser ministro da Marinha, o que lhe permitirá concretizar uma das poucas medidas civilizadoras que, em seu entender, faltavam ainda na África portuguesa: criar um teatro normal em Luanda.

Desloca-se, então, para o episódio final do romance a reflexão que indirectamente problematiza uma certa relação de Portugal e dos portugueses com a Europa. Mas essa reflexão não pode alhear-se do singular condicionalismo que rodeia esse episódio final: tendo partido de Lisboa dez anos antes, depois da revelação do incesto e da morte do avô, Carlos da Maia, outrora enleado na ilusão de protagonizar um reformismo de ideias e de atitudes depois abortado, regressa à Pátria, sob o signo do cepticismo e mesmo de um certo tédio, tipicamente finissecular. Vindo da Europa em que se habituou a viver, regressa, contudo, com a disposição de quem visita um tempo passado e um lugar estagnado, bem diferentes e bem distantes do modo de vida cosmopolita, elegante e também inconsequente que o último Maia agora cultiva: "Paris era o único lugar da Terra congénere com o tipo definitivo em que ele se fixara: «o homem rico que vive bem»", declara Carlos a Ega; e exemplifica esse "viver bem": "Passeio a cavalo no Bois; almoço no Bignon; uma volta pelo *boulevard*; uma hora no clube com os jornais, um bocado de florete na sala de armas; à noite a Comédie Française ou uma *soirée*; Trouville no Verão, alguns tiros às lebres no Inverno; e através do ano as mulheres, as corridas, certo interesse pela ciência, o bricabraque, e uma pouca de *blague*". Conclusão: "Nada mais inofensivo, mais nulo, e mais agradável".[21]

É este Carlos da Maia prisioneiro das suas contradições e da sua ociosidade, que olha um Portugal aparentemente dividido: entre a obrigação de ser civilizado (e, como tal, europeu) e o estigma de um atraso com as marcas do passado ante-liberal, exibem-se, perante o olhar de Carlos, objectos e atitudes de clara insinuação simbólica. "Isto é horrível, quando se vem de fora! – exclamou Carlos",

---

[21] *Os Maias*, p. 713.

referindo-se não tanto à cidade, mas às pessoas: "Uma gente feíssima, encardida, molenga, reles, amarelada, acabrunhada!...".[22] Mas depois aparecem os sinais da imitação estrangeira (e particularmente francesa), antes de mais representados na nova Avenida, prolongando o parisianismo arquitectónico e urbanístico do obelisco dos Restauradores, tudo resumindo um "curto rompante de luxo barato", que, contudo, "estacara logo, com o fôlego curto, entre montões de cascalho". Por fim, as botas aguçadas na ponta e ostentadas por aquela "mocidade pálida" que Carlos não conhece, traduzem exemplarmente o propósito de modernização que, com a ajuda da sarcástica interpretação de Ega, se identifica sobretudo com um esforço de europeização falhada:

> É o que sucede com os pretos já corrompidos de São Tomé, que vêem os europeus de lunetas – e imaginam que nisso consiste ser civilizado e ser branco. Que fazem então? Na sua sofreguidão de progresso e de brancura, acavalam no nariz três ou quatro lunetas, claras, defumadas, até de cor. E assim andam pela cidade, de tanga, de nariz no ar, aos tropeções, no desesperado e angustioso esforço de equilibrarem todos estes vidros – para serem imensamente civilizados e imensamente brancos...[23]

6. Vale a pena tentar ser europeu? Aparentemente não, tanto quanto é possível concluir, em função deste confronto devastador entre aquele que "vem de fora" e os que por cá "estacionavam ainda, apagados e murchos". Para este Carlos, o que vale a pena para quem cá está é continuar português, na culinária, na paisagem e nalguns costumes que lembrem o Portugal genuíno que o francesismo abastardou.

Neste pensamento, Carlos da Maia não está só. Com ele chegam Fradique Mendes e o fradiquismo, emergência de uma alteridade queirosiana que vem enunciar um discurso em que se

---

[22] *Op. cit.*, p. 697.
[23] *Op. cit.*, p. 703.

acentuam contradições já apontadas e porventura ressentidas de forma aguda pelo próprio Eça de Queirós. Mas provavelmente para isso mesmo servem as ficções, mesmo quando, como acontece com Fradique, não parecem sê-lo: para exorcizarem fantasmas que de outro modo assumiriam a densidade de um trauma excessivamente agressivo; esse fantasma chama-se Europa e Eça conheceu-o do seu interior – ou melhor, do interior desse interior, que era a Paris finissecular. Como tal, conheceu bem os seus fascínios e os seus excessos: as exposições parisienses e as geringonças que proliferam no 202 d'*A Cidade e as Serras,* são parte disso mesmo, como o são também, à sua maneira, o tenebroso *affaire* Dreyfus e a violência do ultimato inglês.

O regresso de Jacinto às serras (não a Lisboa, por onde nem chega a passar), as higiénicas viagens de Fradique à quinta de Refaldes e a deriva de Gonçalo Mendes Ramires para África parecem sugerir, neste Eça final, um movimento de superação da polarização europeia ou, no mínimo, de questionação das suas virtudes, como se em Eça ecoasse aquela dualidade de ressentimento e fascínio de que fala Eduardo Lourenço, num ensaio já aqui citado. Termina esse ensaio com palavras que a este Eça e às sua cépticas personagens parece convirem modelarmente: "É quixotescamente que devemos viver a Europa e desejar que a Europa viva. Com a mesma ironia calma com que Caeiro se vangloriava de oferecer o universo ao universo, nós, primeiros exilados da Europa e seus medianeiros da universalidade com a sua marca indelével, bem podemos trazer a nossa Europa à Europa. E dessa maneira reconciliarmo-nos, enfim, connosco próprios".[24]

---

[24] E. Lourenço, *Nós e a Europa ou as duas razões*, ed. cit., p. 37.

OS INTELECTUAIS E A IDEIA DE EUROPA

Maria Manuela Tavares Ribeiro

1. Hoje, os Europeus vivem um paradoxo. Por um lado, a "Europa" continua a construir-se com um movimento que, confusamente, é considerado irreversível para todos, quer seja desejado por uns, ou temido por outros, quer seja criticado pela sua rapidez ou pela sua lentidão. Por outro lado, esta mesma Europa, que se assume como uma herança do passado, uma construção do presente e um projecto do futuro, não faz só vibrar os espíritos, mas apresenta ainda, para muitos, uma silhueta fluida. É um dos deveres dos intelectuais interrogar-se face a esta débil "imagem da Europa" e ao fraco "sentimento europeu", realidades que contrastam com o poder do processo de construção europeia, sobretudo desde 1989. Assim, no interior, a "Europa", se suscita entusiasmos, a verdade é que também não gera grandes emoções colectivas e provoca, sim, dúvidas e cepticismos.

De facto, o movimento do "real" – a construção europeia – nem sempre seduz e empolga o "imaginário" dos Europeus.

A "identidade europeia"–, ou seja, o sentimento de pertença à Europa ou a consciência de ser europeu –, resulta de uma dimensão sociocultural. Ela é, simultaneamente, o resultado de uma herança que se fixa num passado plurissecular, e que se projecta no futuro, graças à percepção nem sempre clara, é certo –, de uma "comunidade de destinos". Como escreveu Jacques Le Goff: «A Europa é, a um tempo, passado e futuro». Mas, a identidade europeia é também um processo complexo, um movimento com continuidades, rupturas e contradições na sua sucessão de tempos curtos e do tempo presente. Não se é, nem se sente ser Europeu da mesma maneira em 1900 ou em 2002.

A "consciência europeia" não se confunde com a noção de "identidade europeia". Ela releva, sobretudo, a dimensão moral e política, porque indicia a consciência da necessidade de *fazer a Europa*, a necessidade da construção europeia. Por outras palavras, pode-se muito bem ser europeu, sentir-se europeu e não se sentir a necessidade de se construir a "Europa". Este processo de consciencialização –, diferente, portanto, do processo de identificação, mas intrinsecamente a ele ligado –, tem as suas próprias cronologias, variações e diferenças dentro do espaço europeu.[1]

Por outro lado, o «sentimento europeu» diferencia-se pois designa o grau de adesão afectiva à necessidade de se *fazer* a Europa, com a aceitação, não só dos direitos que daí decorrem, mas também dos deveres que essa construção implica. Em todo o caso, a adesão à "Europa" é mais racional e o sentimento pende sobretudo para a ideia de Nação.

É possível apreender os momentos fortes desse processo de identificação e de consciencialização: eles situam-se nos primórdios do século XX, nos anos vinte e nos anos cinquenta, ou seja, nos momentos em que ressoam os efeitos das duas guerras mundiais. Mas, não é menos verdade que se a "identidade europeia" se modificou ao longo do século XX e se reforçou muito claramente – embora, segundo uma linha irregular –, a "consciência europeia", essa, permanece fragmentária no seio das sociedades da Europa, e o "sentimento europeu", esse, pesa menos do que os sentimentos nacionais.

Entre os Europeus, nem todos os caminhos da sua identidade e da sua consciência conduziram aos Tratados de Roma de 1957. Compreende-se. Não se deve, nem se pode apreender a história da Europa como um processo linear e determinado que vai da identi-

---

[1] Cf. *Identité et conscience européennes au XXème siècle*, Paris, Hachette, 1994 e *Imaginer l'Europe*, sous la direction de Klaus Malettke, Paris, Éd. Bélin, 1998. Veja-se *Identidade Europeia e Multiculturismo. Actas do Curso Intensivo 28 de Fevereiro a 7 de Março de 2002*, coord. de Maria Manuela Tavares Ribeiro, Coimbra, Quarteto Editora, 2002.

dade à consciência, da consciência à construção europeia, depois, no futuro, do sucesso da integração à eclosão de um sentimento e de um patriotismo europeus. Será nocivo cair neste ponto de vista determinístico e teleológico, tentando a todo o preço prová-lo quais "cavaleiros da Europa" a agirem como, não há muito, outros procuravam demonstrar a inevitável necessidade de outro fim da história. Mas o intelectual, a quem repugne fazer da "Europa" e dos laços que unem os Europeus um objecto de análise, de pesquisa, de reflexão, se entende que se arrisca a anular o seu espírito científico, acaba por colocar-se numa atitude cega em relação a uma realidade que existe, e que ganha forma sob os nossos olhos.

2. Com efeito, após a II Guerra Mundial, pode falar-se do paradoxo europeu dos intelectuais.[2] Por contraste com o discurso do início do século XX e com o discurso entre as duas guerras, em que uma "Europa dos espíritos", mesmo frágil, mesmo efémera, mesmo limitada a um restrito microcosmos, contribuiu para a elaboração de uma visão moderna de Europa, o pós-II Guerra Mundial –, quaisquer que sejam as continuidades e as referências –, produziu uma série de rupturas e de contradições. Assim, a partir dos anos 50, quando se entra na fase activa da construção europeia, os intelectuais, que tinham sido vanguardistas da unidade europeia parecem, muitos deles, bloqueados, se não até silenciosos, sobre o tema. As suas preocupações incidem raramente sobre questões europeias, diminuíram os seus encontros e, os poucos que se realizaram, não tiveram sucesso. Mais ainda, esse pós-guerra, principalmente com a divisão da Europa em dois blocos antagónicos, por um lado, e a descolonização por outro lado, marca o fim da coincidência entre discurso europeu e discurso do universal. A II Guerra Mundial define uma dupla ruptura essencial, já que ela interrompe um diálogo europeu e, em particular o franco-alemão, porque a Europa que nasceu da guerra foi, desde 1947, uma Europa dividida em

---

[2] Daniel Salvatore Schiffer, *Grandeur et misère des intellectuels. Histoire critique de l'intelligentsia du XXème siècle*, Monaco, Éditions du Rocher, 1998.

duas, – uma Europa ocidental, atlântica, aliada e até dominada pelos Estados Unidos – e a "outra" Europa – a de Leste.

Não será preferível falar, mais do que de uma «consciência europeia» de um "inconsciente europeu", a fim de captar essa multiplicidade de proximidades, essas abordagens indirectas, esses não-ditos, esses silêncios?[3]

Se os trabalhos sobre o tema para o período entre as duas guerras são numerosos, a relação dos intelectuais com a ideia de Europa no pós-II Guerra Mundial tem dado origem a estudos mais esparsos e a encontros menos frequentes.

No plano metodológico ressalta, principalmente nas pesquisas dos historiadores, a vontade de cruzar a abordagem temática com a cronológica. A primeira –, sem dúvida a mais complexa e cujos resultados só poderão aparecer após múltiplas pesquisas –, tem-se interessado pelo estudo dos intelectuais e pelas suas mudanças de opinião e suas inserções institucionais, sejam estas as grandes estruturas científicas, universitárias, profissionais, entre outras, ou, mais amplamente, as redes de sociabilidade oficiais ou oficiosas, de modo a melhor se compreender as grandes correntes ideológicas e se captar as ideias e os valores subjacentes aos seus posicionamentos em relação à Europa. É, todavia, a abordagem cronológica que parece impor-se. E ela permite distinguir dois tempos fortes da Europa no crivo dos intelectuais: o da guerra fria e o dos anos 80 e 90, entrecortados por uma espécie de longa depressão da ideia de Europa nos anos 1960-1970. Ecoam, então, os discursos terceiro--mundistas e anticolonialistas cujas concepções teóricas têm as suas traves-mestras no marxismo e no estruturalismo. Nos anos 50, quando se coloca a alternativa de uma Europa atlântica e liberal, oposta à ditadura soviética, ou de uma Europa neutra, isto é, de terceira via ou de "terceira força" entre os dois blocos, há, pode afirmar-se, um confronto político directo entre os defensores e os adversários da ideia de Europa. Mas a ideia, nos anos 80-90, recobra alento, marcada pela redescoberta da "outra Europa" e de um certo

---

[3] *Expansions, ruptures et continuités de l'idée européenne*, II, Paris, Diffusion Les Belles Lettres, 1995.

universalismo europeu. É então que se sente evoluir um duplo processo de reorganização dos discursos com a desagregação do comunismo e a ressurgência de iniciativas europeias. Hoje, em matéria cultural, ou mesmo na (re)elaboração de verdadeiras políticas culturais europeias, pode dizer-se que é no pensamento de intelectuais da Europa de Leste, dessa "outra Europa", que se encontram algumas perspectivas mais originais a começar pela recusa desta última designação. Entre outros, é o caso de Czeslaw Milocsz, de Istvam Bibo e, sobretudo, de Jan Pantocka, para quem a "outra" Europa não é de uma "outra" natureza, mas, com os seus trajectos e as suas tragédias, é apenas uma forma extrema das contradições que constroem a própria figura da civilização europeia no seu conjunto.

3. Se os intelectuais não renovaram senão parcialmente o pensamento da Europa no pós-II Guerra Mundial, o seu papel não é, no entanto, negligenciável na elaboração de uma Europa da cultura.[4] Se quisermos apontar alguns exemplos no âmbito da cooperação universitária europeia verifica-se que a preocupação aumenta nos meados dos anos 50 e é, nas vésperas da fundação do Mercado Comum, que se revelam as primeiras tentativas de concertação. Assim, sublinhe-se, por exemplo, a Conferência dos Reitores para reflectir sobre a questão dos intercâmbios ou das equivalências dos diplomas. Mostra-o também o Colégio da Europa, em Bruges, centro de formação de eurocratas, ou o Instituto Europeu de Florença e o projecto de criar uma Universidade Europeia, que gerou sérias reservas e causou reticências em diversos Estados nacionais. Aliás, obstáculos semelhantes foram levantados em relação aos projectos de manuais de ensino europeus.

De uma maneira geral, a preocupação de pôr em vigor uma política cultural à escala da Europa remonta, nos seus primórdios, ao Congresso Europeu da Haia de 1948 – nas suas concretizações iniciais, relativamente às primeiras convenções culturais, aos meados dos anos 50. Mas é indiscutivelmente na década de 80 que esta

---

[4] *Vers une Europe de la culture. Du théâtre à l'action communautaire*, Paris, L'Harmattan, 2000.

política cultural se desenvolve, como o testemunha, por exemplo, a emergência das "Cidades Europeias da Cultura".

4. O que se torna ainda difícil, no presente estado dos sentimentos em relação à Europa, é a construção de uma simbólica que seja afectiva e identitária e, também aqui, os intelectuais, seja na fundamentação, seja na crítica, têm um papel a desempenhar, tanto mais que é necessário evocar e analisar os "lugares de memória" europeus, e não apenas os das guerras e os das carnificinas. É preciso criá-la e principalmente recriá-la a partir de uma herança histórica em ordem a que o passado ainda possa ser futuro. Não que uma prática simbólica não circule já – o hino, a bandeira, a moeda – "símbolos políticos e institucionais e os demais símbolos europeus de tipo propriamente cultural, símbolos literários ou icónicos, plásticos ou espirituais que lhe estão de algum modo indissociavelmente conexos».[5]

Por sua vez, não se pode esquecer que certas representações da Europa, quer como figura feminina alegórica, quer como figura mitológica (a Europa e o touro), têm sido revitalizadas pela arte. Será interessante apurar o seu impacto nos nossos dias.

Também já um Panteão embrionário, com os grandes europeus laureados com o prémio Carlos Magno, bem como a vulgarização do tema sobre a Europa através de moedas, de selos, de postais, de imagens, de pinturas, de gravuras, de caricaturas, modo de insinuar que os Europeus não se reconhecem tanto nos seus mitos, mas nas figuras lendárias, mormente que encarnam as tragédias da Europa dos séculos XIX e XX.

5. Em termos mais universitários, grupos de trabalho, colóquios e publicações têm assumido o tema – os intelectuais e a Europa – como seu objecto. Pense-se, por exemplo, na investigação sobre os intelectuais cristãos, bem como na elaboração de um discurso europeu, no discurso sobre as Resistências e a ideia de Europa,

---

[5] João Medina, "Símbolos europeus. Breve inventário da simbologia da União Europeia", in *A Construção da Europa. Problemas e Perspectivas*, coord. de Sérgio Campos Matos, Lisboa, Edições Colibri, 1999, pp. 11-28.

sobre o anti-europeísmo, tanto na sua versão militante (anti-americana, anti-atlantista, anti-imperialista) como na sua versão teórica, campo em que tem sido forte o impacto da antropologia e da sociologia. Uma atenção particular deve ser dada aos intelectuais minoritários, aos regionalistas e separatistas, exilados e dissidentes, e à maneira como eles instrumentalizam ou simplesmente entendem a referência à Europa, enquanto saída contra as opressões da política centralizadora do Estado e do espaço nacional. É verdade que, nos anos mais recentes, a análise respeitante às políticas culturais europeias (festivais, encontros sobre cultura, etc.) está já largamente feita. Apesar de todas as insuficiências, é um facto que uma vasta gama de problemáticas está a ser analisada ou é alvo de projectos de pesquisa. Assim, os modos de circulação e de sociabilidade próprias dos meios intelectuais europeus orientam a reflexão sobre a europeidade. Com efeito, é a instrumentalização da ideia europeia nos discursos que deve ser analisada, quer se trate de examinar as suas analogias semânticas com as noções de "civilização", ou mesmo de "ocidente", quer, para o passado, as noções de universalismo ou modernidade, quer, hoje, a noção de pós-modernidade. Sem dúvida que, neste terreno, os trabalhos e estudos de antropologia, de sociologia, de história da arte, de crítica literária e os encontros sobre a ideia de Europa, mais frequentes no campo da literatura, da história, da filosofia têm dado contributos relevantes principalmente para a compreensão das relações da alteridade.

Salientarei – a título de exemplo, entre outros que poderiam ser enunciados, o interesse e a importância do grupo de pesquisas dos professores de história sob a égide da Comissão Europeia, formado em 1989, sob impulso de René Girault, professor da Universidade de Paris I e, depois, de Robert Frank, também titular da História das Relações Internacionais na Sorbonne (Paris I).

Os resultados das investigações foram dadas a lume, em 1993, na obra colectiva *Identité et conscience européennes au XXème siècle* e no estudo de Anne Deighton, *Building Postwar Europe. National Decision Makers and European Institutions 1948-1963*. Entretanto, vários encontros se têm realizado e constituiram-se múltiplos grupos de trabalho, que integram historiadores e outros intelectuais de vários países – do ocidente e da *Mitteleuropa* – de história, de geografia, de ciência política, de literatura comparada, de antropologia, de sociologia, de filosofia, de direito, de economia. Eles têm procurado concretizar um análogo programa de pesquisa, numa perspectiva comparada, transnacional e intereuropeia.

6. Presentemente, o campo de análise conhece já outros pólos: tem-se alargado não só aos diversos Estados da União Europeia, mas também à *Mitteleuropa* e ao Leste Europeu. O espaço dilatou as suas fronteiras – geográficas e temáticas, sendo de destacar a análise sobre as relações entre elites e opiniões públicas. Nesta investigação, procura-se responder a questões como estas: quais são os proveitos ou as perdas desta construção europeia aos olhos dos seus actores e dos intelectuais? Qual a sua evolução no tempo? Que diversidade de vias da construção europeia e quais as opiniões das elites intelectuais? Como apreender o conceito de elite?

A problemática não é nova, pois numerosos estudos de sociologia política vieram a lume, sobretudo a partir do período entre as duas guerras, como os de Vilfredo Pareto e Gaetano Mosca.[6] Segundo a teoria clássica das elites, explanada na recente obra de Renata Dwan (St. Antony's College, Oxford), na maior parte das sociedades, o poder está concentrado nas mãos das minorias que exercem o seu monopólio para influenciar, de maneira decisiva, as iniciativas das sociedades.[7] É óbvio que esta hipótese privilegia o consenso no seio dessas minorias activas. O estudo de Wright Mills, posterior à Segunda Guerra (1956),[8] sublinha, de igual modo, os fundamentos institucionais do processo de formação de elites. Segundo estes, os indivíduos usufruem do seu poder em posições dominantes que mantêm em estruturas institucionais de uma

---

[6] Vilfredo Pareto, *The Mind and Society*, New York, Dover Press, 1935 e Gaetano Mosca, *The Ruling Class*, New York, Mc Graw Hill, 1939.

[7] Renata Dwan, "Un outil puissant: les théories de l'élite et de l'étude de la construction européenne", in *Europe des élites? Europe des peuples? La construction de l'espace européen 1945-1960*, sous la direction de Elisabeth du Réau, Paris, Presses de la Sorbonne Nouvelle, s. d., pp. 27-49.

[8] Wright Mills, *The Power Elite*, New York, Oxford, University Press, 1956.

sociedade, quer sejam organizações políticas, quer militares, quer económicas. Agindo em sinergia, os actores, influentes no seio destes três sectores, formariam uma elite de poder consciente, coerente e coesa.

Porém, a um outro nível, alguns trabalhos históricos permitem apreciar o peso das opiniões públicas na aceitação ou rejeição dos grandes projectos europeus, embora este seja um campo ainda só parcialmente investigado. O seu aprofundamento impõe-se tanto mais que, sem ele, não se poderão encontrar sólidas e duradouras soluções para estas dúvidas: será a Europa em construção a Europa dos Povos? E quais são os olhares exteriores sobre esta construção europeia em curso? Qual é a atitude dos Estados Unidos, dos povos do Médio Oriente, da África, da Ásia?

E estas perguntas têm subjacente outras ainda mais decisivas. A construção do espaço europeu será obra das "elites" europeias, ou ela é uma aventura colectiva à qual se associam os povos? É que a recepção pelas opiniões públicas dos grandes projectos europeus é uma inquietação simultaneamente prática e teórica, dado que os trabalhos a ela consagrados têm posto em relevo as resistências de certas correntes de opinião, assim como défices de legitimação democrática que importa superar.[9]

E como a construção da Europa é, e será um permanente e um complexo *fieri*, mobilizar os intelectuais, com a sua capacidade crítica e criadora para essa tarefa, significa convocar todos os saberes. É que, epistemologicamente, a Europa é um problema trans e interdisciplinar. Com estas minhas reflexões, só quis juntar a outras vozes a minha voz, como historiadora e como cidadã.

---

[9] Leia-se *Europe des Elites?... cit.* e *Identité et conscience européennes au XXème siècle*, Paris, Hachette, 1994; Elisabeth du Réau, *L'idée d'Europe au XXème siècle*, Paris, Éditions Complexe, 1996 e *Expansions, ruptures et continuités de l'idée européenne*, II, Paris, Diffusion Les Belles Lettres, 1995.

A PERCEPÇÃO INSULAR DA EUROPA

José Guilherme Reis Leite

Quando me telefonaram os meus amigos de Coimbra, ilustres Professores da Universidade, desafiando-me para participar neste colóquio sobre Portugal e a Construção Europeia, deferência que agradeço do coração, deram-me como mote: *A Europa vista dos Açores*. Mas ao receber eu o programa impresso vejo, com sobressalto, que o referido mote se havia transformado em *A Percepção Insular da Europa*. Convenhamos que a alteração é de monta e bem superior às minhas forças. Eu explico-me.

É que uma coisa é pedir a um açoriano que desenhe umas notas sobre aquilo que lhe parecer ser a Europa vista dos Açores, outra bem diferente é pedir-lhe que dê uma panorâmica que seja, da percepção insular da Europa, de uma Europa rodeada de ilhas tão diversas pela geografia e pela história e inevitavelmente com percepções tão variadas como a sua própria diversidade. A percepção que uma ilha mediterrânica, de civilização milenar e proximidade do continente, terá da Europa, é de certo diametralmente oposta àquela outra que uma ilha do mar do Norte, tardiamente entrada no círculo civilizacional europeu e fustigada por um clima adverso, terá dessa mesma Europa. E nós, açorianos, atlânticos e periféricos, agora mesmo desterrados para a subcategoria de ultra periféricos, como olhamos e que percepção temos dessa Europa que nos gerou e tão cedo nos abandonou e ainda hoje hesita, uma vez e outra, se nos encara como europeus da Europa ou como europeus de fora parte? É que ser-se ultraperiférico, na linguagem cifrada dos documentos políticos da União, é ser-se europeu tolerado ou melhor dito, europeu de fora da Europa. Uma espécie de filhos bastardos envergonhadamente admitidos no seio da família que assim vai remindo o estouvamento juvenil dos seus membros aventureiros. A Europa recolhida ao seu continente, passado o período da expansão por terras alheias, aceitou, por pressão de quem tinha esses problemas complicados, recolher ao seu seio esses filhos espúrios que haviam ficado plantados em ilhas e regiões inóspitas e aos quais seria vitupério abandonar, mais que não fosse para que lhe não dessem em cara que não cumpria com os Direitos do Homem e dos Cidadãos, que inventara e garbosamente continua a exportar. Tolerou-os e deu-lhes uma categoria, a de ultraperiféricos, abrangendo nesse denominativo coisas tão diferentes e tão diversas como a ilha de Guadalupe e a ilha da Reunião, que na costumada confusão histórica e geográfica surgiam no tratado de Roma como uma e a mesma coisa, irmanadas como Departaments d'Outre Mer (D.O.M.) ou como quem diz aposto ou continuado dessa Europa que pretendia unir-se.

E nós? Nós, Açorianos, Madeirenses e Canários, que tardiamente chegávamos à Europa unificada, o que éramos?

Seríamos reais? Alguém tinha nas instâncias burocráticas do poderoso império continental europeu alguma vez sequer pressentido que conjuntamente com Portugal e Espanha, que aderiam à Europa tão tarde devido às loucuras totalitárias que envergonhavam a civilização, entravam na Europa mais ilhas, distantes e atlânticas, que revindicavam para si um estatuto próprio, cultural e político e que se queixavam dos custos de uma insularidade que era, ela também, responsabilidade dos continentais? Foi em sobressalto e como nem sempre a imaginação é apanágio de políticos e nunca o é de burocratas, a solução, quando as coisas acalmaram, foi enfileirar-nos, a nós que aqui tão perto vivíamos e que nos considerávamos europeus como outros quaisquer, não numa categoria nova ou sequer numa categoria intermédia, mas na velha ultraperiferia, sem atender ao que isso queria dizer. Ultraperiféricos, como os da Reunião, de Guadalupe ou da Guiana, que ninguém se deve ter dado ao trabalho de ir ver num atlas onde ficavam estas ilhas atlânticas, na imaginação de muitos míticas e fabulosas. Não eram elas também, como as outras, apoios agora dispensáveis da velha expansão? Pois se o eram, que se justassem todas num acto demiúrico da criação do mundo europeu.

E tudo isto, com espanto de alguns, foi recebido e aplaudido como uma benesse e um grande favor que nos faziam, porque, disseram, permitia melhorar rendimentos, maiores facilidades e, isso não se disse, mas em breve se clareou, aliviava os orçamentos nacionais da carga insuportável da obrigatoriedade constitucional de arcar com os decantados custos de insularidade e, assim, a solidariedade nacional, também ela imposta na constituição, passava a ser a primeira das transferências que Portugal e a Espanha faziam para as responsabilidades europeias, como a França havia feito. Mais uma vez a França, mestra de sempre, indicava os caminhos e os peninsulares, há muito discípulos obedientes e reverentes, seguiam-na e aplaudiam-na, não pensando sequer nas consequências. Faziam agora, como no passado, que a História, dita mestra da vida, nunca ensinou nada a ninguém.

Mas, afinal, o que somos nós, principalmente nós açorianos e madeirenses, nesta Europa que teima em nos riscar dos mapas representativos da União?

É aqui que me afasto ainda mais do tema que aparece no programa como o meu e recolho ao primeiro mote que recebi por via do cabo de fibra óptica, uma dessas benesses que a Europa nos mandou em nome das compensações da insularidade. Como vemos nós açorianos a Europa, apesar de ela própria querer que a vejamos como uma cornucópia e muitos teimarem em vê-a como uma boceta de Pandora.

Comecemos pelo princípio.

O arquipélago dos Açores são ilhas europeias, como do alto da sua sapiência nunca desmentida, a Sociedade de Geografia de Lisboa, em 1902, proclamou. Proclamou-o porque havia até então dúvidas entre os geógrafos que afanosamente desenhavam mundos e fronteiras. Como nenhuma outra instituição a veio desmentir, deduz-se que todos aceitaram a lição como boa e nela passaram a louvar-se. Ao entrar o séc XX eramos, pelo menos para a comunidade dos sábios, europeus geograficamente falando.

E culturalmente? Seríamos?

Foi coisa que não me consta que tenha ocupado areópago paralelo aquele dos geógrafos, mas em escritos e reflexões de indígenas e de estrangeiros nunca isso foi pacífico.

Colónia, colónia de povoamento (em linguagem mais suave) adjacentes à metrópole, província (tão digna como as outras) nos chamou Pombal e outras coisas mais nos tem rotulado ao longo de cinco séculos de história. Quem assim nos rotula são os irmãos portugueses, os avós europeus e tios e primos americanos, mas seria tarefa inglória destrinçar a quem pertenceu primeiro cada um dos rótulos. A todos e a ninguém, de certo, que é sempre assim. Nós, porém, a nós próprios, sempre nos chamamos simplesmente Açorianos, o que não quer dizer que os outros nos ouvissem. Martim da Boémia, no final do século XV, a viver e casado no Faial, tomando a parte pelo todo, chamava-nos habitantes da Nova Flandres, e ainda hoje para os residentes no Sul do Brasil somos Açoritas, como nos designam com a ternura que só aquela língua consegue transmitir. Em nós procuram afanosamente a origem genealógica que lhe dá "pedigree".

O Padre António Cordeiro, barroco, que foi um destacado mestre em Coimbra, intitulava-se de Lusitano, Insulano e Angrense, por causa das dúvidas e João Soares de Albergaria, com o orgulho revolucionário do primeiro liberalismo, titulava-se de cidadão açorense, mas não consta que alguma vez algum de nós tenha, com orgulho ou sem ele, sentido a necessidade, para se identificar perante o mundo, de se declarar europeu. Não o fez possivelmente porque a evidência não necessita de confirmação. Vemos, agora, que bem se enganavam.

Contudo e apesar de tudo isto, os Açores são um produto cultural europeu. Foram gerados pela Europa, povoados com europeus e desde o princípio participantes, activos umas vezes, passivos muitas outras, das aventuras do velho continente.

Escalas indispensáveis dos navios da Expansão Europeia, fornecedores de trigo e pastel para o insaciável continente, desde muito cedo se transformaram na fronteira marítima da Europa. Camões, apesar da sua genealidade, equivocou-se ao chamar à Lusitania o fim da Europa, porque já então eram os Açores, menos poéticos e menos épicos, que ocupavam esse lugar. Mas para os poetas o que interessam as realidades?

A função de fronteira tem-nos saído bem cara e logo no início das disputas europeias pela liberdade dos mares foi nesta fronteira, mais do que em qualquer outra, que os imperealismos se afrontaram, restando para nós o desassossego dos corsários, as violências dos desembarques dos então chamados herejes, que queimavam igrejas e atormentavam as populações, não havendo quem nos pudesse acudir.

É verdade que D. João III não se poupou a esforços para defender as ilhas, mas deve ter sido o primeiro a compreender que os Açores são de facto indefensáveis simplesmente pelo esforço das armas. Uma defesa das ilhas, disseram os teóricos das guerras, só se consegue pela diplomacia e pela vontade das populações e disseram bem, porque a história o comprovou.

Lembram-se do escândalo farisaico que provocou, ainda não há muito, a declaração do Ministro da Defesa, no Parlamento, assedeado pelas exigências de um sistema defensivo para os Açores, ao afirmar que os Açores não tinham defesa? Pois possivelmente tinha razão, mas há evidências que aos Ministros é impróprio proclamar. É o preço da condição.

A primeira grande experiência europeia dos Açores deu-se no final do século XVI, quando se transferiu para as ilhas a batalha final entre as potências do velho continente. Os açorianos nessa época foram postos perante a urgência de optar por uma ou outra Europa, porque se alguém tinha dúvida, ficava claro que a Europa como um todo não existia. Optar pelo império Filipino ou pelas potências do Norte era escolher coisas completamente diferentes e temos testemunhos de que muitos açorianos tinham consciência disso mesmo. Tinham consciência disso e mais ainda de que para qualquer um dos projectos europeus em confronto as ilhas eram imprescindíveis. Foi isso mesmo que frei João, franciscano, escreveu directamente a Catarina de Medicis, como quem diz que sabiam os açorianos o que valiam.

É verdade que se pode considerar esta supreendente carta, escrita por um pobre frade a uma Rainha poderosa, como uma demonstração da nunca desmentida prosápia dos insulanos, sempre dispertos para avaliarem o seu préstimo por cima.

Não é o que os da ilha de Man chamam com sobranceria à Grã Bretanha e à Irlanda, as ilhas adjacentes? E o minúsculo Corvo, em paralelo ao canal das Flores, que os separa da ilha vizinha que avistam, não designam o Oceano Atlântico como o Canal da América?

Mas o frade, com prosápia ou sem ela, tinha razão e mais, tinha razão para além do fenómeno a que assistia, porque a indispensabilidade insular para as aventuras europeias ia-se tornar numa constante.

É bem verdade que a lucidez e o racionalismo desta percepção da Europa não animaria de certo todos os açorianos e muitos deles participariam na luta de forma menos esclarecida e movidos apenas pela emoção e por um patriotismo caseiro. O ódio feroz daquele combatente na batalha da Salga, onde os terceirenses impediram o desembarque dos espanhois, que foi ao ponto de comer o figado de um inimigo às suas mãos abatido e que lhe valeu, na implacável vingança seguinte, uma sentença de morte assinada pelo próprio punho do "demónio do meio dia", é de certo outra percepção da Europa.

Sempre foi assim. Não há uma percepção da Europa, há sim percepções da Europa, enformadas por preocupações e por formações culturais diversas.

Sei que nós açorianos temos fama de pouco firmes nos nossos brios de europeus e desde há muito nos atiram em cara que somos enamorados e seduzidos pelas terras americanas. E não é de todo impróprio este juízo, ainda que muitas vezes seja exagerado.

Ponderadas as coisas, o que os açorianos sempre sentiram foi um fascínio pelas potências marítimas, porque compreenderam que delas dependiam para a sua própria sobrevivência. Viver ligados a quem deixara de ser uma potência marítima podia-se tornar num fardo demasiado pesado e é isso mesmo que a história do séc XIX nos Açores parecer demonstrar.

Com o fim do império atlântico português, engolido na convulsão europeia do período napoleónico, os Açores foram de novo a fronteira, mas desta vez mais a fronteira das Américas do que a fronteira da Europa e uma fronteira menos dramática, mas não menos real e operacional. Nos Açores e no Atlântico se ia decidir a sorte da Europa e a tendência, pelo menos para uma élite açoriana, era interiorizar as lições do século. A Europa não voltaria a ser a mesma e a percepção que os açorianos passaram a ter do velho continente inevitavelmente era influenciada por esse sentimento geral de reorganização dos poderes. Todo o mundo atlântico se incendiava e a paixão da liberdade ou melhor dito, da libertação daqueles que se consideravam injustamente oprimidos, provocava revoluções e auto determinações nas colónias da América. Primeiro na América do Norte, ainda no séc. XVIII, depois na América do Sul e entre elas no Brasil, a Europa não conseguia opôr-se a tal avalanche, nem pela força, nem pela razão, nem pela negociação. Não estava preparada a Europa como tal e as potências europeias não conseguiam ver para além dos seus interesses. A utopia de um mundo atlântico partilhado morreu às mãos do imediatismo, do orgulho e do mercantilismo das potências.

A nós açorianos, náufragos do naufrágio colonial chegou-nos a sedução, pela primeira vez, da América, mas da América do Sul. Os nacionalismos alimentados pelas ideologias e pelas paixões românticas tiveram eco nas ilhas e também elas sonharam com a hora da libertação porque se consideravam oprimidas e sem lugar no mundo europeu a que Portugal se via reduzido. Continuar ligados a quem perdera a importância marítima e não necessitava mais de umas ilhas que haviam nascido e haviam crescido para apoio ao império, surgia a muitos açorianos como uma coisa irracional. Chegara a hora de tomar novas e, para muitos, dolorosas decisões mas que se impunham em nome da sobrevivência. Era a percepção de uma nova Europa na qual era necessário integrar as ilhas e para elas procurar um novo estatuto. Um protectorado, um estado associado ou outra coisa qualquer, mas que assegurasse aos Açores uma ligação à potência marítima.

Ninguém duvidava que essa potência era a Inglaterra.

Como todos sabemos, esta percepção da Europa não vingou entre nós açorianos, que ficámos umbilicalmente ligados à mãe Pátria, com louvor de muitos e com pesar de alguns, mas ficámos porque as circunstâncias não permitiram outra solução. Para Portugal passamos a ser um apêndice e um factor de negociação e mais valia para novas estratégias coloniais. Para a nova potência marítima umas ilhas imprescindíveis que se usavam a belo prazer mas por negociação diplomática. Os Açores, que não tiveram força, nem vontade, nem capacidade para se autonomizarem no novo mundo atlântico do séc XIX atravessaram-no com o estatuto de ilhas adjacentes a um Portugal em crise e com ele sofreram as agruras da secundarização nos cenários europeus e foram sucessivamente objecto de troca pelos favores da potência marítima. Papel pouco empolgante, diga-se em abono da verdade, pouco empolgante para nós açorianos e pouco prestigiante para a administração portuguesa. Mas servimos, sem que isso nos tenha sido reconhecido, para salvar o império africano e para dar alguma visibilidade ao velho Portugal. Pagámos por isso um preço alto que se traduziu na perda de mais de metade da população, emigrada em condições miseráveis para o Brasil e para os Estados Unidos; no atraso tecnológico e cultural e chegamos ao dealbar dos século XX com o epíteto que nos deu um ilustre personalidade das letras pátrias, de *Ilhas Desconhecidas,* uma espécie de mundo perdido de quem ninguém se lembrava.

Dir-me-ão que estou a ser pessimista e que pinto com tintas demasiado sombrias a precepção que a Europa e com ela Portugal, tinham dos Açores. Não creio, porque me apoio em testemunhos indismentíveis.

Que percepção podiam ter os Açorianos de uma Europa, irrequieta, cada vez mais afogada em sangrentas disputas e que para mais lhes chegava coada pelas perspectivas de um pequeno país divorciado do que então se chavama a Civilização?

Não podia ser brilhante e se apesar de tudo, ela Europa, ela Civilização, ainda desperta o sonho de uma elite que conhecia Londres e Paris, mas que desdenhava de Lisboa, pouco diria à maioria dos açorianos, que recebiam dinheiro e notícias de abundância e de esperança de uma vida desafogada, da América e nunca da Europa.

A percepção da Europa era clara. Dali não havia a esperar senão, talvez, aquilo que nos havia tocado no lavar dos cestos do fim do império. O novo império africano, que se consolidava por pagamento feito com as ilhas à Inglaterra, não necessitava dos nossos serviços. Portugal não estava em condições de fazer mais pelos Açores e as esperanças não vinham da Europa.

O sonho Americano reacendia-se e transformava o séc XX no século da América, para os Açorianos. O fascínio continuava o mesmo de sempre, a potência marítima e a novidade estava em que pela primeira vez os entusiasmos eram partilhados por muitos e não mais somente por uma elite.

Os sonhos sucediam-se para variadas soluções que arrancassem as ilhas da miséria reconhecida e tudo passava pela boa vontade e pela colaboração dos Estados Unidos, nova potência marítima e na imaginação de muitos incapaz de fazer aos insulares aquilo que a "Pérfida Albion" havia feito. Abandoná-los. Se os Estados Unidos tinham fama de não abandonar os seus amigos (que ingenuidade!) porque abandonariam os melhores deles, como se proclamavam muitos e muitos açorianos. Se os Estados Unidos tinham levado Cuba e Porto Rico à independência e colocado os novos Estados sob o seu protecionismo, porque abandonariam os açorianos? Não podiam os Açores vir a ser as ilhas de Hawai do Atlântico?

Quem lê hoje muitos dos jornais açorianos, principalmente os do grupo ocidental e mais ainda aqueles outros da emigração na América do Norte, embrenha-se neste mundo de utopias e de secretos planos para retirar os Açores da influência nefasta da Europa e consequentemente da alçada da incompetência da administração portuguesa. Ganhavam os açorianos fama de anti-patriotas e daí nasceriam as mais variadas reacções, desde a célebre receita de Eça de Queiroz: "as ilhas recalcitram? Manda-se-lhes um desembargador", até às visitas da soberania, começadas com D. Luis, ainda príncipe e continuadas por D. Carlos, por Carmona, por Craveiro Lopes e por Américo Tomás. Visitas de soberania na verdadeira acepção da palavra, mas de soberania inconsequente, porque nenhum deles entendeu aquilo que era necessário fazer-se para apagar o divórcio entre os Açorianos e a Mãe Pátria. Deixavam-se toldar pelas aparências (porque o triunfo é mau conselheiro), mas ignoravam a realidade da emigração que engrossava dia a dia e que ameaçava transformar de facto a maioria dos açorianos em cidadãos americanos.

O reverso desta medalha, porém, era a política dos Estados Unidos para o Atlântico que não contemplava o apoio a qualquer movimento de aproximação das ilhas europeias à orgânica americana. Nisto os estadunienses seguiram os ditames dos seus antecessores britânicos ou seja, usar as ilhas sempre que necessário, mas conseguir tal desiderato por negociação diplomática. O Estado português há muito, por sua parte, que aprendera a lição que convinha aos pequenos quando tem de lidar com os grandes isto é, manter as aparências da soberania, mas ceder às pretensões mesmo quando essas levam à perca da soberania real.

Entendidos ambos os Estados no essencial, os Açores lá viram passar pelo seu território a base americana em Ponta Delgada em 1918, a cedências encapotadas aos Aliados, em 1943, o acordo com os americanos em 1951, nas Lajes, as companhias de aviação em Santa Maria e anteriormente na Horta e mais e mais coisas, sem que disso lhes adviessem as almejadas compensações, para além daquelas que criaram algumas ilhotas de prosperidade (e também da miséria) à volta das instalações americanas. Mas era fácil de contentar com meia dúzia de tostões os pobres que rodeavam os ricos, como aliás sempre foi, desde os tempos bíblicos!

Porém, apesar de migalhas, elas, aliadas sempre à emigração e ao seu êxito, eram suficientes para continuar a creditar o el dourado americano junto dos açorianos.

A percepção da Europa, durante o Século XX, continua a ser para nós uma vaga referência de um lugar devastado pela guerra e onde alguns privilegiados viajavam em férias e em "tournée" de cultura, escrevendo depois conferências e livros que metiam inveja. Para a generalidade dos açorianos a Europa era uma referência tão vaga e tão distante como outra qualquer terra do planeta. O que estava ali à mão e cada vez mais perto, com os aviões, era a América, os Estados Unidos e o Canadá, transformando-se o oceano no Rio Atlântico, de que nos fala Onésimo Teotónio de Almeida.

Uma única vez pareceu que as consequências políticas destas realidades teriam um desfecho diferente e que o governo dos Estados Unidos se dispunha a intervir. Foi isso quando na convulsão política e social que sucedeu ao 25 de Abril, Kissinger proclamou a sua solução para um Portugal que se afogava na vertigem do totalitarismo marxista. Pretendeu ele transformar a gente lusa na cobaia da vacina europeia contra o comunismo, mas aceitava poupar os Açores a essa humilhação, não pelos nossos méritos, mas antes pelos interesses próprios. Muitos açorianos é que teimavam em não ver as coisas por esse prisma e agarravam-se à fidelidade americana aos seus amigos. Com tudo isto, a outra margem do Atlântico ia-se transformando numa espécie de "rive droite" da resistência à nova ditadura portuguesa.

Esta aventura saldou-se naquilo que todos conhecemos e onde participamos, mas a primeira sessão solene da Assembleia Regional dos Açores em 1976 era bem a imagem dos compromissos. Presidida pelo Presidente da República Portuguesa, levava este na sua comitiva, que se sentava nas primeiras cadeiras, o 1.º Ministro de Portugal e o Embaixador dos Estados Unidos. Podia-se pedir maior clareza de actuação?

Os anos que se sucederam continuaram a ser anos de influência americana e da América chegaram os dólares que permitiram compor os orçamentos para investimento nos Açores, discretamente enviados através do Estado Português, que assim se via, logo no início, aliviado dos seus compromissos constitucionais para com a nova Região Autónoma da República. Da "rive droite" regressavam muitos dos emigrados políticos e novos quadros, que se haviam aí formado nas universidades. Com eles vinha a vontade de moldar as instituições regionais pelo figurino americano, a começar pela Universidade. Dos Açores começaram a ir agora os governantes, em missões de simpatia e propaganda da nova realidade política açoriana e, ainda hoje, quantas vezes, pela actuação dos órgãos do governo próprio da Região, adivinhamos que os responsáveis políticos estão com o coração na América e com a razão na Europa.

Que outra leitura pode ter a decisão de comemorar oficialmente o Dia dos Açores, em Fall River?

É que as coisas mudaram com a adesão de Portugal à Comunidade Europeia, e o papel da América passou a ser ocupado pela União Europeia, mas a transferência da sintonia política não se faz com a velocidade dos tratados. A percepção que os Açores têm da União Europeia é ainda muito ténue e mesmo para os europeístas convictos as dúvidas do que virão a ser estas ilhas Atlânticas na nova União é uma fonte inesgotavel de angústias. É que dar conteúdo à proclamação da Sociedade de Geografia, de 1902, que somos Europa, é uma árdua tarefa que exige de nós determinação, persistência e vontade e exige dos outros, dos americanos, dos europeus e dos portugueses algum descernimento.

Não vale a pena gastar latim com as costumadas profissões de fé na Europa e no seu futuro brilhante, porque estamos irremediavelmente embarcados nessa aventura e assumimos a obrigação de participar. O que vale a pena é consciencializarmo-nos de que as mudanças a que assistimos tranformaram os Açores de alto a baixo o que nós também dificilmente voltaremos a ser o que éramos. Do futuro, o melhor é não nos aventurarmos em adivinhá-lo.

De momento somos ilhas europeias, atlânticas, oceânicas, portuguesas, autónomas e, para mal dos nossos pecados, ultraperiféricas. O que faremos com estes atributos, é o nosso desafio.

UMA EUROPA DE NAÇÕES
OU
OS DENTES DE CADMO

Eduardo Lourenço

Ó miseros Christãos: pela ventura
Sois os dentes de Cadmo desparzidos?
Lus. C. VII – 9

    Durante três quartos de século – de 1848 até 1914 – a Europa, filha da revolução francesa e do estado-nação napoleónico, tentou, não sem pena, redefinir-se como um conjunto de povos-histórias, real ou virtualmente senhores dos seus destinos particulares segundo esse modelo explícito ou implícito de estado-nação. Nação-estado muitas delas já o eram há muito, desde o fim da Europa feudal. Dos seus confrontos e conflitos se constituiu a interminável e quase orgânica guerra civil intra-europeia. É aquela que numa soberba passagem dos *Lusíadas,* Camões, sonhador de uma impossível Europa cristã – ou antes, católica – apostrofou. Comparando o seu destino e o seu drama ao dos fratricidas filhos de Cadmo, de cujos dentes dispersos na terra nasciam ainda combatentes tão enraivecidos como o do herói da dissensão e do ódio.
    Camões não podia adivinhar que essas querelas intra-europeias do século XVI tomariam outro relevo e outra dimensão precisamente com o triunfo da economia burguesa e do triunfo da ideologia liberal nos séculos XVII e XVIII, primeiro com a revolução inglesa e, mais radicalmente, com a revolução francesa e o surgimento do estado-nação, em sentido moderno. Não podia, sobretudo,

imaginar que as guerras de religião, primeiro, depois as de pretexto ou sob fundo religioso (guerra dos Trinta Anos) se converteriam em religião da guerra, praticamente sem intermitência desde as guerras napoleónicas até ao fim da Segunda Guerra Mundial. E mais impossível lhe seria imaginar – homem alheio a Maquiavel como era – que mesmo esses sismos guerreiros fossem a expressão exacerbada da luta mais subtil e complexa – mesmo então – de uma hegemonia económica que deixara de ter como objecto o quadro limitado da Europa para se estender e arrastar no seu processo o resto do mundo. Como outrora uma cidade se impusera ao mundo antigo, a Modernidade é o sub-produto da luta entre duas nações que durante três séculos se disputam os mercados do mundo, a Inglaterra e a França. O mais curioso é que foi a estrutura, na aparência mais fraca, em meios e homens, mas mais dúctil e apoiada no domínio marítimo que, ao fim e ao cabo, triunfou. Mas talvez pelo seu carácter virtualmente universalizante mas tão singular, não foi o modelo inglês o que se imporá aos povos europeus, obrigados durante séculos a escolher as suas alianças precárias entre os dois rivais. "Cedo a Inglaterra – na sequência da Holanda, da Espanha, e antes de todos, Portugal – se inscreveu no largo onde continua, não apenas pelos célebres laços com os Estados Unidos, mas por escolha assumida de um destino, ao mesmo tempo insular e mundial. Durante quase três séculos a história da Europa foram duas histórias: uma a da rivalidade da França com a Inglaterra (recuperando noutros termos a da Espanha imperial com a mesma França), e outra, a da rivalidade da outra Europa com a França. É contra, em oposição frontal ou mimética com a França, que as outras nações europeias têm tendência a definir-se e posicionar-se. O modelo funcionou, sobretudo, depois de Waterloo – apesar da derrota francesa – e acentuou-se com o fim da Santa Aliança que foi menos o famoso conluio dos "reis contra os povos" do que a anacrónica tentativa de recriar em outros termos o famoso equilíbrio europeu do século XVIII. Equilíbrio impossível como o da época de descolagem histórica sem precedentes da Europa desse século, com conflito deslocado já para o espaço mundial e por isso pouco trágico nesse século das luzes e da sociedade moderna." Depois da Revolução as nações como povo têm a sua palavra a dizer ou suspiram por ser nações para poder assumir agora, plenamente, os seus destinos. A Europa deixará de ser a trindade inglesa, francesa, a antiga casa de Áustria, para ter que contar com a Prússia, e no seu extremo como um enigma como a Santa Rússia. Vendo bem, num sentido que é ainda o nosso, não há Europa antes da *segunda revolução industrial* pois só ela começa a generalizar as conquistas da primeira e a promover um modo de vida *europeu,* comum às diversas nações – sobretudo às suas elites. Todavia, mesmo antes dos esplendores da Inglaterra da rainha Vitória e da França do Segundo Império, já Victor Hugo podia imaginar para a Europa um destino que constituirá até hoje a sua utopia, não sei se ainda a nossa utopia: a dos *Estados Unidos da Europa.* É um pouco mais tarde que essa utopia encontra essa expressão (como se o poeta da "Lenda dos Séculos" quisesse regenerar a velha Europa pela lembrança da utopia americana) mas foi por ocasião do Congresso da Paz de Paris – em 1849, um ano após o ano-charneira de 48 – que Victor Hugo vaticinou:

"Chegará um dia em que todos vós, os das nações todas do continente – sem perder a vossa diversidade nem a vossa gloriosa identidade individual – vos fundireis estreitamente numa unidade superior e construiréis a fraternidade europeia".

E acrescentava:

"Já não invocareis as guerras fratricidas, mas invocareis a civilização".

Os dons de visionário de Victor Hugo não estão em causa. Ainda viverá o suficiente para saber que esse sonho ao alcance da mão se iria transformar em pesadelo, mas devemos contextualizar a sua profecia. Aquela *civilização* que o século XIX escreverá com maiúscula – e mais do que ninguém o nosso Eça – é antes de mais a "europa" em sentido ideal, quer dizer, a *França,* quinta essência e resumo da Europa. Que a França tenha acalentado esse sonho não é um acaso, e que a restante "europa" em muitas outras nações o tenha vivido ou imaginado segundo o modelo de uma *França idealizada,* democrática, igualitária e vocacionada para o universal, também não é um acaso. Ainda hoje ninguém concebe uma Europa onde a França não seja uma componente, por assim dizer, essencial. Pela pena de Victor Hugo, pela sua boca, a França falava em nome da Europa e à Europa em nome do mundo. Foi apenas há pouco mais de um século e temos dificuldade em imaginar uma tal pretensão. Nenhum europeu em época alguma assumiu a Humanidade com a convicção sublime e hiperbólica de Hugo. Percebe-se porque o jovem Eça o reconhecia como deus. E não era o único. A mitologia francesa era então a do mundo dito civilizado a de uma civilização, Paris sobretudo. Ouçamos a sublime utopia que arrasta consigo a nostalgia da própria Europa: "Uma verdade que pode ser contestada em França, ao que parece, mas que não é no resto do mundo, é a supremacia de Paris.

Pela sua iniciativa, pelo seu cosmopolitismo, pela sua imparcialidade, pela sua boa vontade, pelas suas artes, pela sua literatura, pela sua língua, pela sua indústria, pelo seu espírito de invenção, pelo seu instinto de justiça e de liberdade, pela sua luta de todos os tempos, pelo seu heroísmo de ontem e de sempre, pelas suas revoluções, Paris é o fascinante e misterioso motor do progresso universal" *(Actes et Paroles)*.

Era assim que pensava a Europa culta e a verdade desta ficção importava então mais – e ainda agora – que a hipertrofia desta paixão de um povo por si mesmo, quando se supunha, e outros lhe supunham, qualquer coisa de "excepcional". A já famosa "excepção francesa" sem dúvida, mas hoje sob a pretensão é sobretudo a ironia que se sublinha (ou a auto-ironia). Mas o que para Victor Hugo e a cultura do seu tempo era de todo impensável é que esse *hegemonismo* – verdadeiro ou exagerado – pudesse ser, por isso mesmo, já então, e ainda mais no futuro, quando duas guerras apeariam a França do seu pedestal, razão mais que suficiente para que os Estados Unidos da Europa não se pudessem realizar ou que a sua realização encontrasse no seu caminho o maior dos seus obstáculos: *o facto nacional* que foi o motor do processo histórico do século XIX e continuou a sê-lo, até à exacerbação patológica, o único motor do tormentoso e infernal século XX.

Em tempos marxianos – talvez só ficticiamente enterrados – dizia-se que o capitalismo continha em si a guerra como a nuvem a trovoada. Mais certo é que "o nacionalismo", sob a sua forma moderna, como sentimento da nação organicamente assumida como radicalmente *soberana* e senhora do seu destino, no meio de outras que do mesmo modo se assumem e entendem, é já no melhor dos casos, uma paz armada, e no pior, uma guerra suspensa, ou vice--versa. Neste estado coexistem entre si – mas disputando-se fora da Europa – a maioria das nações europeias entre o conflito franco--prussiano e a sua apoteose suicidária com a Primeira Guerra Mundial, de que a Segunda será a patológica consequência. Nem a predação europeia de que uma parte do mundo era então objecto era suficiente para neutralizar ou acalmar o pendor guerreiro herdado de séculos de conflitos intra-europeus. Antes deles se alimentava. Não sei se ao fenómeno das guerras entre nações como a Europa o ilustrou se aplica a famosa teoria da *violência mimética* de René Girard. São raros os casos em que as guerras tenham sido o resultado de autênticos e objectivos *contenciosos,* até porque os povos se desconhecem extraordinariamente uns aos outros, e outrora mais do que hoje. É mais uma rivalidade mimética, às vezes só *onírica,* que está na origem, ou pelo menos condicionou os conflitos, que objectivas incompatibilidades geradas por não menos objectivos interesses. Recentemente, o grande historiador britânico da *Guerra de Espanha* Hugh Thomas confessava não saber explicar muito bem, a quarenta anos de distância, as razões de uma tal guerra. Poder-se-ia dizer o mesmo de todas. E, todavia, para lembrar o título de uma famosa peça de Jean Giraudoux, sem que os seus actores muitas vezes as quisessem, sempre as *guerras de Tróia* tiveram lugar.

Mais do que por consciente determinação que por uma espécie de *cansaço* – e também pelo sentimento de que a Segunda Grande Guerra esgotara todas as lógicas – mesmo as mais loucas – de confronto entre as nações europeias, pois todas acabaram vencidas ou pior do que isso, as nações vencidas da Segunda Guerra apostaram numa Europa sem mais guerras. Imaginaram então possível superar de vez o suicidário quadro das nações por uma nova Europa onde as nações enfim se relativisassem e consentissem em coabitar e coexistir como membros de um conjunto virtualmente *supra-nacional*. Tal é a utopia que preside à actual União Europeia, e para além dela, à de uma Europa que um dia venha a ser uma espécie de nação.

O que em menos de meio século, após um momento em que a existência mesmo da Europa como durante séculos a conhecêramos pareceu ameaçada, é um facto sem precedentes, à primeira vista irreversível: quinze nações da Europa, sem constituírem uma nação, vivem-se em termos de gestão económica, financeira, mesmo jurídica e administrativa, como se fossem uma nação e, em breve, o seu grau de harmonização e de homogeneização empíricos conhecerá com a adopção da moeda única uma expressão ao mesmo tempo tangível e simbólica.

Paradoxalmente, no momento mesmo em que, empiricamente, a realidade europeia é um facto, qualquer coisa como o *sentimento europeu,* e com ele um mínimo de *identidade europeia,* nem de longe nem de perto se pode assimilar ao que chamamos *sentimento nacional.* Ora este é ao mesmo tempo o mínimo e o máximo suporte ou pressuposto que estrutura o que chamamos uma *nação,* realidade com autonomia política – quer dizer, um projecto comum ou unificante e um capital de memória garante desse projecto. A esse título, a Europa actual, esta *Europa de nações* não é uma nação (e seria contraditório que o fosse pela sensibilidade e força com que as nações continuam a sentir-se e assumir-se como a única realidade politicamente concreta) como o é menos, como horizonte e utopia de uma *Europa-nação* do que o era até à queda do Muro de Berlim. Durante mais de um quarto de século a utopia europeia ou europeizante teve um perfil consistente e constituiu um objectivo ou um imperativo sedutor, mas sob um fundo duplamente negativo: o do espectro de um passado recente que era vital esquecer; e sob a ameaça de uma "grande Europa", feita de fora (e, em parte, de sonho) por uma União Soviética – uma eterna Rússia que ainda no tempo de Nicolau II toda a gente via como não-Europa ou pouco Europa, dada a sua história e a sua tradição autocrática. Hoje vemos melhor a que ponto a construção europeia se realizou sob uma dupla tutela: a bem merecida dos Estados Unidos, que no espaço de trinta anos a vieram salvar dos seus demónios por duas vezes, e da União Soviética, inimiga visível dos Estados Unidos e seu único parceiro na gestão da ordem universal à sombra dos foguetões atómicos.

De súbito, e não prevista por nenhuma das nações europeias em vias de se ultrapassarem nos termos clássicos de nações, o Muro de Berlim por terra, revelou a precariedade intrínseca do magnífico sonho de uma Europa – outra, de nações que pusessem em comum o que as une, abandonando o que anacronicamente as separava ou tornava incompatíveis. Isso acontece no momento exacto em que a construção europeia atinge uma velocidade de cruzeiro, uma habituação a si mesma notável, e começava a imaginar-se como o *terceiro homem* da política planetária. A queda do Muro foi vivida como a prova do sucesso europeu e a Europa era um actor desse sucesso. Ninguém esquecerá o apoio de Mitterand à implantação dos foguetões Pershing na Alemanha – numa Alemanha, coração de uma Europa que precisava de ser protegida. Foi o mais europeu (nova maneira) dos gestos que uma França, não tão reticente como a Inglaterra à construção europeia, mas também não tão entusiástico como conviria ser, realizou. O primeiro e o último que era perspectivado na órbita da construção europeia como finalidade. Em menos de dez anos – quer dizer, três apenas a queda do Muro de Berlim – a Europa *das* nações mais que *de* nações, estava de novo agindo e existindo em termos de actor político, não em função de uma qualquer Europa com um mínimo de expressão política e militar, mas no quadro de uma NATO, às ordens superiores dos Estados Unidos e dos interesses por eles definidos como *nação hegemónica* do Ocidente e, em breve, do mundo. A realidade político-militar da antiga Europa de Luís XIV, de Luís XV, de Nelson, de Napoleão, Bismarck e Hitler, tornou-se em 1991 – data crucial na história europeia – em *Natolandia*. Para não se perder de vista dos Estados Unidos, a França e a Inglaterra – que aliás nunca se quis afastar deles – representaram a nova Europa na Guerra do Golfo que marcará o termo das *guerras clássicas* – de Estado contra Estado – e o começo de uma *guerra* de sujeito anónimo, que nem precisa de se mencionar. Só o *inimigo,* como se viu, terá um rosto, um rosto real e mítico para resumir o Mal que o Ocidente em versão americana, tão magistral e hollywoodamente soube definir.

Pensa-se que foram os acontecimentos de 11 de Setembro de 2001 que inauguraram o terceiro milénio em termos político--militares e que, sem que nós nos tenhamos ainda dado conta inteiramente disso, *crepusculisaram* o continente das luzes que é, por antonomásia, a velha Europa. Não foram. Tudo se jogou já na *Guerra do Golfo* onde a Europa – através das suas nações-piloto entrou como impedido da grande nação americana e mostrou até que ponto a mais brilhante construção de uma *nova entidade europeia* pelo concerto livre das suas nações não é precisamente nem uma Nação-Europa nem uma Europa-nação. Não vou discutir aqui se isso que nos parecia e continua a parecer um belo sonho ou o será tanto como o imaginamos. O espaço europeu não é mais fiável que o dos outros espaços de riqueza comparável e de poderio comparáveis. Somos agora todos o *continente da Paz* porque já não temos – os que tinham – as armas que correspondiam às suas históricas vontades de poderio. Só de velhos nos volvemos sacristães. Mas na verdade, mesmo o *angelismo europeu* para consumo interno é hipócrita ou falso. O melhor é encarar de frente a única realidade europeia que teve um sujeito dentro: a das nações. A das nações a que a construção europeia paralisada ou já ultrapassada pela exigência de uma globalização relativizam, fazendo refluir cada uma delas – mais ricas e europeias do que nunca foram – para uma espécie de neonacionalismo florescente de que a Dinamarca ou a Noruega não são o único exemplo. Temos o nosso em casa e já não é pouco. Sofremos, como se estivéssemos no século XIX, por não ir tomar chá em Londres ... E outros, com menos pudor nacional e europeu, oferecem-se ao novo Senhor da História para que os convide para o safari do Afeganistão e agradecem comovidos, na primeira página dos jornais, a grande caridade que os Estados Unidos lhes fazem ... No melhor (ou no pior) dos casos, a pátria de Napoleão envia o seu porta-avião nuclear, com o nome do mais nacionalista dos europeus, para ir em romaria assistir ao fim da festa de uma guerra que não existiu .... Como combate universal contra o *terrorismo* como guerra, aquele combate era – é – o nosso e as chamadas reticências da Europa – salvo da Inglaterra – nesse conflito *obscuro* – ou excessivamente claro –, mascara a dupla derrota às suas próprias mãos. Como actor da História a que mais de mil anos nos haviam habituado a Europa viveu o seu último acto. A título póstumo, e pouco gloriosamente. Mas a sua desculpa e a razão deste *eclipse* – pois como tal é vivido – é que não é realmente o eclipse da Europa porque pura e simplesmente esta *Europa de nações* é uma Europa sem Europa. E é o facto de serem nações – até hoje a única construção política com sentido próprio – que impede a Europa de ser pleonasticamente uma Nação. Das nações europeias – das que fizeram a sua história – faz parte integrante a universalidade do seu estatuto se não o universalismo do seu projecto. A dimensão nada lhe acrescenta de essencial. Espantámo-nos com o exemplo da Inglaterra, agindo ainda como se estivesse na Índia. Ou como nunca esquecidos que estiveram lá. Essa é a marca europeia de uma Europa de nações hoje relativizada se a imaginámos como a Nação que não é, mas desejando-se Europa no menor dos seus recantos.

A esse título, o sonho europeu não é uma batalha definitivamente perdida. E menos a é se pensarmos a utopia europeia não como uma espécie de inconfessável fuga para a frente, busca de uma Europa imaginária que supriria a fraqueza das suas nações singulares – a única que tem uma existência real – em vez de ver nelas europas de diversas cores, estilos, culturas – unida em profundidade por uma herança outrora mais partilhada e profunda do que imaginamos – e apesar disso, ou por causa disso, capazes de uma última e decisiva transfiguração de si mesma em Europa ideal, cultivando em si e elevando a sua particularidade a universalidade que lhe dá sentido. Não em nome de *soberanismos* anacrónicos ou inviáveis – estamos no mesmo barco, queiramo-lo ou não – ou de imperativos de mero carácter político ditados por um novo César planetário, mas de si mesmas como nações onde, até nova ordem, o particular e o universal encontraram a sua expressão mais aceitável. Pela primeira vez uma Europa de nações coexiste, coabita sem contenciosos fratricidas à maneira antiga. Até este recente eclipse de uma Europa supostamente unida trouxe à Europa uma das nações que fazem parte integrante dela e não só fundamentalmente em termos geográficos, a velha e eterna Rússia, a de Pusckine, de Lermontov, de Dostoievski, de Tolstoi, Ackmatova. Ficamos mais equilibrados, já podemos tranquilizar-nos vendo Tony Blair encantado com esse regresso e Schröder assumindo-se no novo contexto como líder mundial da mesma Europa, quer dizer aceitando-se como uma nação europeia entre outras. Em suma, transcender-se a si mesma pela aceitação da Europa nela.

Foi um sonho que Victor Hugo, de quem no próximo ano se celebrará o universal segundo centenário, ousou sonhar para a sua França no tempo em que se cria o sol da História: morrer para si e ressuscitar transfigurada na Europa ideal que através dela tanta nação europeia ao longo do século havia contribuído para criar. Ouçamo-lo: "La France a cela d'admirable qu'elle est destineé à mourir, mais à mourir comme les dieux, par la transfiguration. La France deviendra l'Europe". Profecia? Destino? No dia em que o milagre acontecer a Europa existirá – a Europa-nação – não antes. Por enquanto há só uma Europa de nações. Preservemos o futuro que há nelas, o único que consumimos como nosso.

COMENTÁRIO

Adriano Moreira

Julgo compreender que, em vista do tema, esperam algum comentário do moderador, em resultado da intervenção pessoal que tive no processo do ultramar português. Não evitarei abordar a questão neste ambiente universitário, onde a independência crítica defende das emoções ideológicas que ainda rodeiam a questão.

Em primeiro lugar mencionarei alguma correcção ao divulgado critério da igual dignidade de etnias e culturas, característica da acção colonizadora portuguesa, e muito tributária da intervenção científica de Gilberto Freyre.

A questão da igual dignidade, hoje valor central de referência da Declaração Universal dos Direitos do Homem, admite todavia várias perspectivas das relações entre colonizadores e colonizados. Lembre-se que W. Churchill, o líder mais destacado da frente democrática ocidental durante a II Guerra Mundial, foi ministro das Colónias da Inglaterra, mas certamente um dos indiscutíveis responsáveis pelo que viria a ser o regime do *apartheid* da África do Sul.

Na versão portuguesa, e sem esquecer a presença no pensamento português do ensinamento de Suárez, mais de Coimbra do que de Espanha, ou da escola de direito natural de Évora, tributária esta da passagem de Molina pela Universidade agora restaurada, a igual dignidade inspirou em primeiro lugar a ideia de que as populações nativas eram a *cera mole* que permitiria serem moldadas pelo europeísmo cristão, judaico, e grego-romano. Quando o pensamento de Gilberto Freyre chegou a Portugal, despertando um interesse

abstracto dos intelectuais que prestavam atenção à relação luso-
-brasileira e nenhuma às colónias, não provocou entusiasmo no aparelho governativo. Talvez deva destacar-se nessa data a presença significativa de Armindo Monteiro na administração colonial, e a importância da perspectiva da *cera mole* que animara o Estatuto dos Indígenas, com manifestação de vulto no livro de Marcello Caetano sobre a função dos indígenas na economia colonial.

De facto, só a chegada de Sarmento Rodrigues ao governo colonial abre presença ao sincretismo gilbertiano, que eu próprio passei a incluir no programa da então chamada Política Ultramarina, do Instituto Superior de Ciências Sociais e Políticas da Universidade Técnica de Lisboa. Daí até à revogação do Estatuto do Indígena, que decretei em 6 de Setembro de 1961, essa linha foi-se tornando dominante, mas já sob o signo do canto da coruja, que só levanta voo ao entardecer. Para mim foi um imperativo de princípios, mas a viabilidade resultou dos imperativos da *realpolitik* do regime.

Este regime ainda hoje é objecto de divergências sobre a qualificação política que melhor lhe assenta, sendo de lembrar o ensaio de Eduardo Lourenço, que hoje nos acompanha. Por mim, tenho entendido que, sendo um modelo de regime de autoridade, a matriz do seu responsável político não foi o fascismo, foi sim o Código de Direito Canónico na versão anterior à revisão de Paulo VI.

O Presidente do Conselho assumia-se como o Ordinário do lugar, não recolhendo a legitimidade da eleição que dizia respeito ao Chefe de Estado, mas sim da nomeação, e com grande atenção à legitimidade do exercício. Por isso os discursos apontam preferentemente para a obra realizada, em que procurava assentar a legitimidade merecida.

A crise colonial julgo que fez alterar o modelo em termos de o último Presidente do Conselho da Constituição de 1933 presidir a um *regime de segurança nacional,* o qual, no pendor da evolução brasileira da Revolução de 1964, procurava legitimar o exercício pelo anunciado objectivo de criar condições para a democracia, sem renunciar ao autoritarismo originário do conceito de governo.

As flutuações portuguesas de prioridades internacionais, no período que decorre entre a guerra de Espanha e a Revolução de

1974, de facto acompanham flutuações que foram por exemplo evidentes no trajecto do governo conservador inglês, que chegou a louvar Hitler, que aceitou acolher o sovietismo na aliança da guerra, que se bateu para conservar o império, e que finalmente se resignou aos factos, porque estes não admitem discussão.

Também conviria apreciar, no quadro geral da evolução, o facto de que a adesão às Comunidades Europeias foi posta fora de consideração pela incompatibilidade da estrutura colonial portuguesa com elas, mas da EFTA foi Portugal membro, e ministros como Correia de Oliveira e João Rosas, responsáveis pela área da economia, foram europeístas convictos que esbarraram contra a quadratura do círculo representado pela referida estrutura colonial. Mas nenhum obstáculo impediu que Portugal fosse membro fundador da NATO, e esta é que forneceu à Europa, incluindo a estrutura da União Europeia, a segurança sem a qual não existe economia livre, mercado, desenvolvimento sustentado, direitos humanos respeitados.

A entrada na ONU, que implicou uma espera de 10 anos, também não teve que ver com o regime. Aconteceu que, sendo a admissão na ONU dependente da aprovação do Conselho de Segurança, EUA e URSS vigiavam o efeito das novas admissões nos equilíbrios das votações na Assembleia Geral, e essa foi a razão da espera pela concordância dos grandes para a admissão do grupo em que Portugal se inscrevia.

De facto, os dois limites que a regência do Doutor Salazar nunca pôde abandonar ou tornar flexíveis, foram: a percepção da importância do Ultramar para a independência do país, no quadro euromundista em que decorreu a sua inteira vida; e o conceito em que tinha a democracia política, um regime que considerava e ensinava ser falso e perigoso.

Pelo que toca ao ultramar, já apoiou ostensivamente os nacionalistas de Franco na guerra civil de Espanha porque entendeu que um regime marxista em Madrid rapidamente produziria um regime marxista em Lisboa, que este abandonaria as colónias, e que sem elas desapareceria a independência portuguesa.

Quanto à desconfiança do regime democrático, ficara ela evidente no processo disciplinar de que foi objecto nesta Universidade de Coimbra, ao mesmo tempo que Fezas Vital, Mário de Figueiredo e Magalhães Colaço.

Acusado de não aceitar o regime, alguém de importância burocrática disse nos autos que todavia não sabia se ele era ou não era monárquico. Salazar respondeu que a testemunha não sabia, e que ele não lho diria. E nunca disse. Por mim julgo que se ficava pelo Código de Direito Canónico, não imaginava que o Euromundo não reconstruiria a ordem violada mortalmente pela guerra de 1939--1945, entendeu que a terceira guerra mundial estava iminente, e acreditou que então os ocidentais reconheceriam interesse fundamental na estrutura multicontinental portuguesa. Nem o Concílio Vaticano II abalou as suas referências, e pareceu convicto de que João XXIII não sabia muita teologia.

PARTE II

OS DESAFIOS POLÍTICOS

PORTUGAL E A IDEIA FEDERAL EUROPEIA
DA REPÚBLICA AO FIM DO ESTADO NOVO

António Martins da Silva

O federalismo europeu é uma questão antiga. Mas é sobretudo desde o pós-primeira guerra, que o debate sobre a forma a encontrar para a organização internacional da Europa assume dimensão e significado institucionais e suscita o interesse dos governos. Resume-se no seguinte: deverá a Europa unir-se privilegiando a cooperação intergovernamental ou, pelo contrário, deverá preferir a via supranacional, reduzindo o poder de intervenção dos Estados em favor de uma entidade central ou federal? Questão que hoje, como no passado, continua a dividir os europeus.

O significado do conceito de federação não foi sempre entendido da mesma forma nem teve um percurso evolutivo linear. Assumiu expressões e conteúdos diferenciados para tentar resolver o problema sobre o destino e a natureza da(s) forma(s) da unidade europeia em cada tempo. Tais expressões são, entre outras: união imperial ou aliança multilateral, Estados Unidos da Europa ou Europa Unida dos Estados, espécie de laço federal ou pilar federal, federação ou confederação europeia, união ou unificação da Europa, "união incessante cada vez mais estreita entre os povos europeus", Europa "à la carte" ou Europa a duas velocidades, Europa de geometria variável ou de círculos concêntricos, federação dos Estados nações ou cooperações reforçadas, federalismo intergovernamental, "núcleo duro", "centro de gravidade" ou "vanguarda" da integração europeia...

No percurso da ideia e das realizações no âmbito da unidade europeia, ao longo do século XX, registam-se várias fases durante as quais o debate sobre a união política foi particularmente dinâmico e deu origem à formulação de propostas de conteúdo mais ou menos federal. Uma primeira fase, o período de 1924 a 1930, na qual se destacam o movimento militante em favor da Pan-Europa, as iniciativas em prol dos Estados Unidos da Europa e a proposta Briand para a criação de um laço federal europeu. Uma segunda fase, que vai desde 1946 a 1950, em que os dois acontecimentos mais relevantes foram o Congresso da Haia de 1948 e, na sua sequência, o processo que conduziu à criação do Conselho da Europa, com o debate intenso que gerou no sentido da formação de instituições supranacionais tendentes à unificação política ou federal. A fase seguinte, de 1951 a 1958, caracterizada pela criação das comunidades europeias, acompanhada, pelo menos até 1954, pelo debate em torno de uma federação europeia e pelas iniciativas favoráveis, embora fracassadas, à criação de uma defesa comum europeia e de uma comunidade política. O período de 1969 a 1973, em que teve lugar o primeiro alargamento comunitário e ressurgiu a polémica sobre a união política, embora sem consequências nem grandes entusiasmos. Depois, o período de 1985 a 1993, em que se registou uma vigorosa discussão sobre o federalismo europeu e um notável dinamismo no âmbito do aprofundamento comunitário, com a entrada em vigor do Acto Único Europeu, em 1986, e do Tratado da União Europeia, em 1993. Os períodos de 1995-97 e de 2000, no âmbito das conferências intergovernamentais para a revisão dos tratados comunitários, forneceram igualmente a oportunidade para amplos debates e numerosas iniciativas em torno da problemática dos projectos federativos para a união política da Europa. Finalmente, a fase do pós-Nice, que retoma de uma forma inédita e prometedora o debate sobre o futuro da Europa, na sequência de uma declaração aprovada aquando da cimeira de Nice e anexa ao tratado com o mesmo nome, que aponta para a necessidade de a União simplificar e aprofundar os seus tratados no sentido de dotá-la de uma constituição europeia.

Em todos estes períodos Portugal acompanhou os principais acontecimentos, reagiu com maior ou menor vivacidade, interessou-se pelo destino europeu, mas de uma forma muito desigual, conforme o condicionalismo político interno, o maior ou menor relacionamento com a Europa, as circunstâncias e a especificidade de cada época. São estas reacções e tomadas de posição que passamos a analisar no presente estudo, mas circunscritas apenas, por razões de economia de espaço, ao período de 1920 a 1973, desde a entrada em vigor da SDN (Sociedade das Nações) ao fim do Estado Novo.

1. Até ao século XIX

a) *Contexto europeu*

É nos finais da Idade Média que se poderia situar o início do debate. Dante – para quem a causa do Inferno residia no facto de sermos «um monstro de múltiplas cabeças» – propôs na sua Divina Comédia (1306), como solução para a paz e a unidade na Europa, a existência de um monarca ou imperador, acima dos outros soberanos, como árbitro dos conflitos, que deveria, de qualquer forma, respeitar os costumes e as diversidades culturais dos povos; nesta perspectiva Dante é um federalista. Pierre Du Bois, pela mesma época, defende, ao contrário do seu contemporâneo, que a manutenção da paz e a defesa da cristandade tem que alicerçar-se nas realidades dos Estados nacionais, através de «políticas comuns» e de procura de consensos. Ou seja, há mais de seis séculos ganhava forma o debate actual que põe a tónica da construção europeia em dois campos: a do reforço dos poderes da união e a salvaguarda da soberania dos Estados.

O debate irá prosseguir nos séculos subsequentes: os inter--locutores são reis, papas, clérigos, filósofos, escritores, militares, políticos... As fórmulas propostas são, para uns, a ideia da união federativa, sob a autoridade suprema do papa, do imperador ou de uma determinada dinastia, e, para outros, a possibilidade de alianças alargadas ou de assembleias permanentes ou de congressos perpétuos, ou seja, de instituições internacionais com ou sem recursos próprios, funcionando por consensos, por maioria ou por ponderação de votos (maiorias qualificadas). Em suma, a defesa da cristandade ou a paz da Europa não surge espontaneamente, mas tem de ser organizada no plano institucional: a unidade da Europa tem que ser construída ou por cima, através dum poder «supranacional», ou pelos próprios Estados, através da cooperação entre eles. Com altos e baixos, conforme os problemas de cada época, a ideia vai prosseguindo e os planos ou projectos multiplicam-se com maior ou menor intensidade até ao século XIX.

b) *Em Portugal: uma original iniciativa atribuída ao Rei D. Manuel I*

No que respeita a Portugal, afastado do centro da Europa, não temos conhecimento documental directo de quaisquer projectos de autores portugueses sobre a união da Europa, apesar de diversos autores, no século XIX, terem empreendido reflexões sérias sobre a situação e o destino do Velho Continente, e as relações de Portugal com este, e terem reagido às ressonâncias de manifestos e apelos para a unidade europeia que ecoavam lá fora.

Mas há o registo de uma curiosa e original iniciativa, no séc. XVI, atribuída ao rei português D. Manuel I, no esforço que empreendeu junto do Papa Leão X, para conseguir a união da Europa numa época em que esta se transformava «num campo de batalha». A delegação que o monarca enviou a Roma em 1514 entregou ao Papa um documento em que se propunha a celebração dum magno congresso dos príncipes cristãos europeus para deliberar sobre a constituição duma aliança universal, espécie de Pan--Europa, sob a chefia do Sumo Pontífice. Mas os resultados práticos não foram satisfatórios; a iniciativa portuguesa era tardia, a autoridade dos Papas era cada vez mais contestada, o movimento da Reforma, a Norte, estendia-se tão rapidamente que a Europa, em vez de unir-se, precipitava-se numa divisão insanável em dois campos inimigos. De qualquer modo, Portugal teria sido percursor, há mais de quatrocentos anos, dos esforços para a realização duma União

Europeia que deveria surgir, não por meio da violência imperial, mas por intermédio dum acordo pacífico e voluntário[1].

2. No pós-primeira guerra

a) Contexto europeu: da Pan-Europa de Coudenhove-Kalergi ao laço federal de Aristide Briand

Só após as convulsões traumáticas da primeira guerra, perante os perigos de novas e mais graves catástrofes, a ideia da unidade europeia deixa de ser uma mera utopia para granjear uma significativa expressão social e ser levada mais a sério por intelectuais, economistas, empresários, políticos e governantes.

Teve dois momentos altos: o apelo, com todas as suas repercussões, lançado pelo Conde Coudenhove-Kalergi em 1924, no seu célebre manifesto em que alertava para possibilidade de uma «terrível catástrofe política, económica e cultural» se os povos da Europa não se unissem, se a «Pan-Europa» não se realizasse – de que resultaria a realização em 1926 de um magno congresso

---

[1] A notícia é extraída do *Diário de Notícias*, n.º 23363, de 15/02/1931, p. 1, que cita a revista *W-E-Z*, de Leipzig, no seu suplemento n.º 2, de 2 de Fevereiro, deste mesmo ano, onde está incluído o «curiosíssimo artigo do seu eminente colaborador Roberto Kugelmann, enaltecendo a obra grandiosa do rei D. Manuel I, de Portugal. O ilustre escritor alemão considera este monarca português como precursor do esforço que o sr. Aristides Briand tenta realizar nos tempos que vão correndo». Não pudemos confirmar em fontes originais as informações aqui transcritas, sobre o projecto de união da Europa, como fazendo parte da célebre e vistosa embaixada de obediência nos fins de 1513, chegada a Roma a 12 de Março de 1514, que D.Manuel enviou ao Papa Leão X. A *Crónica do Felicíssimo Rei D. Manuel*, de Damião de Gois, na parte em que descreve esta aparatosa embaixada e dos tratos que, na dita ocasião, teve com o Papa (Leão X), não se refere explicitamente ao assunto. Agradeço à minha ex-aluna do seminário que orientei sobre "Portugal e a construção comunitária", Lic.ª Sara Marisa da Graça Dias, ter-nos facultado esta curiosa notícia.

europeu em Viena; e o discurso de Aristide Briand, ministro francês dos negócios estrangeiros, na SDN, em Setembro de 1929, apelando aos povos da Europa para que estabelecessem entre si uma «espécie de laço federal».

A iniciativa de Briand é um facto novo no âmbito da ideia de Europa: pela primeira vez um Estado apresentou na mais alta instância internacional uma proposta de unidade europeia, em relação à qual se decidiu que fosse precisada e, depois de sobre ela tomarem posição os 26 Estados europeus membros da SDN, fosse reanalisada neste areópago internacional.

O documento reelaborado pela França, com data de 1 de Maio de 1930 e com o título de «memorando sobre a organização de um regime de união federal europeia», decepcionaria alguns, pela timidez e limitado alcance do seu conteúdo, e desinteressaria outros que o consideraram irrealizável ou de muito difícil execução.

A ambição do projecto francês era limitada: apesar da utilização ambígua de termos como federal e federação, o que nele se propunha não passava de uma união, sobretudo económica, suficientemente flexível, de modo a respeitar a independência e a soberania nacional de cada Estado. A indiferença dos Estados europeus foi quase geral: seria aquele memorando remetido para uma comissão de estudos que, sem ter empreendido obra significativa, cessou praticamente funções com a morte, em 1932, do seu presidente e principal protagonista, Aristide Briand.

b) Em Portugal: vivas reacções na opinião pública e resposta desfavorável do governo

Os ecos na opinião pública portuguesa sobre a problemática da unidade europeia no período entre as duas guerras foram frequentes, sugestivos e diversificados. A imprensa periódica reporta-se largamente ao assunto, noticiando, informando ou tomando posição sobre o problema. A pesquisa realizada nalguns jornais diários (*Diário de Noticias, Jornal de Notícias, Diário de Lisboa, A Voz*) e nalgumas revistas (*Seara Nova, Cultura, Vida Contemporânea*) entre 1921 e 1940, com particular destaque para o período de 1926-30, revela-nos uma abundância considerável de artigos (cerca de uma centena e meia) com os títulos «Estados Unidos da Europa», «Federação europeia», «União Europeia» e «Pan-Europa».

Diversas obras editoriais vieram igualmente a lume, nos domínios histórico, político e literário. Vale a pena, de qualquer modo, referir uma dessas publicações, com o título de *Estados Unidos da Europa*, e o subtítulo de *Briand não tem razão!*, de Amaro do Sacramento Monteiro, concluída em 16 Agosto de 1930 – cerca de duas semanas antes de ser apresentado na SDN o memorando do governo francês com as respostas dos governos europeus. Neste opúsculo, com perto de uma centena de páginas, apoia-se formalmente a constituição de uma federação europeia, dos Estados Unidos da Europa, mas tendo como base a criação de blocos regionais, assentes preponderantemente no «critério económico, tendo em atenção também as afinidades étnicas, vizinhança geográfica, língua, religião e costumes». Nesta perspectiva, Portugal integraria o «Bloco Latino», juntamente com a Espanha, a França, a Itália, a Suíça e a Bélgica, a que se associariam as colónias de cada um destes Estados, que ficariam unificadas e pertença do Bloco; os outros blocos (anglo-saxão, germano, balcânico-danubiano, báltico-escandinavo) constituir-se-iam segundo os mesmos critérios – o primado do económico e as referidas e respectivas afinidades. Assim se formaria, com bases sólidas, a União Europeia, uma espécie de Federação Europeia dos Povos com os seus prolongamentos coloniais. A discordância de Sacramento Monteiro em relação à proposta de Briand – para além das diferenças de natureza e de extensão do modelo de união europeia que um e outro defende – reside essencialmente no facto de o governante francês subordinar «o problema económico ao problema político»; segundo aquele, «os dois elementos são coexistentes e interdependentes», e, por isso, devem andar a par. Tratar-se-ia de mais uma utopia – esta da criação dos E.U.E.? Não o entende assim o referido autor: diversos factores e numerosas forças actuam e convergem no sentido da «edificação gloriosa da futura Europa unificada».

As posições que em Portugal se manifestaram na década de 20 eram bastante diferenciadas: algumas eram explicitamente favoráveis à ideia de Europa e mesmo aos projectos federativos; outras apoiavam critica ou condicionalmente; outras ainda propunham, em vez de esquemas rígidos ou comprometedores, elos de solidariedade e formas de cooperação sectorial; e as restantes, em número crescente, eram ostensivamente hostis.

- Entre as primeiras, perceptíveis no campo democrático e republicano, assume-se a defesa da unificação europeia num enquadramento federal, como garantia da paz, da reabilitação e da recondução da Europa no seu papel histórico de liderança dos destinos do mundo, ou pelo menos, em posição de igualdade com os Estados Unidos da América.
- Entre as segundas há os que, próximos de um ideário socialista, entendem que a Europa não deve fechar-se em si própria nem suscitar antagonismos com outros continentes ou conjuntos de nações, condenam a pretendida exclusão da Rússia e da Inglaterra na projectada união pan-europeia, defendem uma solidariedade universal – qualquer coisa como um Super-Estado mundial, assente ou não na Sociedade das Nações; mas, enquadrados nesta unidade mais vasta, não deixam de admitir a possibilidade de entendimentos ou de núcleos regionais, de que uma das configurações poderia ser a Pan-Europa ou os Estados Unidos da Europa, sem egoísmos nem exclusões.
- Entre as terceiras, mais comuns no campo nacionalista moderado, há quem seja sensível a formas de solidariedade europeia, com base nos valores da civilização ocidental e cristã, e em oposição a sistemas e doutrinas estranhas e hostis à cultura europeia como sejam o comunismo e o nacionalismo racista e xenófobo. Mas sejam quais forem os mecanismos de coordenação ou as bases de entendimentos a estabelecer, não poderão estes comportar qualquer vínculo supranacional; deverão, pelo contrário, pautar-se sempre pelo respeito escrupuloso dos direitos soberanos inalienáveis de cada Estado e pelas tradições seculares que moldaram a história dos povos e a independência das nações.
- No outro extremo, no quarto grupo, o do nacionalismo radical e integrista, não existe meio termo admissível: só a comunidade de interesses alicerçada no respeito sagrado da unidade orgânica da Nação e na defesa intransigente da orto-

doxia católica poderá fazer renascer a Pátria contra todas as formas de aviltamento e de degenerescência provocadas pelo conluio execrável do internacionalismo e do democratismo, maçónico, pagão e antipatriota. Não há contemplação possível: nem com associações europeias, nem com organizações fantoches como a SDN, nem com internacionalismos de qualquer espécie; e se algum entendimento multinacional ou universalista é concebível, só o poderá ser pela via da defesa de uma mesma fé guiada pelo único chefe – o Papa.

Numa perspectiva diacrónica, é possível evidenciar, no modo como a ideia de Europa foi entendida em Portugal ao longo dos anos 20, diversos momentos.

– Num primeiro tempo, no pós-Versalhes – numa altura em que o prestígio das democracias vitoriosas não foi ainda fortemente abalado e está viva a crença na Sociedade das Nações – é notória a tendência que vê no internacionalismo, num Mundo Unido, organizado em grandes grupos regionais ou multinacionais, o caminho certo para a paz entre as nações e o meio eficaz para o progresso harmonioso dos povos.

– Num segundo tempo, a partir de 1925, ganha força o movimento em defesa do europeísmo, e são notórias as tomadas de posição na imprensa portuguesa favoráveis à unidade europeia, nos momentos sobretudo em que algumas iniciativas multilaterais, os pactos de Locarno (1925) e de de Briand-Kellogg (1928), parecem favorecer a possibilidade de entendimentos internacionais.

– Num terceiro tempo, a partir de finais de 1928 – quando, no plano internacional, as tensões se agudizam e esmorece a credibilidade da SDN, e, no plano interno, o autoritarismo do regime, agora com um novo interlocutor civil (o todo--poderoso ministro das Finanças), tende a consolidar-se –, manifestam-se de forma crescente posições anti-europeias, ligadas ao nacionalismo radical ou moderado, embora não lhe sejam exclusivas[2].

---

[2] Ver sobre este assunto António Martins da Silva, «A ideia de Estados

A descrença em relação à Europa intensificava-se com o decorrer dos anos neste intervalo entre a duas guerras. Para ela contribuíram, ao lado dos factores internos (a natureza autoritária e fascizante do regime e a personalidade do seu chefe) várias razões e condicionalismos externos: a agudização das tensões na Europa, a crise económica a partir de 1929-30, os desentendimentos entre os Estados, a pouca ou nenhuma consideração que a Europa manifestava pelos interesses de Portugal, em Versalhes, em Paris e em Genebra, a frustração resultante das tentativas falhadas em que o país pretendeu fazer-se representar como membro não permanente no Conselho da SDN, as pesadas exigências formuladas a Portugal para viabilizar o solicitado empréstimo, a patrocinar por esta organização – consideradas inaceitáveis e castradoras da dignidade nacional –, as negociações no âmbito das conferências económicas que não protegiam as indústrias dos países menos desenvolvidos, como era o caso de Portugal, entre outras diversas razões. Tudo isto convergiu no sentido de que a Europa suscitasse em muitos espíritos portugueses um certo desencanto, se não mesmo uma amarga decepção, e estimulasse a convicção crescente de que o país só poderia salvar-se com os seus próprios recursos e com os que o seu império ultramarino lhe poderia proporcionar.

O distanciamento em relação à Europa, que a ditadura e o regime autoritário subsequente irão assumir no âmbito da sua política externa, e a preocupação, ao mesmo tempo, do reforço dos laços de tradicional amizade com o Brasil, de aliança secular com a Inglaterra e de revalorização dos territórios coloniais inscrevem-se assim, na ordem interna, como resultado de uma acumulação de desaires, de desencantos e de suspeições que vão ganhando forma na República e se consumam com a ruptura no Estado Novo.

É neste contexto que deveremos inserir, para melhor a compreender, a resposta portuguesa assumida pelo Governo da Ditadura Militar em relação ao plano Briand ou ao referido memorando para a organização de um regime federal europeu. Essa posição era em

---

Unidos da Europa no Pós-Primeira Guerra: ecos na opinião pública portuguesa», in *Revista de História da Sociedade e da Cultura*, 1, 2001, p. 135-167.

parte alinhada com a da Inglaterra, de acordo com as instruções confidenciais (despacho de 3/9/1930) que os delegados portugueses em Genebra receberam do governo para que se pusessem de acordo com os representantes daquele país aliado «em todos os pontos em que seja possível proceder de harmonia e para lhe manifestarem com o maior desassombro quais aqueles em que não podemos transigir»[3]; mas diferenciava-se dela também nalguns aspectos específicos. Embora se apoie a ideia de «colaboração íntima com os Estados da Europa» e se manifeste «uma concordância clara e de princípio com o projecto» de Briand, salienta-se «que Portugal não pode já ser considerado hoje como uma Nação exclusivamente europeia», dados os seus interesses coloniais em vários continentes. No essencial era definida uma posição que iria servir de matriz à política externa portuguesa durante o Estado Novo, em todo o período da sua vigência, em relação à matéria da união ou da unidade europeia. Tal política assentava, como se conclui, em três pilares: recusa absoluta na cedência de quaisquer direitos de soberania, não aceitação de qualquer forma de ingerência nos territórios coloniais ou ultramarinos portugueses e salvaguarda das relações históricas ou privilegiadas que Portugal mantivesse com outros Estados (aliança anglo-portuguesa, amizade luso-brasileira e, mais tarde, pacto luso-espanhol). Contudo, Portugal aceitava ou tolerava, subordinadas a estas condições, formas de cooperação e de colaboração com a Europa, desde que se situassem preferencialmente no campo económico; não considerava que soluções prévias de compromisso político fossem necessárias e desejáveis para o estabelecimento de acordos sobre aspectos materiais de interesse comum; e não acreditava que soluções estandardizadas, de uniformidade de regimes políticos ou com envolvimentos supranacionais – contrárias pela sua própria natureza às diversidades históricas e culturais das nações – pudessem alguma vez, ou pelo menos no curto prazo, ser exequíveis.

---

[3] Despacho confidencial do ministro dos Negócios Estrangeiros, com data de 3/9/1930, enviado à delegação portuguesa presente à reunião de Genebra de 1930, MNE, Arquivo Histórico-Diplomático (AHD), 3P/A12/M216.

3. No pós-segunda guerra: do discurso de Zurique ao Conselho da Europa (1946-1949)

Contexto europeu: união ou unificação da Europa?

Com a ascensão de Hitler ao poder, em 1933, as preocupações europeias terão como alvo a Alemanha e depois a guerra. A ideia de unidade da Europa fica adiada perante a imensidão da tragédia e o horror das destruições e da morte. Hitler e o nazismo preconizaram também, é certo, uma ideia de Europa, uma "Europa Nova", à sua maneira, que nada tem a ver com o sentido que temos estado a considerar.

Só no pós-guerra a ideia ressurge das cinzas e do amontoado de destroços: primeiro, com o apelo quase patético de Churchill na Universidade de Zurique, em Setembro de 1946, em que convida os europeus a constituírem os Estados Unidos da Europa tendo como alicerce a reconciliação e a amizade franco-alemã; depois, com o florescimento de inúmeros movimentos pró-europeus, dos quais se destacam o Movimento para a Europa Unida (Duncan Sandys), a União Europeia dos Federalistas (Hendrik Brugmans / Denis de Rougemont), a União Parlamentar Europeia (Coudenhove-Kalergi).

Da convergência destes esforços unificadores resultou o célebre Congresso Europeu da Haia, de 7 a 10 de Maio de 1948, que, apesar de ter aprovado importantes resoluções no domínio económico, político e cultural, patenteou também as divergências entre os europeus sobre as formas de unidade da Europa.

– Num dos extremos – aqueles que pretendiam uma união com base na cooperação intergovernamental, sem perda de direitos soberanos;
– no outro – os que defendiam a criação no imediato de um Estado federal europeu, com instituições centrais supranacionais e democráticas;
– numa posição intermédia – os que entendiam que a unidade da Europa teria de construir-se progressivamente, através de compromissos entre a independência dos Estados e a cedência gradual de direitos soberanos para organismos de tipo federal ou confederal.

Todavia, a projectada Assembleia Europeia decidida no Congresso da Haia não parecia ser do agrado dos governos, alguns dos quais receberam com muitas reservas as propostas daquela reunião internacional.
- Os franceses tiveram a iniciativa de desencadear o processo na reunião dos Cinco do Pacto de Bruxelas, de 20 de Julho de 1948, no sentido de dar execução às resoluções da Haia. A eles juntaram-se os países do Benelux, mas depararam com a resistência obstinada dos britânicos, que se opunham a qualquer forma de associação que pusesse em causa a vontade individual dos Estados.
- Os ingleses propuseram um organismo europeu, com base na cooperação entre os Estados, composto por delegados de nomeação governamental e tomando decisões por unanimidade.

Deste confronto entre a tese britânica – organismo subordinado aos governos – e as posições continentais – uma Assembleia eleita e decidindo democraticamente –, resultou o Conselho da Europa. Foi a organização do compromisso possível, largamente favorável aos desígnios ingleses, mas com a vantagem de resultar de uma iniciativa exclusivamente europeia e não da pressão americana como sucedeu com as organizações que a precederam (a OECE, o Pacto de Bruxelas e, obviamente, o Pacto do Atlântico).

b) *Reacções em Portugal: sim à solidariedade civilizacional, não a compromissos institucionais*

A Portugal chegaram abundantemente as notícias sobre a unificação europeia. O governo português foi também bem informado pelo seu corpo diplomático. Mas as posições que se assumem, ao nível do poder e da opinião pública, são em geral cautelosas e discordantes de qualquer forma de unidade que ponha em causa a independência nacional. Aceitam-se formas de colaboração e de entendimento europeus, necessários para a reconstrução e valorização económicas e indispensáveis para a defesa dos comuns valores cristãos e civilizacionais do Ocidente supostamente ameaçados por uma eventual agressão soviética; propõe-se, sem atropelo aos direitos históricos e territoriais dos países colonizadores, a exploração dos recursos africanos para a recuperação e autonomia económica europeias, mas recusam-se quaisquer compromissos de natureza supranacional.

Os dois acontecimentos que tiveram destaque maior na opinião pública foram, como acima se referiu, a realização do Congresso Europeu da Haia e a criação do Conselho Europeu. Portugal não se fez representar naquela reunião, apesar de o governo português ter sido solicitado pela respectiva organização e alertado pela via diplomática a enviar delegados; apenas esteve presente um português, que disse estar em representação dos católicos do seu país. Existem, todavia, sobre o evento, profusamente noticiado, diferenças de sensibilidade nas opiniões expressas através da imprensa.

- Alguns jornais subestimam o real impacto deste reunião internacional, condenam os projectos federativos que nele se manifestaram e apelam para formas de «entendimento imediato de defesa e cooperação internacionais» em prol da sobrevivência do ocidente ameaçado e decadente (*Diário de Notícias, Jornal de Notícias*); outros (*A Voz, Novidades*) preferem, em vez de uma União Europeia, um «Império do Ocidente», que deve erguer-se como uma «muralha de moral e de justiça – e de força também » e «abarcar todas as nações de civilização cristã» para defenderem solidariamente, como «imperativo de consciência» e «dever sagrado, essa «complexa acumulação de valores conquistados pelo espírito», de dezasseis séculos de vida católica, contra o comunismo que lhe é por essência antagónico.

- Outros, como o semanário *A Nação*, nacionalista radical e ultramontano, pronunciam-se também por diversas vezes, de forma agressivamente anticomunista e antidemocrática, contra a unidade europeia e os princípios e valores apregoados na Haia.

- Outros ainda (*Diário Popular* e o semanário *Sol*) dão um grande destaque às questões europeias, nomeadamente à problemática da união ou da federação europeias, que, embora consideradas de realização difícil, se situam no sentido dos ventos da História. É aliás nas páginas deste último diário que vai ser acolhida uma interessante iniciativa, de criação em Portugal de um «Centro de Estudos Europeus», proposta por Moura e Sá, mas que suscitou apoios, depoimentos e contributos por parte de homens da intelectualidade portuguesa da época (Serras e Silva, Augusto de Castro, Vitorino Nemésio, Hernâni Cidade, entre outros). Aqui e além aparecem artigos de imprensa discretamente favoráveis à união europeia, com alguma implícita simpatia por princípios federativos.

– Outros, finalmente, como o jornal *República*, órgão republicano e democrático, resguardam-se num estranho silêncio sobre a questão da unidade europeia e ignoram mesmo a realização daquele grande encontro (da Haia), que foi objecto das parangonas e dos títulos de primeira página da maior parte dos outros periódicos. Também a *Seara Nova* não manifestou sobre o acontecimento em questão e a problemática que lhe esteve subjacente um visível interesse[4].

Sobre o posicionamento de Portugal em relação ao Conselho da Europa há que distinguir dois momentos relativamente diferenciados.

– Num primeiro tempo, enquanto se confrontavam as diferentes concepções sobre o que deveria ser a organização a constituir-se, são sugestivas as opiniões expressas na imprensa favoráveis a formas de unidade que salvaguardem os valores culturais e morais da Europa. Porque Portugal faz parte desses valores e para eles contribuiu ao longo da sua história, não pode, por isso, ficar indiferente aos perigos que ameaçam destruí-los. Defendem-se, nessa perspectiva, formas concertadas de uma política de união ocidental que

---

[4] Ver sobre o assunto António Martins da Silva, «Portugal e a unidade europeia no pós-guerra (1945-1948): reacções e tomadas de posição», sep. da *Revista Portuguesa de História*, t. XXXII (1997-1998), p. 449-487.

poderão convergir, a longo prazo, numa unidade europeia mais ampla e profunda entre os nações da Europa não arregimentadas pelo comunismo soviético, mesmo que, para o efeito, sejam necessários sacrifícios e compromissos não desejáveis noutras circunstâncias.
– Num segundo tempo, Salazar, após assegurada a sua participação no Pacto do Atlântico, desembaraçou-se das atitudes de reserva em relação aos estratagemas de unidade congeminados pelas potências democráticas europeias, quebrou o seu silêncio em relação ao Conselho da Europa, para o qual Portugal não foi convidado, e investiu em força: tal associação, cujo «alcance prático» é duvidoso, agride «a nossa concepção de soberania» – diz o governo em Fevereiro de 1949. Com este posicionamento oficial, a opinião pública mais visível muda também e tende a identificar-se com ele: união da Europa para a defesa do património cultural comum é possível e desejável; unificação da Europa tal como a proclamam muitos responsáveis europeus é simplesmente uma utopia se não mesmo uma descarada «insensatez». A Europa, afinal, é «para nós mais paisagem do que vizinhança»: «o nosso horizonte, o nosso destino nacional estão no mar. A nossa projecção é atlântica e não europeia».

Em síntese, a verdade é que existe em muitos aspectos sintonia da opinião pública com as posições do governo. Salazar aceitou em última instância que Portugal usufruísse, depois de uma recusa inicial, dos benefícios do Plano Marshall, integrasse relutantemente a OECE e, como membro fundador, depois de algumas dúvidas e reservas, o Pacto do Atlântico, mas demarcou-se do Pacto de Bruxelas e foi ostensivamente hostil ao Conselho da Europa, organização política de países democráticos na qual Portugal, dada a natureza autoritária do regime, não tinha cabimento. Via nestas organizações intenções veladas de absorção dos pequenos Estados, temia-as como instrumento de pressão no sentido da uniformização democrática dos regimes políticos, considerava-as nos seus desígnios confessos ou escondidos como contrárias à diversidade das nações europeias e às tradições históricas do povo português, muito cioso da sua cultura e da sua independência multissecular. Recusou, por conseguinte, qualquer forma de ligação, no presente e no futuro, com aquelas duas últimas organizações, especialmente com o Conselho da Europa[5].

4. Da CECA ao Tratado de Roma

a) *Contexto europeu: integração comunitária e união política*

A Assembleia parlamentar do Conselho da Europa – composta por delegados parlamentares dos países membros, mas cuja função era meramente consultiva e cuja agenda era controlada pelo Comité de Ministros, que representava os governos – veio a ter nas suas bancadas delegados brilhantes, ardorosamente defensores de uma unidade europeia cada vez mais sólida, numa base democrática e tendencialmente federal. Entre eles destacavam-se nomes sonantes como o primeiro presidente da Assembleia Consultiva, o ex--primeiro ministro belga Paul-Henri Spaak; segundo as suas próprias declarações, acreditava que a partir do Conselho da Europa se poderiam criar os Estados Unidos da Europa e que Estrasburgo, sede da organização, se poderia transformar numa nova Washington. Mas em breve os ímpetos federalistas dos que pugnavam pela unificação da Europa são refreados pelo Comité de Ministros que não dão seguimento às propostas mais ousadas da Assembleia, nomeadamente aquelas que apontavam no sentido da revisão dos estatutos e da reestruturação institucional da organização e na sua adequação a objectivos mais democráticos e unificadores. A decepção em breve se instala no recinto parlamentar de Estrasburgo. E torna-se cada vez maior o número daqueles que entendem

---

[5] Ver sobre a matéria vertente, *idem,* «No início da cooperação europeia do pós-guerra; o Pacto de Bruxelas e as reacções em Portugal», sep. da *Revista Portuguesa de História,* t. XXXIII (1999), p. 737-788); e «A criação do Conselho da Europa, a unidade europeia e o posicionamento português», *Revista de História das Ideias,* vol. 22 (2001), p. 553-602.

que a verdadeira unidade da Europa não passa por ali, mas terá que enveredar por outros caminhos.

Neste contexto se insere, a par de outras razões, a famosa declaração de Robert Schuman, de 9 de Maio de 1950, na sequência da qual veio a resultar, cerca de um ano depois (18 de Abril de 1951), o Tratado de Paris que criou a primeira Comunidade Europeia, a CECA, «primeira etapa da Federação europeia», segundo o texto da referida declaração. A partir daqui vai iniciar-se uma das fases mais ricas no debate sobre a possibilidade de criação de uma federação europeia e na congregação de esforços institucionais no sentido do aprofundamento da integração comunitária e do estabelecimento de uma efectiva unificação política da Europa. Entusiasmados com este primeiro grande êxito consumado na criação da CECA, os Seis decidiram instituir, em 27 de Maio de 1952, uma Comunidade Europeia de Defesa (CED), espécie de exército comum europeu, e, na sua sequência, tomaram a decisão de criar, poucos meses depois, a 10 de Setembro, uma comunidade política europeia. O debate sobre a federação europeia estará na ordem do dia nos meses subsequentes, e a 12 de Maio de 1953 os seis tomam o assunto muito a sério. Mas o parlamento francês rejeitaria em 1954 (31 de Agosto) a aprovação da CED, e, com esta recusa, cairia também o projecto da comunidade política.

b) *Salazar e a federação e integração europeias*

Como se posiciona Portugal perante estes avanços supranacionais europeus e a iminência da criação de uma federação europeia? Pouco depois do desfecho da guerra na Europa, Salazar mostra-se circunspecto, expectante e confuso; reconhece ser-lhe «difícil descobrir com precisão sobre que ideias se está reconstruindo o Mundo». Mas, seja qual for o sentido para que tenda a organização internacional, ao nível mundial ou no quadro regional, não parece ter dúvidas quanto à afirmação de determinados princípios: «Nem federações artificialmente decretadas ou impostas, nem super--Estados hegemónicos com os seus Estados-vassalos, nem organizações de interesses em quadros acima das nações poderiam exceder em simplicidade, eficiência e colaboração pacífica uma organização dos agregados nacionais» – declara em 18/5/1945[6]. Mas não se fica por aqui; rejeita também, por lhe parecer «errónea e perigosa», qualquer forma de cooperação internacional que tenha «como base indispensável» a defesa, «no plano teórico e no das realidades práticas, [d]a uniformidade dos regimes políticos»: a cooperação internacional «pressupõe o nacionalismo bem ordenado e bem entendido», ou seja, «não são as soberanias claudicantes ou precárias que podem prestigiar ou facilitar a acção daquela» (discurso de 23/2/1946)[7].

No auge do debate sobre a possibilidade iminente da instituição de uma Comunidade política europeia, em 1952-53, como acima se referiu, o Chefe do Governo português não pode ignorar ou fazer que ignora o problema. Pronuncia-se sobre a questão num documento, com o título «Federação Europeia», escrito pelo seu próprio punho em 6 de Março de 1953, e enviado aos chefes das missões diplomáticas de Portugal no estrangeiro, para que pudessem «fazer uso das orientações e conclusões nele enunciadas, sempre que julgue[m] necessário referir-se à posição do Governo Português na matéria da Federação ou Confederação Europeia»[8].

Considerando serem as ideias federalistas europeias importadas dos Estados Unidos e fomentadas pela França, que temia o rearmamento alemão, entendia que não era possível «federar» a Europa; mas, mesmo que o fosse, seria uma hipótese longínqua e, de qualquer modo, uma realização indesejável, porque acarretaria a hegemonia da Alemanha «como elemento mais forte pela extensão do território, população e conjunto das suas qualidades e espírito industrioso». Portugal não poderia aderir a uma federação europeia por ser um absurdo histórico, porque tal ideia «repugna absoluta-

---

[6] Salazar, «Portugal, a guerra e a paz», discurso de 18/5/1945, *Discursos e Notas Políticas*, IV (1943-1950), Coimbra Editora, 1951, p. 108.

[7] Idem, «Ideias falsas e palavras vãs», discurso de 23/2/1946, *ibidem*, p. 203.

[8] Circular n.º 8, proc. 331,201, de 9 de Abril de 1953, que contém em anexo o documento de Salazar sobre a «Federação Europeia», MNE, AHD, 2P/P.E.A./M.309.

mente ao povo português», por ser incompatível «com a nossa feição atlântica». Todavia, apesar de a questão da federação europeia não interessar a Portugal, nem por isso deixava de constituir uma séria preocupação pelos riscos que comportava, nomeadamente pela possibilidade de diminuir a capacidade de defesa do ocidente, por um lado, e, por outro, poder perturbar ou impedir-nos «de seguir o nosso próprio caminho». Por esta mesma razão, declara, «nos temos abstido de [...] nos jungirmos a certos organismos como o Conselho da Europa de Estrasburgo e outras criações que são inspiradas no mesmo pensamento», como sejam, «vários organismos» que «se propõem fazer federalismo por troços ou sectores de actividade, desde a indústria do aço à agricultura e da defesa ao ensino e à saúde».

Rejeitava também a possibilidade de uma confederação europeia porque, apesar de se apresentar «como um mal menor» e já ter sido ultrapassada nalguns domínios, é, pela sua própria natureza, «um plano inclinado que conduzirá finalmente à federação, como esta aliás tende pelo andar do tempo para o Estado unitário».

Mas, pouco depois, a 22 de Abril, esta posição oficial sai dos círculos das chancelarias para a opinião pública internacional. O Ministro dos negócios estrangeiros, Paulo Cunha, numa entrevista que deu na Alemanha aquando da sua visita a Bona, declarou à comunicação social – em resposta à pergunta que lhe foi colocada sobre a atitude de Portugal em relação ao movimento no sentido da unidade europeia – que, embora acompanhe este movimento «com todo o interesse», o seu país abstêm-se «de tudo quanto respeita a formas de integração ou fusão, com a criação de organismos supranacionais»; pela situação geográfica e pela sua tradição histórica, Portugal está mais vocacionado para o Oceano e o para o seu Império Ultramarino do que para o interior do continente europeu.

Veicula, no essencial, o posicionamento assumido, pouco antes, pelo Chefe do Governo, como não podia deixar de ser, considerando que a geografia, o modo de ser do povo português e as relações muito especiais com o Brasil, «seu filho do outro lado Atlântico», obrigam a «encarar o problema» numa perspectiva diferente daquela que têm outras nações europeias. Entende o ministro que não acredita na possibilidade de uma Federação Europeia «dentro do nosso tempo»: a diversidade cultural, linguística, étnica e temperamental da Europa, embora faça dela um conjunto «harmonioso», «complexo» e «insubstituível», inviabiliza tal modelo de unificação. «Mais viável será [conclui] caminhar-se, na Europa do Centro, no sentido de uma Confederação de Estados»; mas, mesmo neste quadro «mais modesto», a posição portuguesa «será sempre muito especial», acrescentando: «somos contudo partidários de caminhar passo a passo, devagar e cautelosamente, e de modo nenhum amontoar de tal maneira dificuldades, em virtude de empreendimentos demasiado vastos, que acabassem por inutilizar tudo o que já foi iniciado»[9].

Este posicionamento será invariavelmente assumido pelo regime até, pelo menos, ao afastamento político de Salazar. Por diversas ocasiões o Chefe do Governo retomou-o sem ambiguidade, mostrando-se, todavia, mais receptivo ao princípio de uma colaboração e cooperação estreitas com a Europa. Mas critica as manifestações de internacionalismo, em particular as que assumem fórmulas ou concessões supranacionais: «dir-se-ia [declara em Janeiro de 1958] que alguns países estão fatigados da sua existência como nações independentes». Considera preocupantes, obscuras e, de certo modo, incompreensíveis as razões que impelem muitos a defenderem dentro e fora da Europa o movimento de integração europeia – «esse vago pensamento [que] começa já a revestir aqui e além formas jurídicas conhecidas, como é a federação ou confederação». Sendo a Europa mutifacetada e heteróclita, na sua diversidade política, geográfica e histórica e na «vastidão dos seus interesses», não consegue ainda compreender, declara, «esta sorte de liquidação nacional» que põe em causa a «salvaguarda do que há de essencial em algumas destas formações históricas». Considera ser uma bênção providencial o facto de Portugal, situado «neste canto da Península», caracterizado por uma forte personalidade territorial e política, defendido por um nacionalismo «enraizado na terra e nas almas», poder estar imune a tais influências doutrinais e à sua apli-

---

[9] Entrevista concedida ao *Diplomatische Korrespondenz*, 22 de Abril de 1953, AHD, PEA/M309, 331,201.

cação prática; e conclui: «A posição prudente que temos tomado é defender e apoiar intensamente uma cooperação cada vez mais íntima e uma solidariedade cada vez mais firme, sem prejuízo das autonomias nacionais, que são ainda, tanto quanto pode ver-se no horizonte político, a forma mais simples de progresso e de defesa dos interesses das populações que agremiam»[10].

Na entrevista que concedeu ao jornal *Le Figaro*, em Setembro de 1958, e à pergunta do jornalista (Serge Groussard) se Portugal «aceitaria a integração numa eventual federação europeia», Salazar repetiu os mesmos argumentos alicerçados nos mesmos princípios: a heterogeneidade da Europa Ocidental impediam-no de acreditar na possibilidade de fusão «numa união efectiva» de Estados em que são muito fortes os elementos que os separam, apesar da comunidade da civilização cristã e da solidariedade de interesses perante as mesmas ameaças. Entende que «a Europa entregue à solidão seria estrangulada»; mas, ao invés da integração europeia, de realização duvidosa e de consequências imprevisíveis, é «numa colaboração em grande escala» para a valorização do continente africano que a Europa Ocidental poderia assegurar uma grande e firme prosperidade» e «reencontrar uma real independência, que decuplicaria as possibilidades de paz»: «A África [conclui] é o maior, talvez o último recurso da Europa»[11].

5. Da CEE ao primeiro alargamento

a) *Contexto europeu: Mercado Comum e crise comunitária*

Perdida a batalha da federação europeia, a integração comunitária irá conhecer, como é sabido, um novo relançamento com a

---

[10] Salazar, «Governo e Política», em 19 de Junho de 1956, *Discursos*, vol. V – 1951-1958, Coimbra Editora, 1959, p. 318-321.

[11] Idem, *Discursos e Notas Políticas*, VI – 1959-1966, Coimbra Editora, 1967, p. 3-48.

assinatura dos tratados de Roma, de 25 de Março de 1957, que criaram a CEE e a Euratom, entrados em vigor a partir do 1.º de Janeiro do ano seguinte. Mas na década de sessenta, apesar de alguns progressos comunitários nalguns sectores, a Europa do Mercado Comum será submetida a duras provas. O general De Gaulle retoma o poder em 1958, e as suas teses de defesa do prestígio da França contra a integração europeia, se tal fosse necessário, a sua convicção de que os pilares em que assentam as realidades da Europa são os Estados, muito diferentes uns dos outros, os seus projectos de «união dos Estados» em detrimento dos planos defensores da Europa «integrada», a afirmação do primado das identidades nacionais como base da «Europa das pátrias», são aspectos, entre outros, duma certa visão de «Europa europeia», de vertente confederal, no âmbito de uma formação política sem que as nações (as pátrias, os Estados) deixem de ser elas próprias. Esta concepção gaullista de uma Europa dos Estados nações, ou, mais precisamente, de uma Europa unida dos Estados contra os Estados Unidos da Europa, irá contribuir seguramente, por um lado, para o desencadeamento da primeira grande crise das comunidades, consumada na designada política da «cadeira vazia», e, por outro, para impedir o alargamento comunitário, já que o Presidente da França boicotou repetidamente, como é sabido, o pedido de adesão do Reino-Unido ao qual se tinha juntado o da Irlanda, da Dinamarca e da Noruega.

Só após o afastamento de De Gaulle da presidência, que não resistiu aos abalos provocados pelo Maio de 68, e a sua substituição por Georges Pompidou, em 1969, permitiu desbloquear o processo de alargamento e possibilitou alguns avanços no aprofundamento comunitário, apesar das divisões que fustigavam os Nove e impediam resultados mais profícuos. O novo presidente da França tinha posições políticas mais flexíveis que o seu antecessor e era partidário de uma confederação europeia «com um governo cujas decisões se imponham a todos os Estados membros» (Conferência de imprensa de 21 de Janeiro de 1971). Contudo, a questão federal ou da unidade política da Europa permaneceu sem novidades significativas. Em Agosto de 1973 Jean Monnet propôs um plano de «governo provisório europeu» que, a ser aceite, deveria, no prazo de seis meses, constituir uma comissão que submeteria à ratificação dos Estados membros um projecto de União europeia com instituições compostas por «um governo europeu e uma Assembleia europeia eleita por sufrágio universal». Mas de um modo geral os governos foram pouco receptivos ou muito reticentes relativamente ao apelo de Monnet. A Europa mergulhava numa estagnação sombria. A crise internacional, monetária, energética e militar, de finais de 1973 atinge duramente a CEE e acentua a incapacidade de cooperação e de tomada de decisões por parte dos Nove. Os reflexos internacionais desta inabilidade comunitária são mais que evidentes; os europeus convocados a Washington para acatarem a lei americana em matéria de energia sujeitam-se ao vexame e ao ridículo. Tendo evitado até então qualquer compromisso federalista, a Europa comunitária tornava-se vítima da sua própria incapacidade: a sua fraqueza política nas relações internacionais.

b) *A aproximação de Portugal à Europa comunitária: a opinião pública e o poder político – atitudes e actuações*

Em rigor só a partir dos inícios da década de setenta passou a existir em Portugal uma maior consciência sobre as vantagens e a necessidade deste país fazer uma opção europeia séria e consequente, aparecendo desde então vozes, alguns poucos diplomatas e tecnocratas sobretudo, que consideravam desejável a integração de Portugal na Europa comunitária. Para um número crescente de pessoas o império colonial estava inevitavelmente perdido, e o dinamismo e progresso económicos empreendidos pelas comunidades europeias não deixavam de exercer alguma atracção sobre aqueles que entendiam que Portugal teria que fazer uma opção europeia.

O próprio governo, presidido agora por Marcelo Caetano, dá--se conta da necessidade de tal opção, a partir do momento em que se tornou claro que o Reino-Unido, nosso aliado e principal parceiro comercial, integraria as Comunidades europeias, deixando acéfala a EFTA, em que Portugal participava. O desaparecimento previsível desta organização fazia temer consequências que, se não fosse encontrada nova alternativa, poderiam ser muito gravosas para a economia nacional. O novo Chefe do Governo, que não manifesta entusiasmo pela Europa, não deixou de vincar a importância crescente dos compromissos assumidos por Portugal com a referida associação de livre comércio – o que, segundo ele, colocava o país numa situação favorável para o estabelecimento de acordos com o Mercado Comum: «nós não somos recém-chegados à cooperação económica europeia» – declara em 1970; mas – esclarece –, apesar de Portugal «não poder nunca esquecer que é um país europeu», que «a Metrópole portuguesa se encontra na Europa e não poder escapar a esta fatalidade geográfica», «a verdade é que» tem também «grandes interesses noutros continentes»[12]. Considerava prioritários estes interesses e, por isso, afastava a possibilidade de uma futura adesão ao Mercado Comum, porque a filosofia que o norteava «implicava uma integração económica, social e, no futuro, também política», incompatível com a condição «atlântica» de Portugal; da CEE desejava apenas «assinar uma convenção como com outro país, uma convenção comercial» – tal como declarou numa entrevista que deu ao jornal *Le Figaro*, de 16 de Janeiro de 1970[13].

Contudo, as negociações que Portugal viria a entabular com o Mercado Comum, uma vez tida como certa a adesão do Reino--Unido, foram entendidas como «uma questão de capital importância» – como acentuou o embaixador Rui Teixeira Guerra, Presidente da Comissão Interministerial da Cooperação Económica Externa. Justificam-na a convergência de múltiplos factores: a dependência do comércio português cm relação à Europa da EFTA e da CEE (3/4 das importações e 69% das exportações), a dificuldade de Portugal poder encontrar mercados alternativos, a impossibilidade de, pela sua reduzida e frágil dimensão económica, conseguir «furtar-se aos efeitos da evolução inelutável dos movimentos de integração económica», entre outras importantes razões[14]. Ambicionou-se, nesta perspectiva, uma forma de ligação às comunidades mais profunda do que aquela que realmente foi conseguida: solicitou-se um

---

[12] *Les Enquêtes internationales de l'Européen*, 1970, AHD/EOI/M682-A.

[13] Interview recueillie par Jean-François Chauvet, com o título «Tournés vers le grand large», *Le Figaro*, de 16/01/1970, AHD/EOI/682.

[14] «Aide Mémoire», da Comissão Interministerial da Cooperação Económica Externa, com data de 18/01/1972, AHD, AOI/682-A.

acordo de associação, o que sugeria a vontade de adesão num futuro não longínquo, embora o que realmente tivesse resultado do processo negocial fosse apenas uma acordo comercial, aprovado em 22 de Julho de 1972, para entrar em vigor em 1 de Janeiro de 1973; mais não seria possível, em virtude da natureza não democrática do regime vigente em Portugal. De qualquer modo, o saldo final das negociações foi favorável a Portugal, e a imprensa internacional não deixou de assinalar este relativo êxito, para o qual muito contribuíram certamente o empenhamento e as convicções europeístas dos membros da referida comissão, para além do prestígio e da experiência de que gozavam nas chancelarias europeias os diplomatas que a integravam.

Internamente, o país esteve bastante dividido. A oposição democrática apoiou em geral esta aproximação de Portugal à Europa comunitária, os comunistas condenaram-na como mais uma medida de subordinação do país aos interesses do capitalismo internacional: «o acordo com o Mercado Comum [escreve-se no *Avante*] reveste-se das mais graves consequências para o futuro imediato da economia portuguesa». Do lado do regime, as divergências suscitaram acaloradas discussões, nomeadamente na Assembleia Nacional. O debate que a este propósito aí se travou é por si elucidativo das tendências que dividiam doravante o recinto parlamentar. Um dos confrontos mais interessantes e sugestivos foi, na minha opinião, aquele que opôs os deputados Alberto Franco Nogueira e José Pedro Pinto Leite, nas sessões parlamentares de 8 e 15 de Abril de 1970, respectivamente.

– Defende o primeiro que o presente e o futuro de Portugal tem de alicerçar-se «no indissolúvel conjunto de metrópole e ultramar». Não na Europa: nunca esta «teve em conta os interesses puramente portugueses», nunca «nos auxiliou, nem nos defendeu dos perigos que nos ameaçaram» em períodos dolorosos da nossa existência. Considera ser o entusiasmo de alguns que defendem a integração de Portugal na Europa uma mera manifestação de sebastianismo, porque, para eles, tal possibilidade seria a garantia da «redenção dos nossos desalentos e das nossas frustrações». Denunciou ainda a ideia de Europa como uma mera abstracção, uma pura ingenuidade, e disse que a integração económica europeia e o Mercado Comum não são «realidades concretas» nem, como alguns pensam, «irreversíveis»: são «mitos», «como é um mito a sua unidade política». E conclui que se Portugal se integrasse no Mercado Comum «passaríamos a ser colonizados pela Europa, e depois a Europa colonizaria o ultramar português»; e uma vez «amarrados assim à Europa, arrastaríamos uma existência precária e nominal»[15].

– Por sua vez, uma semana após a intervenção deste parlamentar reagiu vibrantemente o deputado Pinto Leite, da designada «ala liberal». Não pondo nunca em causa a «unidade nacional [...] baseada num núcleo central, que é a metrópole», sempre foi dizendo que «a nossa aproximação à Europa [...] é condição *sine qua non* para que o próprio mar não nos vire as costas». Para evitar este risco «não podemos deixar de, cada vez mais, nos abrirmos, sem complexos provincianos, a uma cooperação» no plano internacional e a procurar essencialmente na velha Europa, por razões geográficas e culturais, «os recursos técnicos e financeiros de que necessitamos para recuperar o atraso da metrópole e ajudar o desenvolvimento dos nossos territórios situados no Terceiro Mundo». A longo ou a médio prazo, opina o referido deputado, não subsistiremos como individualidade nacional «se nos ensimesmarmos no esplêndido isolamento do espaço português». Considera que «Portugal, para além da sua vocação universal», tem também «uma inegável, uma patente vocação europeia»: «A Europa é o berço de Portugal», é a sede matricial da sua língua e da sua cultura; nos séculos XV e XVI «a sociedade portuguesa era uma sociedade amplamente aberta não só aos novos mundos, mas também à Europa», com uma grande presença nesta, nos domínios do ensino e da gestão universitários, na banca, nos mercados centrais europeus. Ora, «a decadência [justifica o deputado que estamos a citar] inicia-se justamente quando

---

[15] Deputado Alberto Franco Nogueira, *Diário das Sessões da Assembleia Nacional*, sessão n.º 30, de 8 de Abril de 1970, p. 569-572.

Portugal se começa a isolar da Europa, quando as relações com a Flandres enfraquecem, quando o intercâmbio universitário com a França desaparece, quando, com petulância, pensamos que nos podemos abastecer a nós próprios com capitais, quando deixamos substituir, nas nossas relações com outros povos, o espírito aberto e universal por um espírito marialvista, que despreza tudo quanto ignora». «Que interesses se oporão a que o país venha a celebrar com o mercado Comum um tratado de associação ou um acordo comercial?» – pergunta primeiro e responde a seguir o referido parlamentar: «serão aqueles mesmos grupos de pressão» que defendem um sistema de condicionamento industrial – sistema que contribui, pela mentalidade e pelo egoísmo subjacentes, para perenizar a «manutenção do monopólio, do oligopólio e do atraso económico»[16].

Se é manifestamente visível que já existe alguma sensibilidade para a necessidade de Portugal fazer a opção da Europa comunitária, não nos parece que seja um sentimento com uma sugestiva expressão social, e não é em geral assumido nos meios intelectuais do país, distanciados ou críticos em relação ao problema e, concretamente, à perspectiva da integração portuguesa no Mercado Comum. Quanto ao destino da Europa ou à possibilidade de reformas institucionais nas Comunidades, não têm estas questões qualquer eco na opinião pública e nas elites culturais. Com raras excepções, a imprensa revela em geral um manifesto silêncio nesta matéria. O contrário surpreenderia; a Europa fazia a travessia do deserto: apesar do alargamento de seis para nove, o vazio de ideias, a falta de vontade ou a indiferença perante o problema, nesta primeira metade da década de setenta, eram gerais; cada Estado agia por sua conta e risco; a América, que no passado apoiara a união europeia, mal disfarçava agora a sua hostilidade ao Mercado Comum.

---

[16] Deputado José Pedro Pinto Leite, *ibidem*, sessão n.º 34, de 15 de Abril de 1970, p. 666-671.

Conclusão

Neste espaço temporal de mais de meio século, de 1920 a 1973, Portugal não foi alheio à problemática da união da Europa. Mas, como constatamos ao longo deste estudo, registam-se, para cada período considerado, diferenças notórias de sensibilidade, de reacções e de tomadas de posição.

Até finais da década de 20 assistimos neste país a uma época de grande intervenção no âmbito da polémica sobre a unidade europeia. A ideia federal europeia é defendida por muitos, embora nem todos a entendam da mesma forma; outros, apesar da simpatia manifestada, consideram-na de difícil realização ou inoportuna no quadro da conjuntura da época; e houve mesmo quem, por cá, elaborasse propostas minuciosas para a criação dos Estados Unidos da Europa. De um modo geral, a sociedade civil preocupa-se e interessa-se pelo destino do Velho Continente. O poder político republicano e a ditadura nos dois primeiros anos esforçam-se também no sentido de intervir activamente e de dignificar a participação de Portugal na Sociedade das Nações, apesar da pouca consideração com que geralmente era tratado; participam nas conferências internacionais, assinam ou apoiam os acordos, planos e pactos multilaterais celebrados no quadro daquela organização. É bem notória a consciência de que Portugal é um país europeu e, embora ninguém esqueça os nossos interesses ultramarinos, a verdade é que estes são enquadrados em espaços pluricontinentais não concebidos como uma extensão do território metropolitano, como se defenderá no regime salazarista, mas entendidos, na sua exacta dimensão, como domínios coloniais subordinados à metrópole de um Portugal que é exclusivamente europeu e não pluricontinental. Há, portanto, a convicção de que os destinos europeus não nos são indiferentes e de que por eles temos de pugnar no sentido de salvaguardar a paz, restabelecer a prosperidade e recuperar a dignidade da Europa, tão abaladas se encontravam com as destruições da guerra, com as dificuldades económicas e sociais, com os desentendimentos e litígios políticos, por um lado, e, por outro, com a ascensão económica e a emergente hegemonia geo-política da nova grande potência, que era os Estados Unidos da América.

Mas esta sensibilidade e preocupação em relação ao presente e ao futuro da Europa muda substancialmente a partir dos anos 30. Apesar do sobressalto de europeísmo suscitado pelo projecto Briand de união europeia, foi este o momento que proporcionou ao governo da ditadura, com a indiscutível influência do já todo poderoso ministro das finanças, definir o esboço das bases essenciais da política externa portuguesa, que o futuro Chefe do Governo consolidará e dará forma institucional. O período de 1945-1950, com efeito, repercute expressivamente, no que respeita aos ecos da unidade europeia, a viragem do regime em termos de política externa e, em particular, de relacionamento com a Europa. A situação internacional, com a vitória das democracias sobre os fascismos, não é favorável ao regime de Salazar: este colocar-se-á, por via disso, numa atitude prudente e discreta, em relação aos acontecimentos europeus e, em particular, às iniciativas tendentes à união da Europa. Só tardiamente, como se viu, assegurada a participação no Pacto do Atlântico, o governo português quebra o silêncio e se pronuncia pública e abertamente contra as iniciativas de unidade europeia, mesmo em relação àquelas que, como o Conselho da Europa, para o qual Portugal não foi convidado, não pressupunham qualquer vínculo de natureza supranacional.

O período imediatamente subsequente, de 1951 a 1958, caracterizado pela integração europeia e por iniciativas tendentes à unificação política, traduz já a relativa tranquilidade de Salazar, ultrapassados que foram os receios do pós-guerra resultantes da hostilidade internacional contra o seu regime. A participação portuguesa na OECE e no Pacto do Atlântico deram ao Chefe do Governo a folga de credibilidade ou de tolerância necessária para doravante assumir posições críticas e negativistas em relação às iniciativas tendentes à criação de uma federação europeia e às actuações consumadas e em curso no âmbito da integração comunitária, que considerava como outra fórmula de federalismo por sectores de actividade. A sua posição foi, como vimos, frontal e inequívoca: a federação europeia não era exequível e, mesmo que o fosse, não seria desejável; em qualquer caso «repugna[va]» absolutamente ao povo português.

Neste entretempo, do pós-II guerra aos finais da década de 50, a opinião pública não se demarca expressivamente deste posicionamento oficial; e a intelectualidade portuguesa, afim ou contrária ao regime, não parece, de um modo geral, que partilhe de uma concepção diferente – não a manifestou, pelo menos, tanto quanto pudemos saber pelos testemunhos documentais a que tivemos acesso. O discurso do poder, no plano nacional, e o mau exemplo europeu do passado recente moldaram a consciência colectiva portuguesa, mitificada com a sua suposta vocação atlântica e universalista, e reforçaram a sua condição periférica, longe da Europa, à qual apenas nos ligavam afinidades culturais e da qual apenas nos interessavam vantagens económicas.

Os primeiros anos da década de setenta anunciaram-se como tempo de viragem. Mas o debate interno sobre a aproximação de Portugal à Europa não ultrapassou o quadro de declarações bem intencionadas mais ou menos europeístas e de uma actuação efectiva de reforço das nossas relações económicas com o Mercado Comum. A natureza institucional das comunidades Europeias e a problemática do aprofundamento comunitário não produziram ecos audíveis. Mas, lá fora também, o tema não suscita entusiasmos. A Europa de 1973 enquista-se numa estagnação sombria e num marasmo que a descredibiliza internacionalmente.

Este geral desinteresse português pela Europa unida do futuro, com uma única excepção na década de 20, persistirá no período da revolução de Abril de 1974 – o que é compreensível; continuará também durante o processo negocial para a adesão – que manteve alheado, durante um largo tempo, o meio cultural e académico –, e sobreviverá mesmo ao período pós-adesão. Só a partir de Maastricht, e sobretudo a partir da CIG96, começa a emergir em Portugal um interesse mais visível pelo destino da Europa e pela sua arquitectura institucional. Contudo, a ideia federal continua a ter, salvo casos raros, expressões de acolhimento e de intervenção relativamente tímidas.

A CONSTRUÇÃO EUROPEIA
E A DEFESA DAS IDENTIDADES NACIONAIS:
UMA PERSPECTIVA NORMATIVA

A. Barbosa de Melo

*Cultures do not exist outside their making;
they are constituted in action*
B. Axford

I – CONSIDERAÇÕES PRELIMINARES

1. Um dos desafios políticos do processo da construção europeia está na coordenação e equilíbrio entre uma provável expansão e intensificação das tarefas e competências da União, as identidades nacionais dos Estados membros e a identidade europeia.

Estas identidades são objecto de preceitos formulados, desde 1992, no Tratado da União Europeia (TUE): "*a União respeitará as identidades nacionais dos Estados membros*" (artigo 6.º/3), sendo, por outro lado, um dos objectivos da União Europeia "*a afirmação da sua identidade na cena internacional*", mormente mediante uma política externa e de segurança comum (artigo 2.º/2 da TUE).

Por sua vez, a Constituição da República Portuguesa (CRP) proclama a independência nacional como característica inerente ao Estado, definindo-o com "*República soberana*" (artigo 1.º), declara-a ainda princípio regulador das suas relações internacionais (artigo 7.º/1) e estabelece como tarefa fundamental do Estado Português "*garantir a independência nacional*" (artigo 9.º/a)). Mas, ao mesmo tempo, desde 1989, manda o Estado *"empenhar-se no reforço da identidade europeia"*(artigo 7.º/5) e habilita-o, desde 1992 e 2001, a concluir convenções para *"o exercício em comum ou em cooperação dos poderes necessários à construção da união europeia"* (artigo 7.º/6).

A compatibilização destes princípios normativos basilares – por um lado, a garantia da independência nacional e o respeito pela identidade nacional e, por outro, o dever de participar na construção europeia, de reforçar a identidade europeia e, se necessário, de pôr em comum para o efeito o exercício de poderes soberanos – pode suscitar, no plano nacional e no plano comunitário, questões práticas da maior dificuldade e melindre.

Não estamos perante exigências divergentes, senão contraditórias entre si? Como conciliar a soberania ou independência nacional com a integração europeia? Como é que se reforça e afirma a identidade europeia e, ao mesmo tempo, se respeitam as identidades nacionais?

Eis interrogações de cada dia para os que têm de tomar decisões políticas, legislativas, administrativas ou jurisdicionais nos Estados membros e nas instituições comunitárias e para aqueles que, simplesmente, desejam compreender e acompanhar o processo histórico da construção europeia.

2. Importa desde já definir alguns pressupostos metódicos ou metodológicos ajustados à descoberta de respostas juridicamente fundadas para tais interrogações e aporias. Limito-me a apontar o que se me afigura essencial a este respeito.

Lembro, em primeiro lugar, que estamos perante exigências decorrentes de *princípios* e, não, perante *normas ou regras* jurídicas. É esta uma distinção recorrente e de larga tradição na doutrina jurídica continental-europeia, escandinava e anglo-americana[1]. A

---

[1] Veja, por exemplo, Afonso Queiró, nomeadamente a propósito do artigo 38.º do Estatuto do Tribunal Internacional de Justiça, *Lições de Direito Internacional Público*, 1960, pp. 164; J. J. Gomes Canotilho, *Direito Constitucional e Teoria da Constituição*, 5.ª ed. (2002), pp. 1143; J. Esser, *Grundsatz und Norm in der richterlichen Fortbildung des Privatsrecht*, 1956, *passim*; Strache, *Das Denken in Standards*, 1968, *passim*; A. Kaufmann/W. Hassemer, *Einführung*

norma ou regra[2] é a entidade ideal ou racional, correspondente a um *programa* de dever-ser (condicional ou final, na conhecida terminologia de N. Luhmann[3]), constituída por uma *hipótese* ou antecedente, uma *estatuição* ou consequente e um *functor deôntico* ou vínculo copulativo, a ligar ambas. A sua função normativa traduz-se nisto: se ocorrer a situação descrita na hipótese (A) – um acontecimento ou facto, um acto jurídico, um estado de coisas, etc. – o operador jurídico (juiz, administrador, particular) tem de, ou pode, observar ou fazer observar a estatuição (B) – cumprir um dever, exercer um direito, tomar uma medida, etc. –, no sentido determinado pelo functor deôntico. Verificando-se A, deve o decisor permitir ou permitir-se (exigir, proibir ou assumir) a prática de B[4]. A implica B, isto é, se A, então *deve* B.

Por outro lado, as normas ou regras são entre si excludentes, isto é, aplicam-se no *modo do tudo ou nada*, de tal maneira que, se

---

in Rechtsphilosophie, 1994, pp. 128; Alf Ross, *Directives and Norms*, 1968, *passim*; R. Dworking, *Taking Rights Seriously*, 16ª ed. (1997), pp. 22 e pp. 71.

[2] Gomes Canotilho prefere, como R. Dworking, a designação *regra*. O nosso texto constitucional usa as expressões norma e princípio (v.g., artigos 204.º, 277.º/1 e 231.º), aliás mais tradicionais na literatura portuguesa e continental (cfr. também D. Jesch, *Gesetz und Verwaltung*, 1968, pp. 35, 42). Aquela preferência pela contraposição *regra* (*regula, rule*)-*princípio*, em vez de norma--princípio, terá decerto a vantagem de deixar a palavra "norma" para a designação de um *género* de que *regra* e *princípio* serão as *espécies* e de assim incluir enunciativamente no objecto da fiscalização jurisdicional da inconstitucionalidade, designado no artigo 277.º/1 da CRP mediante a expressão "norma", os princípios infra-constitucionais (legais, regulamentares, jurisprudenciais, consuetudinários...), também eles, obviamente, sujeitos àquela fiscalização.

[3] Veja, v.g., *Soziale Systeme: Grundriss einer allgemeinen Theorie*, 4.ª ed. (1991), pp. 432; *Rechtssoziologie*, 3ª ed. (1987), pp. 87. Também as « leis científicas", que são enunciados de realidade, apresentam uma estrutura racional similar à dos programas condicionais de natureza normativa, a que nos referimos no texto. A sua fórmula será nesse caso: "se A, então *é* B" ou, em versão mais estatística, "se A, então *frequentemente é* B", cfr. Raymond Boudon, *La place du désordre: critique des théories du changement social*, 2.ª ed., PUF (1985), pp. 21.

[4] E. García Máynez, *Filosofia del Direito*, México (1994), pp. 250.

a situação descrita pela hipótese de *uma* regra se verificar, esta será *a* regra aplicável no caso, com exclusão de todas as outras, dependendo o resultado, então, somente de a regra ser válida ou não – se o for, a decisão terá de corresponder à respectiva estatuição; se o não for, a regra nada dirá para a decisão[5].

Os princípios distinguem-se das regras por emanarem directamente de "uma exigência de justiça ou *fairness* ou de qualquer outra dimensão da moralidade" (Dworkin) ou por virtude da sua "essencial concordância com certos *standards* morais da Humanidade" (Afonso Queiró). E distinguem-se também, sobretudo, por a sua aplicação não estar circunscrita às ocorrências tipificadas em hipóteses normativas. Peregrinam, digamos assim, pela sociedade percorrendo recortes mais ou menos amplos das relações sociais sujeitas à respectiva ordem jurídica. Por isso o seu conteúdo normativo é incondicional ou absoluto, postulando exigências, proibições ou permissões válidas para blocos mais ou menos indiscriminados de circunstâncias e situações concretas. Possuem, por outras palavras, um elevado grau de abstracção, carecendo, por isso, da mediação concretizadora do legislador, do juiz, do administrador ... – como justamente observa Gomes Canotilho. Pense-se, a título de exemplo, no *princípio da boa fé*.

Ora, como as regras, também os princípios podem entrar em conflito uns com os outros na regulação de determinado caso ou situação prática. Exemplo clássico: o princípio da liberdade e o princípio da igualdade, quando extremados na organização da comunidade política, tornam-se incompatíveis entre si e um deles ver-se-á, por fim, sacrificado na ordem histórica – se o princípio da liberdade, estaremos perante um sistema hiper-colectivista onde todos, ou quase, acabam por ser escravos; se a igualdade, teremos um sistema ultra liberal onde os mais fortes e ricos exploram e oprimem à vontade os mais fracos ou pobres.

Mas os conflitos entre princípios jurídicos devem ser resolvidos, não segundo a lógica do tudo ou nada como as normas ou regras, mas de um modo que dê aos princípios concorrentes em cada

---

[5] R. Dworkin, ob. cit. pp. 24.

situação, ou conjunto de situações, a maior satisfação possível. O operador jurídico desempenha aqui, dir-se-á, uma papel muito mais criativo realizando, segundo as circunstâncias, uma ponderação recíproca das exigências emergentes de todos, com vista a achar a melhor combinação entre elas. Os princípios não estão, em geral, entre si em disjunção exclusiva, onde a primazia de um acarrete o total sacrifício dos outros. A sua aplicação prática desenvolve-se, por outras palavras, por uma *operação racional de optimização*.

3. É o que deve ocorrer com os princípios da soberania ou independência nacional, do respeito pela identidade nacional dos Estados membros e da promoção e afirmação da identidade europeia, proclamados no texto constitucional e nos textos comunitários.

Todos são, igualmente, *princípios regulativos* da construção europeia, desde logo no sentido de que o intérprete e o decisor devem considerá-los simultaneamente em cada situação e procurar compatibilizar em concreto as suas múltiplas exigências. Só não seria assim se existisse e pudesse ser definida *more iuridico* uma ordem de preferências ou precedências entre eles que conferisse ao princípio mais graduado uma primazia absoluta sobre os outros. Mas esta conjectura carece de qualquer base de sustentação no estado actual da *res communitaria*.

Daí decorrem, em particular, as seguintes proposições: a identidade da União Europeia não se compreende normativamente sem a independência ou soberania dos Estados membros[6]; a identidade nacional dos Estados membros não é pensável sem a consideração da identidade europeia; o exercício em comum dos poderes necessários à construção europeia não pode ser imposto com desprezo pela independência e soberania dos Estados membros.

A *pretensão normativa* emergente deste conjunto de princípios assenta na *possibilida*de de, na ordem dos factos, coexistirem *essas múltiplas identidades*, nomeadamente na compatibilidade prática entre as identidades egoístas dos Estados-nação e a identidade

---

[6] A esta matéria fiz referências em *Soberania e União Europeia*, in Temas de Integração, n.º 7 (1999), pp. 8.

colectiva de uma União Europeia trans- ou supraterritorial, considerada como um todo. A consagração de uma *cidadania da União*, *comum* aos nacionais dos Estados membros e *complementa*r da cidadania nacional, exprime nos Tratados a assumpção de uma tal possibilidade (Preâmbulo e artigo 2.° do TUE e artigos 17.° ss do TCE).

De qualquer modo, a medida da satisfação desse conjunto de exigências está entregue à prudência jurídica e política dos Estados, povos e instituições da União. E uma coisa é certa: uma medida hoje julgada justa, correcta ou acertada poderá não o ser amanhã. A "história do futuro" é que o irá dizendo...

4. Na singela reflexão que preparei para este colóquio sobre o tema *"Portugal e a construção europeia"* darei particular atenção ao *princípio da identidade nacional*, que o TUE (Maastricht, 1992) incluiu, como já disse, na geratriz ou parâmetro da construção europeia. Tentarei dilucidar aspectos relevantes do conteúdo normativo que se me afigura de atribuir, à luz da hermenêutica jurídica, ao artigo 6.°/3 do TUE.

Perguntar-se-á, antes disso, o que há de comum às identidades nacionais e à identidade europeia? Que características típicas marcam a *intensio* ou *sentido* do *conceito de identidade* nos textos jurídicos em referência?

5. Do ponto de vista lógico, a identidade denota uma relação de algo consigo mesmo em momentos ou sítios diferentes, correspondendo à qualidade que consiste em este algo permanecer sem mudar com o fluir do tempo ou com a deslocação no espaço. Goza de identidade, por exemplo, aquilo que no tempo 1 se apresenta com determinadas características e no tempo 2 continua a mantê-las, ou a manter, pelo menos, o núcleo substancial e decisivo delas. A identidade implica, assim, permanência ou continuidade no objecto a que vai referida.

Nesta ordem de ideias, as identidades nacionais e a identidade europeia hão-de supor a continuidade não só das nações, como do todo, a Europa, que as abarca e engloba. No entanto, nem toda e qualquer variação nessas partes ou no todo porá em causa a respectiva identidade. Só o *acontecimento social*, por definição instantâneo – *"passa tão depressa que não deixa tempo para a mudança"* (Luhmann) –, é que é imodificável; os *sistemas sociais*, e disso se trata aqui, esses, sofrem variações contínuas, incluindo alterações significativas das suas estruturas, sem que por isso percam a sua identidade. Continuidade, também aqui, não é o mesmo que rigidez ou invariância[7].

A identidade é, assim, uma qualidade suposta nos *sistemas sociais* – v. g., Estados, nações, igrejas, universidades, empresas, clubes desportivos ou recreativos, academias, etc.. Está ligada no campo das ciências sociais, por conseguinte, a grupos humanos *particulares* – particulares por referência, por exemplo, à sociedade global, à sociedade internacional, à sociedade estadual[8] ... – que se agregam em torno de determinados símbolos, crenças, valores,

---

[7] Cf. N. Luhmann, *Soziale Systeme*, cit, especialmente pp. 426. Michel Crozier/Erhard Friedberg, *L'acteur et le système*, Paris (1977), pp. 243, põem em destaque essa ideia: o sistema humano *«mantém uma certa permanência, mas, sobretudo, transforma-se adaptando-se... Não obedece a regras muito precisas, calibradas para mecanismos automáticos de reajustamento. Regula-se na medida em que tende a regressar, durante períodos relativamente longos, ao equilíbrio postulado pela sua estruturação"*. A continuidade ou permanência dos sistemas sociais é fruto, por outras palavras, da sua intrínseca capacidade de auto-regeneração, de reprodução ou de auto-adaptação. São, pois, sistemas *autogenerativos*, *autoreferenciais* ou *autopoiéticos*: a sua "substância" degrada-se com o decurso do tempo, mas eles mesmos se reconstituem segundo o seu modelo generativo estrutural. Assim vão fugindo à entropia ou morte. Ver Luhmann, *Soziale Systeme*, cit., pp. 473; B. Axford, *The Gobal System: economics, politics and culture*, New York (1995), pp. 82-86; Martin A. Novak *et alii*, *Computational and evolutionary aspects of languages*, Nature, vol. 417 (Junho 2002), pp. 611.

[8] A identidade é referida a partes de um todo, a parcialidades ou a *facções* – entendido este último termo no sentido que lhe deu Madison: "*um certo número de cidadãos, seja a maioria, seja uma minoria do todo, que estão unidos e actuam por um qualquer impulso de paixão ou de interesse adverso dos direitos dos outros cidadãos ou dos interesses permanentes e agregados da comunidade*", *The Federalist Papers*, n.º 10 (p. 78, ed. New American Library of World Literature, 1961).

interesses, concepções, representações emocionais, mitos, hábitos, rotinas, que sedimentam a sua cultura própria (*corporate culture*) e são fonte de critérios para a apreciação dos comportamentos e expectativas no respectivo domínio de acção[9]. Os grupos assim estruturados permanecem iguais ou análogos, independentemente de irem mudando os indivíduos, as ideias e as circunstâncias que, em certo momento ou época, os constituem, neles se espelham e os marcam.

Avultam aí os sistemas sociais comummente designados *instituições*. Destas específicas organizações se diz – dizem-no sobretudo os institucionalistas[10] – que consubstanciam *"uma ideia de obra que se efectiva e perdura em determinado meio social"*. Tal ideia é lançada *"por um ou mais indivíduos em certo momento e depois comunicada a outros e se estes a aceitam entra a tomar corpo... criando um poder directivo e certos órgãos que a concretizam e impulsionam numa verdadeira vontade geral"*. Uma vez posta de pé, *"a estrutura e a finalidade do grupo interiorizam-se na consciência dos seus membros, de modo a suscitarem neles o sentimento de uma responsabilidade colectiva (honra corporativa, esprit*

---

[9] O termo cultura denota, no domínio da teoria dos sistemas sociais, o quadro ou paradigma geral, mais ou menos estável, mas não invariante, dos modelos de comportamento e das representações, crenças e valores que os membros do grupo partilham e que os mantem em comum definindo, até certo ponto, o seu perfil. Esse quadro de referência separa os de dentro *(insiders)* dos de fora *(outsiders)* e corporiza a *"realidade de um passado particular"* (Wallerstein), fr. Heinz Weihrich e Harold Koontz, *Management: A Global Perspective*, 10.ª ed.1994, pp. 334; Jacques Chevallier, *Science administrative*, 1994, pp. 87; Michel Crozier e Erhard Friedberg, *ob. cit.*, pp. 167; B. Axford, ob. cit., especialmente pp. 154 e pp. 156.

[10] Maurice Hauriou, *Théorie de l'institution et de la fondation*, 1925, *passim*; Santi Romano, L'*Ordinamento Giuridico*, 1918, *passim*, e *Principii di Diritto Costituzionale*, pp. 56. Sobre a corrente institucionalista no pensamento jurídico veja-se Afonso Queiró, *Lições de Direito Administrativo*,1956, pp. 115; J.L. Cruz Vilaça, *Institucionalismo*, Enciclopédia Verbo, vol. 10, col. 1556; e Lamartine Corrêa de Oliveira, *A Dupla Crise da Pessoa Jurídica*, S. Paulo, 1979, pp. 12.

de corps)" – como escreveu o Prof. Cabral de Moncada[11]. Segundo Hauriou, a personalidade colectiva ou moral teria na instituição, assim entendida, o seu verdadeiro *substractum*; o seu processo de constituição incluiria três passos: a *interiorização* do poder organizado, a *incorporação* factual dos membros do grupo (a partir daqui já existe uma individualidade objectiva de corpo) e, finalmente, a *personificação*, que implica e pressupõe a liberdade política, isto é, a participação dos membros nas decisões do poder organizado. Só então é que fica constituída a pessoa moral: "la personalité morale se surajoute à l'individualité objective du corps"[12]. É claro que Hauriou está a pensar em particular na instituição que é a nação ou, por outras palavras e palavras de hoje, a pensar no Estado-nação[13].

Quer dizer: o núcleo significativo da identidade no campo social reside, por um lado, numa certa estabilidade de valores, de comportamentos, de expectativas, do estilo de vida próprios do grupo e, por outro, no *sentimento de pertença* ao grupo por parte dos seus membros. A identidade das instituições sociais é, por isso, factor de "*absorção da incerteza*" nos comportamentos individuais[14]: os membros tendem a agir de acordo com as normas respectivas,

---

[11] Cfr. *Filosofia do Direito e do Estado*, Vol, II (1966), pp. 137, nota, e pp. 168; e *Instituição*, Enciclopédia Verbo, vol. 10. col. 1557.

[12] *Apud* Lamartine Corrêa, ob. e loc. cits.

[13] As mesmas ideias aparecem, ao fim e ao cabo, em estudos anglo-americanos, da última década, sobre o papel da cultura na produção da ordem social a partir das preferências racionais dos indivíduos (*individualismo metódico*), cfr., v.g., R. Robertson, *Globalization: social theory and global culture*, Londres (1992), cap. 2; S. MacDonald, *Inside European Identities: ethnography in Western Europe*, Oxford (1993), pp. 6; A. Giddens, *Novas Regras do Método Sociológico*, trad. da 2ª ed. Cambridge (1993), Gradiva (1996), esp. pp. 111, pp. 132 e pp. 177. Afford, ob. cit., pp. 39, seguindo esta linha de pensamento, conclui que "os actores estão ligados às instituições através de processos que ou consolidam a sua identidade e a do sistema mais amplo ou servem para a modificar" (p. 155).

[14] É esta uma noção recorrente na obra de Luhmann (*Unsicherheitsabsorption*) relacionada com o problema da redução da complexidade nas relações entre os sistemas sociais e o seu mundo, cfr.,v.g., *Soziale Systeme, cit,*, pp. 251.

libertando os outros – para usar palavras de Baptista Machado – "dos temores ligados às incertezas do futuro, daquela *escuridade* em que, de outro modo, estariam quanto às acções e reacções dos outros"[15]. A mediação das instituições sociais, em suma, assegura coerência e "orientação para a realidade".

É esta complexa noção que os preceitos constitucionais e comunitários querem que seja concretizada ou respeitada – no plano do Estado e ao nível comunitário – no processo da construção europeia. Aparentemente a Constituição e o Tratado da União Europeia entendem que a identidade nacional é algo já construído ou feito, enquanto, diversamente, a identidade europeia corresponderia a algo ainda a procurar, a construir, a fazer ... Dizem os textos, a primeira *respeita-se*; a segunda deve *afirmar-se* e *reforçar-se*. Em todo o caso, também a identidade nacional é um *construendo*, uma tarefa contínua em permanente risco de malogro, sempre provisória e inacabada[16].

6. Limitar-me-ei a apontar duas questões-chave que a defesa da identidade nacional suscita, aqui e agora, no plano e âmbito da construção europeia.

A primeira relaciona-se com o sentido e alcance do conceito de identidade nacional no Tratado da União Europeia. A segunda diz respeito a dois instrumentos de protecção deste "bem jurídico" no âmbito comunitário que estão, até certo ponto, à mão dos Estados Membros: a influência de cada deles nos órgãos de decisão comunitários – isto é, o número de votos no Parlamento Europeu e no Conselho e o número dos nacionais na Comissão, de que cada um dispõe – e a observância pelas instituições comunitárias do princípio da subsidiariedade, consagrado em 1992 no artigo 2.°/2 do TUE e no artigo 5.° do TCE.

---

[15] Cfr. *Introdução ao Direito e ao Discurso Legitimador*, Almedina (1999), p. 21.

[16] É uma ideia também salientada por Axford e pela *perspectiva construtivista* das relações internacionais, para os quais as identidades, em particular as identidades nacionais, "*não são dadas, mas construídas*" (Axford, ob. cit., pp.130).

II – DO CONTEÚDO JURÍDICO-POLÍTICO DA IDENTIDADE NACIONAL

1. A operacionalização jurídica do conceito de identidade nacional pressupõe o conhecimento da imagem que a nação ou comunidade política cria e se faz de si mesma. Que é que a distingue das imagens de outras nações? Como é que ela se foi tornando naquilo que é? Que ideias, noções e símbolos alimentam o *sentimento de pertença* dos indivíduos ao grupo humano correspondente à comunidade política em foco? Que elementos entram, ou devem entrar, no desenho dessa imagem colectiva?

Em relação a Portugal tais perguntas equivalem a esta outra: o que é a *portugalidade*?

Aqui um dos elementos determinantes não pode deixar de ser o *passado* de Portugal ou a ideia, difusa e porventura confusa, que os portugueses têm acerca dele: a narrativa dos tempos iniciais ou fundadores, as peripécias e lendas dos caminhos andados e dos mares navegados, as descrições dos feitos ou fastos logrados e malogrados, os tempos áureos e os tempos decadentes, as localidades que os fizeram e os impérios que construíram ... De facto, o sistema geral de valores, que constitui a cultura comum e o cimento congregador da sociedade, corporiza e exemplifica, como diz Wallerstein, "*a realidade de um passado particular*"[17]. A história constitui, assim, uma sua dimensão essencial, aliás de sentido retrospectivo e de sentido prospectivo, por isso que as nações aparecem e desapare-

---

[17] I. Wallerstein, *Culture as ideological battleground of the modern world-system*, in Geopolitics and Geoculture, Cambridge, 1991, citado por Axford, ob. cit. pp. 154. Para evitar qualquer interpretação passadista parece oportuno acrescentar a conclusão a que já em 1882 Ernest Renan chegou, em conferência realizada na Sorbonne, sobre a questão "*que é uma nação?*": "*uma nação é uma alma, um princípio espiritual. Duas coisas, que na verdade são uma só, fazem esta alma, este princípio espiritual. Uma pertence ao passado, a outra à actualidade. Aquela é a posse comum de uma rica herança de memórias, esta a determinação, a vontade actual de viver em comum*" (da citação de Hagen Schulze, *Staat und Nation in der europäischen Geschichte*, 1995, pp. 110).

cem quando entram e deixam de estar "nas cabeças e corações das pessoas". Elas repousam, em suma, *"na consciência nacional"*.[18]

Outra dimensão a integrar na identidade nacional há de ser o carácter típico dos portugueses – as suas atitudes dominantes quanto à família, à religião, à moral, ao trabalho, à política, ao desporto e à cortesia social; o modo como praticam a língua materna e a importância que em geral lhe reconhecem; o sistema e os conteúdos do ensino com que se comprazem; as características das suas artes e letras; o modo como lidam com as ciências e as técnicas e as praticam e desenvolvem; as festas e tradições de que gostam, a riqueza e diversidade da sua culinária, etc.

2. Não me cabe analisar, caracterizar e pôr em destaque qualquer desses elementos ou factores que fazem parte da imagem dos portugueses. Essa será tarefa, sobretudo, de filósofos, historiadores e sociólogos e tema para trabalhos literários. Ainda que me pese, a ela tenho, pois, de renunciar.

Como observador da cena portuguesa permito-me chamar a atenção para um aspecto daquele imperativo constitucional e comunitário que nos obriga a respeitar e a fazer respeitar a identidade portuguesa no âmbito da Comunidade Europeia. Para a observância deste imperativo parece essencial implementar o conhecimento da história pátria entre as gerações mais jovens. Sem um conhecimento vivo e rigoroso do nosso passado, o *sentimento de pertença* à comunidade nacional correrá sérios riscos. O saber da nossa história será decisivo para a *identidade* e a *identificação* dos portugueses – isto é, para a imagem estática e objectiva daquilo que mantém a nação na sua existência (identidade) e para o relacionamento dinâmico e essencialmente psíquico de cada membro com o todo da comunidade política (identificação)[19].

Que obra realizaram os portugueses ao longo do arco da sua existência como povo, que lances marcam a memória colectiva, que

---

[18] Agora a conclusão é de Hagen Schutze, ob. loc., cits.

[19] Roumen Daskalov usa os dois termos com os sentidos indicados no texto, cfr. *Bulding up a national identity: the case of Bulgaria*, in EUI-working papers, 1994, pp. 1.

preocupações foram sofrendo e vencendo por esse mundo fora – ora saídos em caravelas engalanadas, barra do Tejo fora, ora obscuramente fugidos a salto pelos penhascos e veredas raianas? O que é que voltou e está a voltar dessa viagem sem destino e sem fim? A resposta de hoje a estas e outras perguntas sobre o nosso passado comum será, assim o julgo, imprescindível à formação e preservação da nossa identidade no espaço político europeu.

Entretanto, neste particular, a minha experiência é desoladora. O *presentismo*, que se diz caracterizar em geral a atitude pós--moderna e a chamada *cultura global*[20], invadiu no nosso tempo o espaço público ou *"espírito público"* (como se dizia no Século XVIII).O ensino, a comunicação social e os líderes ou condutores de opinião são avessos às visões *retrospectivas* e *prospectivas* da sociedade. O deus Cronos anda entre nós com uma só face – a do momento que passa. Nem a *memória* nem a *utopia* parecem ser parte da alma portuguesa no início do 3.° Milénio. É urgente ir "à procura do tempo perdido", mobilizando o sistema de ensino e activando ou reactivando a ideia de "serviço público", tantas vezes invocada e quase sempre invisível, na comunicação social.

3. Na expressiva formulação de Axford[21], o Estado-nação é um *contexto* e um *sujeito*, pois que os actores locais (indivíduos e organizações infra-estaduais) definem e exercem as suas diferentes identidades no Estado-nação e ele próprio reclama, simultaneamente, para si outro contexto, agora de registo transnacional ou global, para afirmar a sua identidade.

No seu núcleo essencial, o Estado-nação – como escreve o mesmo autor – "é a forma moderna da identidade política; ele conseguiu nos últimos séculos nacionalizar as identidades individuais e locais" e criou uma considerável panóplia de símbolos nacionais e, por consequência, de poderosos factores de identidade do respec-

---

[20] A *cultura global*, situada no "espaço panorâmico", é "universal, intemporal e técnica", senão "artificial" (Anthony Smith, *A Identidade Nacional,* 1991, trad. port., pp. 192); magra, inautêntica e desprovida de raízes (Axford, pp. 156).

[21] Axford, *ob. cit.*, em especial capítulos 5 (pp. 123) e 6 (pp. 152).

tivo povo – hino e bandeira nacional, cerimónias militares, celebração de figuras marcantes do passado e do presente, manifestações colectivas de grande impacto social, espectáculos artísticos e competições desportivas, etc.. A uniformização do espaço estadual e a consequente afirmação da identidade nacional foram conseguidos muitas vezes com elevado grau de eficácia – disso é exemplo flagrante Portugal[22]; mas, noutros casos, o fenómeno foi precário e incompleto – por exemplo, onde as fronteiras estabelecidas não coincidiram com a linha de divisão de comunidades etnicamente homogéneas ou fizeram incluir no mesmo território culturas ou religiões entre si agressivas e em choque permanente – estou a pensar na Jugoslávia.

Em geral, pode dizer-se que o Estado-nação corresponde a uma "instituição significativa para a sua população" que, com aparente naturalidade, criou o *"isomorfismo do povo, do território e da soberania"*[23]. Isso, se envolveu, por todo o lado, no início do processo histórico da centralização do poder rupturas da capacidade generativa das comunidades locais e da sua auto-reprodução, garantiu também a generalização das leis ao território do Estado e a igualdade de todos perante a lei; a organização nacional da justiça, das finanças e das forças armadas; a formação das burocracias públicas nacionais; a construção de grandes obras públicas e infra-estruturas indispensáveis ao bem-estar geral; a definição e execução de políticas sociais; e acabou, finalmente, por recuperar as autonomias territoriais, potenciando a capacidade e meios de acção das comunidades

---

[22] Diz Barrera-Gonzalez:"Portugal é um exemplo paradigmático de um Estado-nação, devido, quer à sua homogeneidade etno-cultural, quer à estabilidade multisecular das suas fronteiras, na sequência do seu estabelecimento como entidade política independente. A natureza compacta da comunidade política portuguesa está claramente expressa no nível linguístico. Com excepção de certas variantes dialectais, a única língua falada ao longo deste território tem sido o português. A língua e a comunidade política têm ambas origens medievais", cfr. *Language, collective identities and nationalism in Catalonia, and Spain in general*, EUI-working papers, 1995, pp. 4.

[23] R.Collins, *National culture: a contradiction in terms?*, in Television, Policy and Culture, Londres (1990), citado por Axford, pp. 152.

locais. Em particular: por intermédio dele é que, por toda a Europa, a *ideia de estado social* tomou corpo impondo uma regulação à economia necessária para a satisfação dos deveres de solidariedade, quer entre as gerações, quer entre os indivíduos de cada geração.

4. É hoje trivial a observação de que o Estado-nação entrou em declínio: a apertá-lo, a asfixiá-lo, a esmagá-lo estará a tenaz constituída pelo braço do regionalismo e das pequenas identidades locais e pelo braço do cosmopolitismo e da globalização[24].

No imediato pós-guerra – nos anos 50 do século passado – ele ainda se viu alcandorado, na reconstrução da Europa destruída, a modelo de organização política válido para as democracias e para o resto do mundo. É sobre ele que assenta a ONU, moldada pelos vencedores, reunidos na Conferência de S. Francisco, em torno do *princípio da igualdade soberana* de todos os seus Membros (Carta, artigo 2.º/2). Porém, hoje um sistema económico e financeiro tendencialmente mundializado e uma sociedade comunicacional sem fronteiras esvaziaram de eficácia muitas das intervenções do Estado, ao mesmo tempo que as funções de *Estado regulador*, de *Estado social* e de *Estado do ambiente* reclamam, para seu êxito, espaços mais amplos do que o espaço nacional. Daí que se advogue a transferência delas para unidades organizacionais à altura de uma economia e de uma sociedade *"situadas no espaço panorâmico"* e se tenha passado a anunciar, mais uma vez, o "fim do Estado"[25].

---

[24] É frequente considerar-se apenas a dimensão económica e financeira do fenómeno da globalização. Mas é erro. Como salienta A. Giddens, *a "globalização é política, tecnológica e cultural, além de económica"* (cfr. *O Mundo na era da Globalização*, ed. Presença (2000), pp. 22); e é, obviamente, *jurídica*, em particular no combate à criminalidade (Faria Costa, *O fenómeno da globalização e o direito penal económico, in* Estudos em Homenagem ao Prof. Doutor Rogério Soares, pp. 531) e na disciplina da fiscalidade (Xavier de Basto, *Globalização e Impostos, in* Bol. Inf. do Inst. Superior de Gestão, Out. 99, pp. 9).

[25] J. Habermas, *Après l'État-nation: une nouvelle constellation politique*, 2000, pp. 32 e *Staatsbürgerschaft und nationale Identität, in Faktizität und Geltung* (1994), pp. 632; A. Giddens, *O Mundo*, cit, pp. 19; Axford, cit., passim, esp. pp. 134 e pp. 156.

Não partilho, como muitos outros aliás, deste ponto de vista[26]. A passagem para o plano transnacional de *algumas* das funções do Estado-nação – para organizações universais, internacionais ou regionais –, que a ordem dos factos parece impor, não acarretará, necessária e fatalmente, a superação dessa tradicional forma de organização política. A "unidade na diversidade", característica da Europa comunitárie associada à poliarquia saída dos Tratados de Westfália (1648), que ela compreende e vem preservando, continua a fazer sentido. O que a "nova ordem" implica é que os Estados procurem formas institucionalizadas de cooperação à medida, e na escala, dos problemas comuns que têm de resolver.

Por outro lado, a ideia de soberania ou independência inerente ao Estado-nação continua a valer como princípio das organizações transnacionais (sejam as organizações internacionais, seja, por exemplo, a organização eurocomunitária)[27]. Os males que a história política sobejamente testemunha não vêm da soberania; vêm, isso sim, da *força* com que certos Estados (por vezes multinacionais e, neste sentido, transnacionais) organizam as relações com os outros povos e procuram impor, custe o que custar, a realização dos seus interesses egoístas.

Em suma, o *imperativo do respeito pelas identidades nacionais* é um princípio prospectivo; será porventura utópico (como utópico

---

[26] Na mesma linha, além de vários dos autores e obras citados até agora, saliento as comunicações apresentadas na reunião anual da Associação dos Professores de Direito Público Alemães, de 1990, sob o tema geral "*Der Verfassungsstaat als Glied einer europäischen Gemeinschaft*", VVDStRL, 50. Refiro-me em particular às comunicações de H. Steinberger ("os Estados membros mantêm-se soberanos... a constituição de obrigações por via contratual representa uma vinculação do exercício da soberania, mas não diminui o *status* jurídico da soberania", pp. 17); e de E. Klein ("a comunidade europeia não pressupõe o desaparecimento dos Estados nacionais. Pelo contrário, tornou-se no protótipo de uma associação aberta a Estados nacionais", pp. 59).

[27] Sobre este ponto veja em especial os estudos de H. Schäfer, de P. Kirchhof e de J. Isensee, reunidos em publicação de J. Isensee, sob o título *Europa als politische Idee und als rechtliche Form*, 2ª ed., Berlim, 1994; e Hagen Schulze, *ob. cit.*, pp. 318, esp. pp. 336 ("*Ohne Nationalstaaten kein geeintes Europa*").

é todo o dever-ser), mas não é, seguramente, um princípio obsoleto. Perguntem-no aos povos oprimidos da Terra, que se sentem expropriados do seu direito à identidade própria, vêem recusado o princípio da "igualdade de direitos das nações grandes e pequenas" e estão impedidos de exercer o seu "direito de disporem deles próprios" (como proclamam o preâmbulo e o artigo 1.º da Carta).

III – DOIS INSTRUMENTOS DE PROTECÇÃO DA IDENTIDADE NACIONAL NO ÂMBITO COMUNITÁRIO

1. O primeiro diz respeito ao critério de representação política democrática na União Europeia. Entre vários meios de protecção da identidade nacional no âmbito comunitário, está a garantia, estabelecida nos Tratados, de um certo peso formal para cada Estado membro na tomada das deliberações comunitárias. O número de votos de cada um no Conselho e no Parlamento e de nacionais seus na Comissão visa revestir de eficácia este instrumento[28].

No entanto, um traço da cultura constitucional presente na lei fundamental portuguesa pode dificultar, senão prejudicar, a exacta avaliação deste meio de protecção da identidade nacional. Com efeito, rege entre nós o princípio segundo o qual o número de deputados por círculo eleitoral é proporcional ao número dos cidadãos eleitores aí recenseados (artigo 149.º, 2, CRP). Por causa disso, a diminuição da população e do eleitorado num círculo implica a diminuição do número dos seus deputados à Assembleia da República. Daí a contínua perda de influência das parcelas do território português mais despovoadas, incluídas nos círculos periféricos, na tomada das deliberações políticas parlamentares (votação de leis, de orçamentos, de moções, etc.) e o progressivo agravamento

---

[28] Se, no n..º 55 de *The Federalist papers*, Madison escreveu *"nada pode ser mais falacioso do que basear os nossos cálculos políticos em princípios aritméticos"*, também acrescentou imediatamente *"a verdade é que, em todos os casos, um certo número [de representantes) parece necessário para assegurar os benefícios da livre consulta e discussão e para prevenir qualquer combinação para fins incorrectos"* (cit. pp. 342).

da marginalização do interior relativamente ao restante território nacional[29].

Eis um efeito perverso daquele princípio constitucional a que se não tem prestado a devida atenção. Ora, quem avaliar a representação de Portugal nas instituições europeias com base neste princípio, poderá ficar sem argumento para defender nas conferências inter-governamentais soluções que respeitem a importância europeia do País.

Felizmente não foi este princípio que inspirou as negociações do Tratado de Nice (2001). Segundo o Protocolo A, anexo a este Tratado, e a Declaração respeitante ao Alargamento, numa Comunidade Europeia com 27 Estados membros, o número de representantes de Portugal ao Parlamento Europeu será de 22, enquanto, por exemplo, o da Alemanha será de 99; quanto ao número de votos no Conselho – o órgão legislativo por excelência da Comunidade Europeia –, Portugal terá 12 e a Alemanha 29. Isto é, em relação ao actual estado de coisas, Portugal perderá 3 deputados, enquanto a Alemanha manterá os seus 99; e terá mais 7 votos no Conselho, enquanto a Alemanha ganhará 19 votos.

Se fosse seguido o princípio acolhido no artigo 149.º/2 da CRP, a nossa posição na União conforme ao Tratado de Nice, se comparada com a da Alemanha, deveria corresponder a 4 votos no Conselho e a 13 deputados no Parlamento. Pois a população Alemanha é 8 vezes maior (em números redondos) do que a população de Portugal. Se o resultado de Nice tivesse sito este, as negociações teriam sido catastróficas para o nosso País.

Mas não foi: aquele princípio, assumido entre nós como uma "legalidade axiomática", não serviu de critério às negociações. À luz do resultado obtido, até se poderá dizer que Portugal irá dispor, na Europa dos 27 em perspectiva, de uma posição reforçada relativamente à da Alemanha!

---

[29] Só não será assim se os poucos deputados do "interior", pela sua facúndia, engenho e poder de persuasão, forem capazes de, caso a caso, convencer a maioria parlamentar da justiça e da oportunidade das suas propostas e reivindicações políticas.

2. O outro instrumento de protecção da identidade nacional, que deve ser aqui mencionado, é o princípio da subsidiariedade, consagrado hoje no artigo 5.º do TCE e nos artigos 6.º/1 e 7.º/6 da CRP.

(a) A criação de uma união cada vez mais estreita entre os povos da Europa ficou ligada no TUE à ideia nuclear de que as decisões devem ser tomadas *"ao nível mais próximo possível dos cidadãos"* (artigo 1.º), nos termos do princípio da subsidiariedade *"tal como definido no artigo 5.º"* do TCE (artigo 2.º). É um dos princípios estruturais da União. Por via dele, o Estado-nação pode ser instrumento da diversidade na organização europeia[30].

Cabe-lhe em geral o papel de *princípio regulador* da repartição de tarefas entre Comunidade Europeia e os Estados Membros nos domínios não compreendidos nas *atribuições exclusivas* da Comunidade, isto é, nos domínios em que uma e outros dispõem, segundo os Tratados, de *competências concorrentes*.[31]

(b) Nos textos da tradição político-cultural europeia, a subsidiariedade vale como *critério de repartição das tarefas socialmente relevantes e sua distribuição pelo Estado e pela Sociedade Civil*

---

[30] J. Isensee escreve a respeito da função geral deste princípio: "a Europa segundo a ideia é, em primeiro lugar, multiplicidade, depois unidade. A Comunidade Europeia abre-se a esta perspectiva na medida em que se confessa partidária do princípio da subsidiariedade. Ele defende as *associações de membros* (Gliedverbände) contra a *associação total* (Gesamtverband)". Cfr. posfácio cit., pp. 131.

[31] Na Constituição portuguesa o princípio aparece como directriz da organização da comunidade política no que toca, quer à relação do Estado com as autonomias regionais (Açores e Madeira) e com as autarquias locais (artigo 6.º/1, CRP), quer à relação com os Estados Membros para o exercício em comum dos poderes necessários à construção da união europeia (artigo 7.º/6 da CRP); mas a ideia nuclear presente no TUE aflora em outros pontos do texto constitucional, como na exigência de aproximação dos serviços administrativos às populações e na necessidade da participação dos cidadãos na gestão efectiva dos serviços e na formação das decisões que lhes disserem respeito (267.º/1 e 5 da CRP).

(pelo público e pelo privado). Por força dele, a prioridade em tal distribuição deve ser confiada à Sociedade Civil, ficando para o Estado aquelas tarefas ou acções, *e só essas*, que ele possa efectivamente realizar em melhores condições do que a Sociedade. A regra que consubstancia é, pois, a de que as tarefas colectivas são, em princípio, *societais* e, não, *estatais*.

É assim que, nas encíclicas do Papa Leão XIII (*Rerum Novarum*, 1891) e do Papa Pio XI (*Quadragesimo Anno*, 1931), a subsidiariedade fornece o fio condutor ao argumento em defesa da Sociedade Civil, das suas organizações e instituições ("*corpos intermédios*") e, bem assim, do direito e liberdade de associação das pessoas, perante a opressão centralizadora do Estado[32].

(c) O princípio da subsidiariedade desdobra-se em várias prestações significativas para a organização da comunidade política. É, pois, *multifuncional*:
- devolve às entidades, dele beneficiárias, poderes e decisões até ao momento concentrados na entidade contra quem o princípio se afirma (*função liberalizante*);
- atribui às unidades periféricas e aos escalões mais baixos da organização influências na condução dos assuntos do todo que, de outro modo, não teriam (*função descentrante*);
- alarga a participação cívica das pessoas, aumentando o seu gosto de colaborar na realização do bem comum (*função participativa*).

(d) A *multidimensionalidade* do princípio da subsidiariedade, por seu lado, caracteriza-se pela extensão deste a todos os domínios da actividade da organização. No Estado, por exemplo, o princípio

---

[32] H. Wolff/Bachof/Stober, *Verwaltungsrecht I* (2000), pp. 65, pp. 82 e pp. 183. O princípio da subsidiariedade conduz – acentuam estes autores – a que devam ser retiradas do sector público aquelas formas de prossecução de interesses cuja continuação neste sector seja desvantajosa para a respectiva comunidade política. Cfr. *Quadragésimo Anno*, §§86-87; *Pacem in Terris*, §65 e §140.

vale para a função normativa (legislação nacional e regional, regulamentos centrais, regionais e locais), para a função executiva propriamente dita (descentralização, desconcentração, localização) e para a função jurisdicional, nomeadamente no reforço dos poderes dos tribunais inferiores (regra das alçadas e a limitação dos poderes dos tribunais supremos à revista das questões de direito).

(e) O Conselho Europeu de Edimburgo (Dezembro de 1992) pôs em destaque o papel do princípio da subsidiariedade na efectivação do respeito pela identidade nacional dos Estados Membros e na salvaguarda das respectivas competências soberanas.

De acordo com as conclusões da presidência, ao artigo 5.° do TCE caberia uma tripla função: limitar a acção da Comunidade Europeia ao âmbito das atribuições conferidas pelos Tratados (§ 1); definir uma regra para, fora do domínio da sua competência exclusiva, se responder à pergunta "a Comunidade deve intervir?" (§2); e fornecer um critério de regulação da intensidade ou natureza da acção da Comunidade, caso esta decida intervir (§3).

O princípio da subsidiariedade afirma, em síntese, que:

1.° – A Comunidade Europeia só pode intervir na esfera de acção dos Estados na medida das competências que lhe estão conferidas pelos Tratados;

2.° – A Comunidade só pode agir quando o objectivo a atingir se realizar mais satisfatoriamente a nível comunitário do que a nível nacional;

3.° – Os meios utilizados devem ser proporcionais aos fins em vista. Daqui tira o documento do Conselho de Edimburgo duas ilações dignas de registo: "*a legislação comunitária deve ater-se ao estritamente necessário"; e* devem ser preferidas, *ceteris paribus, as directivas aos regulamentos e as directivas-quadro às medidas pormenorizadas*". Tudo isto para que as instâncias nacionais competentes disponham de *uma margem de decisão tão ampla quanto possível.*

Tendo o princípio da subsidiariedade um tal alcance no plano comunitário, a luta pela escrupulosa observância das suas exigências por parte dos Estados e por parte das Instituições comunitárias, mormente o Tribunal de Justiça, além de fazer parte da *luta pelo direito* (Jhering), pode contribuir decisivamente para a salvaguarda das identidades nacionais dos Estados membros.

3. Quanto à eficácia desses dois instrumentos de protecção das identidades nacionais, talvez não seja despropositado alertar ainda para uma dificuldade ou "perigo" que crescentemente parece ameaçá-la. Refiro-me ao domínio da burocracia na condução dos assuntos comunitários e à tentação de uniformização a todo o custo, própria da mentalidade burocrática[33].

Nos Estados europeus, em geral, a burocracia aumentou de importância política ao longo do Século XX. Por força dos factos (v.g. as duas guerras mundiais) e das ideologias intervencionistas, funções, antes, societais passaram a ser estatais e, depois, dentro do Estado, passaram do Legislativo para o Governo e deste para os seus aparelhos burocráticos. O peso da burocracia na legislação, na cultura, na economia, na sociedade em geral é hoje, por todo o lado, arrasador[34].

Ora o processo de integração veio reforçar o papel da burocracia na vida pública europeia. De facto, os gabinetes de Bruxelas e os ministérios dos Estados é que preparam as tomadas de posição e as decisões comunitárias; eles elaboram o direito comunitário (regulamentos, directivas e decisões-quadro) e, já em certa medida, o aplicam em primeira mão. As próprias alterações dos Tratados

---

[33] Segundo Max Weber, o "progresso constante de mecanização" e a "centralização dos meios de administração" caracterizam a burocracia (*Wirtschaft und Gesellschaft,* 1956, pp. 164; *A Ética Protestante e o Espírito do Capitalismo*, ed. Presença, 1990, pp. 9, *passim;* A. Giddens, *Capitalismo e Moderna Teoria Social*, ed. Presença, 2000, pp. 311).

[34] Entre nós foi exemplar o regime institucionalizado pela Constituição de 1933. Então a burocracia assenhoreou-se da gestão política do País: ela controlava a liberdade de expressão, cuidava do ensino, fazia as leis e decretos-lei, administrava a economia, etc. – isto é, chamou a si muito do que nas comunidades políticas democráticas é reservado à sociedade e à iniciativa dos cidadãos. Se observava escrupulosamente as leis e só as leis, a verdade é que era ela própria quem as fazia e as fazia como queria.

devem-se, no rigor das coisas, aos "serviços", nacionais e comunitários, agregados às conferências inter-governamentais[35].

Quer isto dizer que o centralismo, a padronização e o ritualismo burocráticos tendem a marcar a construção europeia, criando um caldo de cultura ideal para o triunfo das igualdades mecanicistas e da indiferenciação. Quem poderá, assim, confiar *pro futuro* na eficácia do princípio do respeito pelas identidades nacionais, intencionalmente destinado a proteger e garantir as diferenças europeias?

---

[35] Abordei este assunto em *Legitimidade democrática e legislação governamental na União Europeia*, in Estudos em Homenagem ao Prof. Doutor Rogério Soares, BFDC, 2001, pp. 103, esp. pp. 125. Jürgen Habermas, a propósito da burocracia europeia, escreveu em 1990: "As novas elites de funcionários estão formalmente vinculadas aos governos e instituições dos seus territórios de origem; mas de facto já saíram do seu contexto nacional. Os funcionários profissionais constituem uma burocracia desligada dos processos democráticos" (*Faktizität und Geltung*, ob. cit., pp. 646).

A PARTICIPAÇÃO DE PORTUGAL NAS INSTITUIÇÕES INTERNACONAIS DO APÓS-GUERRA

José Calvet de Magalhães

1. A nossa aproximação das instituições europeias constitui, com efeito, um processo longo em que as etapas se sucederam num certo encadeamento e que, tendo a sua origem na nossa participação na OECE, culminou no nosso pedido de adesão às Comunidades Europeias. Esse longo processo de aproximação foi motivado, em grande parte, pelas próprias circunstâncias de carácter económico e político prevalecentes no momento, mais do que pelo resultado de qualquer pensamento político oficial sobre o problema da integração política europeia. Na realização dessas diferentes etapas coube um papel de relevo a certos funcionários que durante o anterior regime desempenharam lugares chave e puderam influir fortemente quanto aos resultados obtidos.

2. Os políticos e intelectuais portugueses, de qualquer orientação política, nunca mostraram grande interesse em relação ao movimento europeu nem participaram nos diversos encontros a favor da união europeia realizados no pós-guerra. No célebre Congresso da Haia de 1948 do «Movimento Europeu» estiveram presentes políticos e intelectuais espanhóis, naturalmente opositores ao regime franquista, como Indalecio Prieto e Salvador de Madariaga. Este último desempenhou até um papel de relevo durante o congresso. Mas os portugueses estiveram ausentes desta importante assembleia de «europeus». Se passarmos para o campo oficial ve-

remos que não só não existia na época qualquer entusiasmo por parte do governo português pela ideia de uma união europeia, como existia mesmo uma marcada hostilidade e até descrença acerca da viabilidade de quaisquer projectos nesse sentido. O Presidente do Conselho português enviou a todas as missões diplomáticas portuguesas uma circular, datada de 4 de Março de 1953, na qual expunha as suas ideias, sobre a viabilidade de uma união europeia. Neste notável documento afirmava-se logo no início: «Os Estados Unidos, pela simplicidade do seu espírito e ligeireza das suas opiniões, não vêem para a Europa outra solução política que não seja a unidade através da federação; a França, que se nos afigura um país cansado de lutar e a quem a plena independência parece pesar, adopta a ideia como a maneira mais fácil de evitar o rearmamento alemão isolado e amanhã potencialmente hostil; as nações que se agrupam em volta da França parecem convencidas, embora por motivos diversos, de que aquele é o melhor caminho de salvar a Europa e talvez o único de assegurar o apoio americano, em potência militar e em dólares».

A superficialidade e a fragilidade da análise que Salazar faz do problema é uma prova, se outras não existissem, de que a razão de fundo da hostilidade ao projecto de união europeia era o perigo que nele via para o regime político que ele próprio criara e com o qual se identificava. Nessa análise Salazar abalança-se a fazer prognósticos que todos se verificaram errados. Considera impossível que, no projecto de união europeia dos «seis», três repúblicas possam coexistir com três monarquias, afirmando: «... Tem de pôr-se de lado a hipótese da coexistência dos dois regimes. A Bélgica, a Holanda, o Luxemburgo teriam pois de desfazer-se das suas instituições.» No que se refere à Grã-Bretanha Salazar é também categórico ao afirmar que ela jamais aceitaria participar num projecto de união europeia em virtude dos laços que a prendiam à Commonwealth. «Estamos em face – afirma – de uma impossibilidade e há portanto que passar a Federação Europeia sem a Inglaterra, como membro, embora a tenha como aliado.» No que se refere à Espanha, é também clara a sua previsão de que ela jamais se interessaria por projectos de união europeia. «A Espanha é uma Nação com tais ligações com as Nações da América Central e do Sul por ela formadas que estou certo vê mais futuro no conjunto hispano-americano que na federação europeia.»

No que se refere a Portugal, Salazar salienta que «o Ultramar lhe tem interessado sempre mais que a Europa continental» declarando que não lhe interessava a integração na Europa. E para o caso de criação de uma grande unidade europeia, formula o projecto de um grande bloco hispano-luso-americano que se lhe contrapunha. «Se a federação vier pois a constituir-se e se, como é provável, continuar a impor-se a política dos grandes espaços, pode visionar-se a possibilidade de se irem apertando mais e mais os laços de Portugal com o Brasil e a Espanha e da Espanha com as repúblicas do centro e sul da América, de modo que um grande bloco ibero-americano seja, ao lado da Comunidade britânica, e mesmo sem atingir o grau da sua estruturação constitucional, um factor político de grande relevo, pela população, a riqueza potencial ou existente e a cultura ocidental».

As preocupações ideológicas de Salazar não o deixavam ver com clareza e objectividade as realidades políticas de uma Europa em gestação e a inviabilidade prática e a debilidade intrínseca de um ilusório bloco ibero-americano.

Não se julgue, porém, que esta indiferença ou hostilidade contra o chamado movimento europeu e os projectos de união europeia eram o apanágio exclusivo do governo ou dos meios oficiais de então. No programa da oposição «democrática, republicana, liberal e socialista» tornado público em 31 de Janeiro de 1960, quando, além do Conselho da Europa e da OECE-OCDE, existiam já a funcionar a CECA, o Eurátomo e a Comunidade Económica Europeia, e acabara de ser assinada a Convenção de Estocolmo, criando a EFTA, no capítulo relativo à política externa não se encontra uma palavra sobre a Europa ou os problemas europeus. É possível que entre os sessenta e tantos apresentadores deste programa existisse algum «europeu». Mas a maioria certamente não consentiu que se abordasse sequer um problema fundamental que estava na ordem do dia e que era a integração europeia.

3. Salazar, embora rejeitando o princípio de uma integração política europeia e a participação portuguesa em qualquer orga-

nismo baseado neste princípio, aceitou, todavia, a cooperação do nosso país nos diversos organismos económicos europeus desde que isso não implicasse qualquer comprometimento político. Essa atitude pragmática permitiu a alguns funcionários, desejosos de promover o desenvolvimento económico do país, mas igualmente cônscios da importância futura de uma forte ligação de Portugal à Europa, o principal esteio da cultura e da economia do país, agir com certa liberdade e eficácia no domínio económico, o que viria a demonstrar-se no futuro fonte de importantes consequências. Sem uma tal acção Portugal não teria podido certamente aderir às Comunidades Europeias quando o fez e nas condições em que o fez.

O primeiro dos referidos organismos económicos em que Portugal participou foi a Organização Europeia de Cooperação Económica (OECE), organismo constituído em 1948 para proceder à distribuição da ajuda Marshall. Salazar a princípio não compreendeu o alcance e a magnitude do plano Marshall e não mediu igualmente as consequências que o descalabro económico dos países europeus saídos da guerra teria na própria economia portuguesa, não se interessando em participar no primeiro programa de ajuda financeira americana para 1948-1949. Mas logo que essas consequências se fizeram sentir entre nós, agravadas por dois maus anos agrícolas consecutivos, acedeu logo, já fora de tempo, a participar no segundo plano referente a 1949-1950. Isto só se tornou possível graças à previsão e diligência do diplomata Rui Guerra que na altura nos representava junto da OECE e que desde o início procurara, baldadamente, convencer o governo da importância do plano Marshall.

A OECE é geralmente referida entre nós como o instrumento criado para a distribuição da ajuda Marshall feita pelos próprios beneficiários consoante a condição posta por Washington. Mas esta organização desempenhou uma outra função não menos importante para a recuperação económica da Europa e que decorria igualmente de uma condição americana: a liberalização do comércio intereuropeu. Foram a ajuda financeira e a liberalização do comércio as causas determinantes da rápida e notável recuperação económica da Europa ocidental nos anos cinquenta. Para Portugal, a participação no processo de liberalização revelou-se de muito maior importância do que a ajuda financeira, que não excedeu os 55 milhões de dólares.

A ajuda financeira americana verificou-se apenas durante alguns anos mas o processo de liberalização das trocas comerciais e das transacções invisíveis, levado a cabo pela OECE, estendeu-se até 1960, data em que se transformou na Organização de Cooperação e Desenvolvimento Económico (OCDE).

Portugal, com a sua participação neste processo, atingiu um grau de liberalização do comércio dos mais elevados, superior mesmo ao atingido por certos países mais desenvolvidos economicamente como foi o caso da Dinamarca.

Representava-nos no Comité do Comércio, principal órgão da OECE promotor da política de liberalização, José Gonçalo Correia de Oliveira, então funcionário do Ministério da Economia, um homem de rara inteligência e um espírito brilhante, que se movia com grande à-vontade nos meios internacionais e que mais tarde veio a ocupar importantes lugares políticos nos governos presididos por Salazar, que tinha por ele uma afeição quase paternal que provocava a inveja de muitos dos seus colegas. As relações que Correia de Oliveira estabeleceu com alguns homens que depois vieram a ocupar posições importantes na vida política europeia e a confiança que nele depositava o chefe do governo em matérias de comércio externo, contribuíram muito para permitir que os funcionários que se ocupavam desse sector económico pudessem dispor do apoio político necessário para o sucesso das suas diligências.

A política de liberalização comercial por nós adoptada permitiu aos produtos portugueses penetrarem mais facilmente nos mercados europeus, nossos mercados tradicionais, e, por outro lado, colocar as indústrias portuguesas numa base concorrencial. Manteve-se o proteccionismo aduaneiro que viria, no entanto, a ser progressivamente reduzido com a nossa futura participação na EFTA e, em especial, a adopção da sua política de liberalização comercial constituiu o primeiro passo concreto do nosso país na direcção da Europa.

4. O segundo passo importante nessa direcção veio a ser a nossa participação na EFTA com a consequente adopção de uma política de desarmamento aduaneiro reduzindo ainda mais, entre

nós, o proteccionismo industrial e permitindo acompanhar o processo de desarmamento aduaneiro levado a cabo pela Comunidade Económica Europeia.

A nossa participação como membro de pleno direito deste organização deve-se aos esforços combinados de Correia de Oliveira, já então no governo, e um pequeno grupo de diplomatas coadjuvados por uma equipa de técnicos competentes, alguns dos quais vieram a ocupar lugares de destaque na cena política e económica do país após a revolução de Abril. Tratou-se, na realidade, de um notável triunfo diplomático conseguir que um pequeno país, com uma economia subdesenvolvida, um regime político não-democrático, aplicando uma política ultramarina denunciada e combatida internacionalmente, fosse admitido como membro de pleno direito, embora com um mais favorável regime de transição, numa associação de Estados europeus com instituições democráticas e com economias contadas entre as mais desenvolvidas da Europa.

O crédito público desta façanha recaiu naturalmente na pessoa de Correia de Oliveira, o que não deixou de causar engulhos àqueles que tinham a ingrata missão de defender internacionalmente a nossa impopular política ultramarina, acumulando desaires diplomáticos sobre desaires. Talvez esse facto tivesse estimulado Correia de Oliveira a procurar obter um novo sucesso político internacional num domínio que se prendia de perto com a nossa particular situação ultramarina.

A OECE, tendo completado a sua tarefa de liberalização do comércio intra-europeu, tinha praticamente esgotado a sua missão. Sob a inspiração dos governos americano e francês foi decidido transformá-la numa nova organização mais votada à ajuda ao desenvolvimento. Decidiu-se dotar esta organização com uma comissão restrita composta pelos países em melhores condições de ajudar os territórios subdesenvolvidos e que seria designada por Comissão de Ajuda ao Desenvolvimento (CAD).

Nas vésperas da reunião ministerial, presidida pelo ministro holandês Joseph Luns, que iria decidir sobre a estrutura da nova organização, Correia de Oliveira manifestou-nos o propósito de nos candidatarmos a fazer parte do CAD, com o argumento de que na medida em que promovíamos o desenvolvimento dos nossos territórios ultramarinos estes não tinham que recorrer a outras ajudas externas. Queria saber a nossa opinião. Observámos que não víamos o que poderíamos ganhar com tal participação e ele retorquiu, que ela teria grande importância política para o país. Dissemos ainda que tal pretensão só seria viável se obtivéssemos previamente o apoio do Secretário do Tesouro americano, Douglas Dillon, que estava pessoalmente empenhado na criação da nova organização. Correia de Oliveira deixou o assunto inteiramente nas nossas mãos.

Dadas as minhas relações com o meu colega americano, foi possível obter o apoio de Dillon que, logo após a apresentação da nossa pretensão por Correia de Oliveira, perante o espanto geral, o apoiou decididamente.

Correia de Oliveira regressou a Lisboa com mais um triunfo externo que serviu sobretudo para realçar a sua reputação de negociador internacional pois, devemos confessar, a nossa participação no CAD só veio no futuro a causar-nos problemas. Salazar pensou mesmo em designar Correia de Oliveira ministro dos Negócios Estrangeiros mas uma hábil manobra palaciana impediu que tal acontecesse, o que consideramos ter sido para ele um golpe de sorte.

5. Tudo isto coincidiu com a nossa participação na EFTA que, como já foi assinalado, constituíu o segundo passo importante, no domínio económico, para nos aproximarmos da Europa. Ora esta organização foi concebida fundamentalmente como uma plataforma para que determinados países membros da OECE que não faziam parte da CEE, pudessem eventualmente, quando a oportunidade surgisse, aproximarem-se desta última organização, aderindo a ela ou a ela se associando por qualquer forma.

Não tardou muito que a Grã-Bretanha, seguida pela Dinamarca, solicitassem a sua adesão à CEE em Agosto de 1961, o que igualmente fez a Noruega em Abril seguinte. Os restantes membros da EFTA, incluindo Portugal, solicitaram negociações para se determinar qual a natureza dos laços especiais que se poderiam estabelecer com as Comunidades Europeias. Esta tentativa da Grã-Bretanha foi, porém, vetada por De Gaulle, o mesmo acontecendo à segunda tentativa que teve lugar em 1967. Só após o afastamento de De Gaulle da presidência francesa em Abril de 1969 se tornou viável renovar o pedido de adesão da Grã-Bretanha, sendo finalmente assinados em Janeiro de 1972 os acordos de adesão da Grã--Bretanha, Dinamarca e Noruega às Comunidades Europeias. A estes países se juntou também a Irlanda, embora não fosse membro da EFTA. A Noruega procedeu em seguida a um referendo popular sobre o tratado de adesão que foi rejeitado pela maioria do povo norueguês.

As negociações com os restantes membros da EFTA levaram à assinatura em Julho de 1972 dos acordos de comércio livre entre as Comunidades e a Áustria, Islândia, Portugal, Suécia e Suíça. A Noruega e a Finlândia assinaram idênticos acordos no ano seguinte.

Quando, na sequência da declaração do Conselho da EFTA, em Londres, em Junho de 1961, a Grã-Bretanha solicitou em Agosto desse ano a sua adesão às Comunidades Europeias, Portugal em virtude dos seus problemas específicos, que eram de natureza política e económica, manteve sempre uma posição de flexibilidade quanto à fórmula de ligação jurídica a propor àquelas organizações. Foi assim que na carta de 18 de Maio de 1962, dirigida ao presidente do Conselho da CEE, que nos coube entregar na qualidade de primeiro embaixador português acreditado junto daquele organismo, o governo português solicitou negociações visando «estabelecer os termos da colaboração que o governo português pretendia ver estabelecida, num futuro próximo, entre Portugal e o conjunto dos países da CEE».

A audição do caso português foi fixada para o dia 11 de Fevereiro de 1963, mas em Janeiro desse ano o pedido de adesão britânico foi vetado pela França e todos os preparativos para as negociações com os outros membros da EFTA ficaram automaticamente prejudicados. Após a Conferência de Haia de 1969, quando a Grã-Bretanha solicitou novamente negociações com a CEE com perspectivas de sucesso, o nosso embaixador junto da organização entregou um memorando ao presidente da Comissão da CEE, em Maio de 1970, no qual o governo português manifestava o seu desejo de iniciar negociações com o objectivo de estabelecer os laços que se verificassem os mais adequados aos interesses das duas partes.

6. Para preparar as negociações foi criada, em Março de 1970, uma comissão de estudo sobre a integração económica europeia a fim de examinar «as possibilidades futuras no que respeita aos processo de participação do país nos movimentos que têm por objectivo a integração económica da Europa». Foram designados como presidente desta comissão o embaixador Rui Guerra, nós próprios como vice-presidente e, como vogais, um grupo de distintos economistas alguns dos quais já tinham participado nas negociações da EFTA. Esta comissão elaborou, no decurso de 1970, um valioso relatório que pena é não tenha, até ao presente, sido publicado.

Os contactos exploratórios entre Portugal e a CEE foram fixados para terem início em 24 de Novembro de 1970, tendo nessa data o ministro dos Negócios Estrangeiros Rui Patrício feito uma exposição ao Conselho de Ministros daquela Comunidade. Coube--nos a tarefa melindrosa de redigir o texto dessa exposição. Existiam no seio da referida comissão acentuadas divergências quanto à forma como os problemas relativos aos nossos territórios ultramarinos deveriam ser tratados. Ninguém se dispunha a preparar ou colaborar directamente na preparação do texto da exposição que o ministro deveria pronunciar, o que nos levou a assumir pessoalmente esse encargo. Desse texto convém destacar as seguintes passagens capitais: «O grau de desenvolvimento económico do país e certos aspectos particulares dos princípios constitucionais portugueses, não permitem encarar no presente a possibilidade de uma adesão às Comunidades. Assim, nestas circunstâncias, afigura-se possível ao governo português encontrar uma fórmula apropriada para regular as relações entre a Comunidade Económica Europeia e a parte europeia de Portugal, perfeitamente enquadrável no artigo 24.º do GATT, com o conteúdo máximo que as negociações puderam determinar, nomeadamente sob a forma de um acordo de associação... No que se refere às províncias não europeias do meu país, quer o seu estado de desenvolvimento económico actual, quer a sua condição de territórios não europeus, imporiam certamente um tipo muito diferente de tratamento dos problemas decorrentes das suas relações económicas com a CEE. A natureza particular deste problema não me permite ir mais longe sem que, em consulta com a Comunidade, sejam determinados mais exactamente quais os aspectos a encarar na sua consideração».

A declaração do ministro Rui Patrício foi muito bem recebida pelo Conselho da CEE e foram iniciadas negociações, que se estenderam pelo ano de 1971, e culminaram no acordo comercial entre Portugal e a CEE, assinado em Bruxelas em 22 de Julho de 1972. Este foi o terceiro passo importante da aproximação de Portugal no sentido da Europa, efectuado já quando o governo português era presidido por Marcello Caetano.

7. Após a revolução de Abril de 1974 este acordo comercial foi revisto pelos protocolos adicional e financeiro de 20 de Setembro de 1979 e por um novo protocolo complementar. Estes protocolos, tomando por base o acordo de 1972, concederam a Portugal novas e importantes vantagens tendo em atenção as dificuldades económicas que o país atravessou após a revolução e o desejo dos membros da CEE de ajudarem a consolidar o regime democrático em Portugal. Entretanto o primeiro governo constitucional solicitou em 28 de Março de 1977 a adesão de Portugal às Comunidades Europeias. Após seis anos e meio de negociações foi finalmente assinado em Lisboa, em 12 de Junho de 1985, o tratado de adesão em virtude do qual Portugal passou a ser membro de pleno direito das Comunidades europeias a partir de 1 de Janeiro de 1986.

8. Para terminar farei apenas uma breve referências às vantagens económicas que advieram para o nosso país com a participação nos organismos económicos europeus no pós-guerra, nomeadamente na OECE e na EFTA, baseando-me na opinião autorizada do Dr. José da Silva Lopes que, aliás, participou na maior parte das negociaçoes a que fiz referência.

Segundo Silva Lopes, a OECE transmitiu assinaláveis impulsos de modernização à economia portuguesa, em virtude da sua influência sobre a política económica, dos contactos que estimulou entre técnicos portugueses e estrangeiros, do desenvolvimento do comércio de bens e serviços e das importações de tecnologia. Foi particularmente importante o papel dessa Organização na abertura da economia nacional ao exterior, promovida através dos seus programas de multilateralização dos pagamentos e da eliminação das restrições quantitativas e outros obstáculos às transacções de mercadorias e de invisíveis correntes.

Por outro lado, a integração de Portugal na EFTA trouxe consigo uma mudança radical na estratégia de industrialização portuguesa: abriu os mercados dos outros Estados membros da Associação a produtos não agrícolas originários de Portugal, criando assim condições propícias ao desenvolvimento de indústrias nacionais orientadas para a exportação; e, embora tenha permitido ao nosso país manter um período transitório especialmente longo (que nalguns casos durou mais de 30 anos) para o desmantelamento das barreiras proteccionistas contra a concorrência vinda do interior da EFTA, obrigou a que essas barreiras tenham deixado de poder ser excessivas e tivessem de ser gradualmente reduzidas.

As vendas de produtos manufacturados aos outros países da EFTA começaram imediatamente a crescer com um dinamismo nunca visto em toda a história económica portuguesa.

Pode considerar-se, pois, que a participação portuguesa na EFTA foi um sucesso durante todo período que vai de 1960 a 1973. Ela foi um dos mais poderosos factores do rápido progresso e modernização da economia portuguesa durante esse período.

A ESTRATÉGIA PARA A ADESÃO ÀS INSTITUIÇÕES EUROPEIAS

José Medeiros Ferreira

INTRODUÇÃO

Desde que o I Governo Constitucional apresentou, com êxito, o pedido de adesão à C.E.E. em Março de 1997, que se desenvolveu uma linha interpretativa acentuando pretensas continuidades estratégicas e políticas de uma integração europeia que teria as suas raízes na entrada de Portugal na E.F.T.A.. Ora, a haver uma linha de continuidade europeia de Portugal no século XX, ela entronca então na participação lusa na 1.ª Guerra Mundial e no esforço feito na Conferência da Paz de 1919 para capturar fundos financeiros.

I – DA GRANDE GUERRA AO «LAÇO FEDERAL» DE BRIAND

Considere-se a intervenção militar na Flandres durante a Grande Guerra como a primeira grande manifestação de empenhamento do Estado português na organização política do continente europeu neste século. E a participação na Conferência de Paz de Paris de 1919 e na Sociedade das Nações aí nascida são os primeiros passos de Portugal na participação das questões europeias neste século.

O raciocínio que presidiu à vontade de entrar na guerra mundial no teatro europeu foi o de que seria na Europa que a guerra e a paz se decidiriam.

A política, primeiro, a historiografia, depois, consagraram, porém, o teatro africano de operações como o mais importante para Portugal durante o período da I Guerra Mundial. À defesa dos territórios africanos tudo se teria resumido: o esforço de guerra, a acção diplomática, a própria essência da política externa da I República.

A existência do Corpo Expedicionário Português, na frente europeia, e as suas dez mil baixas não permitiam que a componente continental da entrada de Portugal na I Guerra Mundial fosse completamente negada, e por isso foi duramente criticada a decisão política que lhe deu origem. Mais, a decisão política de fazer Portugal entrar militarmente na guerra foi ditada sobretudo por factores europeus, ibéricos e insulares: esta é uma nova leitura histórica da participação de Portugal na Guerra de 1914-1918, que já tive ocasião de defender[1].

Porém, a experiência revelou-se traumatizante para os dirigentes portugueses: nem a cooperação militar decorreu da melhor maneira, nem os resultados da Conferência de Paz, em 1919, foram minimamente satisfatórios para Portugal[2].

As correntes antieuropeias ficaram, desde então, com o vento de feição. Desenvolveram-se posições políticas e doutrinais destinadas a afastar Portugal de tentações ou de pretensões europeias: o destino era África, a comunidade luso-brasileira e a neutralidade ou a distância perante os problemas europeus. E, de vez em quando, lá apareciam teses de aproximação com a Espanha, como no período inicial do Pacto Ibérico, entre 1939 e 1949, ou durante a fase de entendimento entre Marcelo Caetano e López Rodó.

Dois livros teorizam, a partir de determinada interpretação a história das relações internacionais de Portugal, essas posições.

O primeiro é de um brasileiro. Trata-se da tese de candidatura de Gilberto Osório de Andrade à cadeira de Direito Internacional

---

[1] Ver Ferreira, José Medeiros, *Portugal na Conferência da Paz*, Lisboa, Quetzal, 1992.

[2] Ferreira, José Medeiros, *Um Século de Problemas – as Relações Luso-
-Espanholas da União Ibérica à Comunidade Europeia*, Lisboa, Livros Horizonte, 1989, pp. 31-34.

Público na Faculdade de Direito do Recife (Brasil) nos princípios dos anos 40, e intitulada *Os Fundamentos da Neutralidade Portuguesa*.[3]

O segundo, e o mais conhecido, é da autoria de Franco Nogueira, ministro dos Negócios Estrangeiros de Salazar, intitulado *As Crises e os Homens*, datado de 1971.[4]

Ambos defendem a tese segundo a qual Portugal, país essencialmente marítimo, não se deve intrometer nas questões continentais europeias. Ora, uma das «questões continentais europeias» após a I Grande Guerra Mundial derivou dos efeitos paradoxais da existência da primeira instituição internacional de carácter universal criada para promover uma melhor organização política entre os Estados – a Sociedade das Nações. A Sociedade das Nações, composta por Estados de vários continentes com especial representação dos países europeus, dos latino-americanos e dos mais importantes da Ásia na altura, acabou por discutir com frequência os problemas respeitantes ao continente europeu.

Os Estados europeus encontravam-se assim na posição de terem de discutir os seus assuntos, e de os tentar resolver, com a participação forçada de potências extra-europeias, desde o Brasil à Argentina, desde a China ao Japão.

Surge então a ideia de dotar a Europa de uma organização internacional composta só de Estados desse continente e onde estes se pudessem encontrar para resolver os seus próprios problemas sem a presença dos demais.

Com o propósito de resolver essa situação, e tendo em conta o bom momento das relações franco-alemãs desde a Conferência de Locarno, em 1925, na qual tiveram papel activo o ministro alemão Stresemann e o francês Aristide Briand, este irá propor, em 1929, que os Estados europeus se organizem criando entre si uma espécie de «laço federal».

O Estado português, solicitado pela diplomacia francesa como

---

[3] Andrade, Gilberto Osório de, *Os Fundamentos da Neutralidade Portuguesa*, prefácio de Manuel Múrias, Lisboa, Bertrand, s.d.
[4] Franco Nogueira, *As Crises e os Homens*, Lisboa, ed. Ática, 1971.

um dos vinte e sete países europeus membros da SDN, terá de se pronunciar sobre as propostas de Briand.

Será um momento revelador da disposição do Estado português perante uma maior integração política e económica do continente.

O chamado «Plano Briand» inseria-se numa tentativa de ultrapassagem do clássico sistema de equilíbrio europeu e de resolução dos problemas económicos pela sua internacionalização e não pelo *recurso à autarcia e ao proteccionismo*.

Disse Aristide Briand, em Setembro de 1929, um mês antes do início da grande crise económica: «Penso que entre os povos que se encontram geograficamente agrupados, como os da Europa, deve existir uma espécie de *laço federal*. (...) A associação actuará, obviamente, sobretudo no domínio económico, e é esta a questão mais premente.»

A diplomacia francesa irá dar forma a essa declaração política e apresentará aos vinte e sete Estados europeus membros da SDN um memorando datado de 1 de Maio de 1930 em que retoma as ideias avançadas por Briand a 9 de Setembro de 1929.

A resposta portuguesa a este memorando surge como reveladora da opinião do regime da *ditadura nacional* sobre a questão europeia. É um Governo militar, presidido pelo general Ivens Ferraz, que então vigora. O seu ministro dos Negócios Estrangeiros é o comandante Fernando Branco. Na pasta das Finanças, desde Abril de 1928, está Oliveira Salazar, de dia para dia mais influente nos destinos do regime. Que pensa então Salazar da Europa em 1930?

Salazar aprecia assim o estado do continente europeu no ano de 1930: «É nesta Europa doente, convulsa, empobrecida, desequilibrada, procurando tacteante as soluções políticas do futuro, que é preciso localizar o caso português[5].»

Esse discurso de Salazar, datado de 30 de Julho de 1930, fora antecedido em alguns dias pela resposta de Portugal ao memorando francês. A resposta do Governo português ao Plano Briand é, na sua

---

[5] *Discurso pronunciado em 3 de Julho de 1930*. Ver Salazar, A. Oliveira, *Discursos e Notas Políticas,* vol. 1 (1928-1934), Coimbra Editora, 1948, p. 72.

essência, antieuropeia, sendo patente a prioridade que então dá às colónias, às relações com o Brasil e à aliança luso-britânica.

A resposta do Governo português, datada de 12 de Julho de 1930 e assinada pelo ministro dos Negócios Estrangeiros, comandante Fernando Branco, é muito clara nos seus considerandos ao afirmar que o projecto de união federal não pode pressupor qualquer afrouxamento dos laços que prendem alguns Estados europeus às suas colónias. Esses Estados europeus não admitem «qualquer alteração nos seus direitos sobre tais territórios, nem consentem qualquer ingerência nos problemas que às colónias são próprios. Estes territórios é que não poderão deixar de ser considerados como elementos componentes da verdadeira estrutura de cada Estado sem o que a proposta (da) federação não assentaria numa noção exacta do Estado europeu tal como ele é na realidade constituído[6]».

Entre qualquer plano de segurança colectiva ou de estabelecimento de instituições internacionais multilaterais e a manutenção dos antigos sistemas de alianças, o Governo da ditadura militar é muito claro na sua opção: «Princípio igualmente basilar para o Governo português é, como o memorando ressalva, o de que o pacto em nada procure invalidar os acordos bilaterais ou plurilaterais existentes entre dois Estados ou grupos de Estados, ou diminuir o alcance e eficiência dos laços de aliança ou de amizade que são elementos fundamentais e tradicionais da vida internacional de alguns Estados.[7]»

Quanto às questões propriamente económicas e à preferência expressa por Briand de se começar pela arquitectura política da União Europeia, a opinião do «Governo da República Portuguesa» é a de que «o estudo em conjunto dos problemas económicos não

---

[6] *Arquivo do MNE, Lisboa, União Federal Europeia*, resposta do Governo português ao memorando francês de 1 de Maio de 1930, vulgo Plano Briand. A resposta do Governo de Lisboa é datada de 12 de Julho de 1930 e consta de seis páginas dactilografadas (versão portuguesa), 3.º piso, Maço 226, Processo 47. A versão francesa está publicada, juntamente com as respostas dos outros governos, in *Documents Relatifs à l'Organixation d'un Régime d'Union Fédérale Européenne*, 3.º piso, Maço 226, Processo 47.

[7] *Idem, ibidem.*

tem forçosamente de ser precedido pela solução dos problemas políticos e crê que esta, pelo contrário, pode ser facilitada à medida que, por acordos de carácter geral, se forem atenuando as dificuldades de carácter económico[8]».

A resposta do Governo português ao memorando do Governo francês, datada de 1 de Maio de 1930, será seguida de um muito curioso parecer da Direcção Política do Ministério dos Negócios Estrangeiros, datado de 3 de Setembro daquele ano, da autoria do conhecido secretário-geral do ministério, Luiz Teixeira de Sampayo, e destinado a orientar os diplomatas portugueses nas futuras discussões sobre essa matéria.

Esse parecer, de cinco páginas dactilografadas, está na base de toda a política anticontinental do regime ditatorial, e os seus argumentos serão repetidamente retomados por Salazar e por outros responsáveis, ou ideólogos, do Estado Novo até ao fim deste regime.

O secretário-geral do Ministério dos Negócios Estrangeiros parece convencido de que a tentativa em curso de organização política e económica dos países europeus se destinava a interferir na evolução dos territórios coloniais que só alguns Estados europeus possuíam.

«São muitas as formas por que a chamada *europeização* dos problemas ou da sua solução pode atingir as colónias. A todas nos devemos opor. Os perigos da resistência enérgica serão sempre menores do que os da transigência[9]».

Para Luiz Teixeira de Sampayo, os projectos da pan-Europa incidiam em grande parte sobre aproveitamentos coloniais em favor de grandes companhias internacionais.

Com o confesso objectivo de confundir o carácter eminentemente europeu do Plano Briand, o secretário-geral do Ministério dos Negócios Estrangeiros, que tanta influência viria a ter na orientação da política externa salazarista, aconselha o Governo da ditadura mi-

---

[8] *Idem, ibidem.*

[9] Arquivo do MNE, Lisboa, *União Federal Europeia*, parecer da Direcção Política sobre o Plano Briand, datado de 3 de Setembro de 1930, e assinado por Luiz Teixeira de Sampayo, 3.º piso, Armário 12, Maço 226, Processo 47.

litar e o ministro Fernando Branco a mostrarem-se partidários do não exclusivismo europeu: «Mostrando-nos logo de entrada partidários do não exclusivismo europeu, seremos provavelmente acompanhados pela Inglaterra e pela Espanha, a julgar pelas suas respostas; agradaremos às nações extra-europeias; teremos um ensejo de nos apresentarmos na Assembleia como uma das três nações que, por serem as únicas que fundaram outras nações independentes, têm em outros continentes e com outros povos laços que não lhes permitem ser apenas europeias. Este tema, que a Delegação poderia levantar desde logo, tem os seus reflexos no campo colonial, e no internacional[10]».

Outro ponto em que o mais influente secretário-geral do Ministério dos Negócios Estrangeiros é muito claro é na sua preferência pela aliança bilateral luso-britânica em detrimento de qualquer plano de segurança colectiva: «Estamos ligados à Inglaterra por uma aliança secular cujos termos um pouco vagos têm demonstrado serem um dos seus melhores valores. Possuímos situações geográficas de valia inestimável para a Inglaterra. (...) Firmarmos pactos que tolham essa nossa liberdade, que pareçam condicionar o desempenho do nosso papel de aliados por circunstâncias de que outrém que não nós seja juiz, é diminuir o valor da nossa aliança para a Inglaterra, é pelo menos permitir que a opinião inglesa considere a nossa aliança condicional e, por reciprocidade, pretenda condicionar ainda mais a sua para connosco[11]».

II— A POSIÇÃO DE SALAZAR CONTRA O «LAÇO FEDERAL»

Salazar, que se iniciava nas questões internacionais, manteve uma posição muito discreta nesse domínio até ao início da guerra civil de Espanha. O seu biógrafo, Franco Nogueira, sintetiza assim o problema: «Desde os seus tempos de ministro das Finanças sen-

---

[10] Idem, ibidem.
[11] Idem, ibidem.

te-se Salazar fascinado pela política externa. Seguia atentamente a actividade internacional; lia alguma imprensa estrangeira; e procurava estar informado das linhas fundamentais da orientação portuguesa. Mas não procurava intervir, nem pronunciar-se sobre a matéria[12]».

Uma das suas primeiras posições em matéria de gestão política dos assuntos europeus foi a de expressar cepticismo quanto à Sociedade das Nações ou quanto ao laço federal entre pequenos e grandes Estados europeus. Assim, numa entrevista dada a António Ferro, publicada no *Diário de Notícias* de 20 de Agosto de 1933, Salazar mostra-se francamente crítico da SDN e do «parlamentarismo internacional», no qual todos os países se apresentam em Genebra a discutir os assuntos só de alguns. E chega a desposar a solução preconizada por Mussolini de um directório de quatro países (Itália, Inglaterra, Alemanha e França) para discutir as questões europeias: representando as principais potências, poderiam estas resolver os problemas europeus com realismo![13]

Em termos monetários internacionais, Salazar acompanhara a libra esterlina e a Inglaterra quando esta, em 1931, abandonou a referência do padrão-ouro e desvalorizou a sua moeda. Era o seu sistema monetário europeu...

A guerra civil de Espanha, a elaboração do Pacto Ibérico e a neutralidade durante a II Guerra Mundial constituíram os momentos mais intensos da actividade de Salazar na condução da política externa portuguesa entre 1936 e 1947, período em que também acumulou a pasta dos Negócios Estrangeiros.

O fim da II Guerra Mundial veio introduzir novos elementos no campo das relações internacionais. Convém destacar para os propósitos deste trabalho a resposta do regime salazarista à proposta norte-americana do Plano Marshall para a reconstrução da Europa e a correlativa necessidade de uma maior cooperação económica europeia. São variados os testemunhos que nos dão um Salazar desconfiado das intenções dos Americanos em relação aos países

---

[12] Franco Nogueira, *Salazar,* vol. II, Coimbra, Atlântida Editora, 1977, p. 33.

[13] *Ibidem*, pp. 23-231.

europeus, «mas está ainda por fazer a análise detalhada de duas questões particulares que embaraçavam as relações entre Washington e Lisboa e que concretamente afligiam Salazar: a questão das indagações sobre o ouro nazi possivelmente existente no Banco de Portugal e a permanência de tropas norte-americanas na Base das Lajes, na ilha Terceira».[14]

Deste modo, «à neutralidade colaborante» durante a II Guerra Mundial seguir-se-á um período muito reticente no comportamento do Estado português perante as propostas de cooperação económica europeia que estiveram associadas à aplicação do Plano Marshall e à criação da Organização Europeia para a Cooperação Económica (OECE), em Abril de 1948. Se bem que Portugal venha a figurar entre os países membros da OECE, a sua primeira atitude foi a de recusar a assistência financeira prevista no Plano Marshall[15].

Há um parecer do ministro das Finanças, Costa Leite Lumbralles, de 27 de Agosto de 1947, onde está resumida a posição governamental portuguesa para o Plano Marshall.[16]

Nesse parecer fundamenta-se a posição de não participar no Plano Marshall e de não revelar as reservas disponíveis no Banco de Portugal em ouro e dólares conforme se pretendia na Conferência de Paris que estará na origem da OECE, dado que, segundo o ministro, «está ainda pendente... o problema do ouro recebido da Alemanha, e não podemos pensar em pôr à disposição alheia o ouro cuja legitimidade de posse nos é contestada» e porque «na orientação que está sendo seguida parece encaminhar-se para uma série de regimes bilaterais de comércio, aos quais se sobreporá um sistema de liquidações multilaterais». E rematava, na conclusão, contra a aceitação do Plano Marshall, argumentando que a posição de Portugal deveria ser semelhante à da Suíça, propondo-se equilibrar as suas trocas comerciais na zona europeia, colaborar na possível multilateralidade

---

[14] Ferreira, José Medeiros, Características históricas da política externa portuguesa, *Política Internacional*, n.º 6, 1993, p. 145.

[15] Sobre esta matéria, ver Rollo, Fernanda, *Portugal e o Plano Marshall*, Editorial Estampa, 1994.

[16] *Ibidem*, pp. 164-168.

de pagamentos com os países europeus, mas que não carecia «de créditos em dólares para as suas previsíveis necessidades de pagamentos aos Estados Unidos da América», que era a essência da proposta norte-americana.

O ministro dos Negócios Estrangeiros, Caeiro da Matta, diria, na sessão de encerramento da Conferência Europeia de Cooperação Económica realizada em Paris, em 22 de Setembro de 1947, que «as felizes condições internas de Portugal permitem-nos declarar que o meu país não precisa de ajuda financeira externa».[17]

Dentro do espírito da liberalização global do comércio, é assinado, a 28 de Setembro de 1948, o Acordo Bilateral de Cooperação Económica entre Portugal e os EUA numa altura em que as autoridades da ditadura portuguesa ainda fazem questão de apresentar o país como não beneficiário da ajuda concedida pelo Plano Marshall. Mas, com assinala Fernanda Rollo, «apesar de Portugal ter assinado o Acordo Bilateral de Cooperação Económica, em 28 de Setembro de 1948, na qualidade de país não beneficiário de auxílio financeiro, a verdade é que 1'á se tinham operado algumas alterações na atitude de Portugal face à aceitação desse auxílio, o que conduziu a que, em 27 de Setembro, o Governo português anuncie formalmente a intenção de recorrer ao auxílio Marshall».[18]

Sucedeu que, ao longo de 1948, se assistiu a uma deterioração rápida financeira e cambial portuguesa, de tal forma que os saldos negativos da balança comercial e de pagamentos serão ainda superiores aos do ano de 1947.

Mesmo assim, o recurso forçado do Governo salazarista ao auxílio provindo do Plano Marshall não deixou de ser antecedido de uma proposta *sui generis*.

Com efeito, a 24 de Junho de 1948, o ministro das Finanças, Costa Leite Lumbralles, elabora um memorando onde Portugal se apresenta como candidato ao auxílio financeiro norte-americano. Nesse memorando o ministro das Finanças sugere que se transfira

---

[17] Mata, José Caeiro da, *Ao Serviço de Portugal*, Lisboa, Imprensa Portugal-Brasil, 1951, p. 164.

[18] Rollo, Fernanda, *ob. cit.*, p. 289.

para a responsabilidade dos Estados Unidos os quarenta milhões de libras de crédito detidos por Portugal sobre o Reino Unido como resultado das dívidas contraídas por este país durante a guerra.

Caso essa transferência fosse conseguida, o Governo português ficaria habilitado a efectuar as suas compras de bens essenciais nos EUA a partir daí, e não teria de forçosamente comprar na zona esterlina como até aí, e com dificuldades cada vez maiores dada a reduzida capacidade de produção britânica na época.

No entanto, esta derradeira diligência do Governo salazarista ver-se-ia condenada pela recusa dos responsáveis norte-americanos, «constituindo mais um testemunho de como as autoridades portuguesas procuraram evitar até ao fim o recurso aos créditos Marshall»[19].

Constituía também um testemunho de como o Governo de então preferia abertamente o plano das relações bilaterais entre Estados como o mais apropriado à regulamentação dos problemas internacionais quer esses decorressem de questões políticas, quer tratassem de matérias de cooperação económica e financeira.

O pensamento de Salazar sobre a integração europeia, como ela se desenhou após a II Guerra Mundial, aparece compendiado numa circular para as missões diplomáticas datada de 6 de Março de 1953[20]. Embora Salazar atribua em primeiro lugar aos Estados Unidos, «pela simplicidade do seu espírito e ligeireza das suas posições», e à França, que se lhe afigura «um país cansado de lutar e a quem a plena independência parece pesar», a vontade da formação de uma federação europeia, para ele, depois, «será a Alemanha quem deverá conduzir efectivamente a federação para todos os seus destinos».

A questão da federação europeia parece ainda preocupar Salazar por dois aspectos particulares: «O regime político e as colónias ou domínios ultramarinos.

---

[19] *Ibidem*, p. 36.

[20] Ver *Circular sobre a Integração Europeia, para as Missões Diplomáticas,* do presidente do Conselho de Ministros, de 6 de Março de 1953. Para se avaliar o contraste em relação à «nova ordem europeia» ver Manuel Loff, *Salazarismo e Franquismo na Época de Hitler,* Porto, Campo das Letras, 1996, pp. 314-337.

Quanto às consequências sobre os regimes políticos, Salazar ilude a problemática que se coloca aos regimes ditatoriais apresentando a questão sob o aspecto de um antagonismo entre monarquias e repúblicas: «Não me parece oferecer dúvidas que essa federação em cujo seio entrariam de começo três grandes repúblicas e três pequenas monarquias se faria ou fará sob a égide republicana».
Não seria outro o receio salazarista?

No que diz respeito aos domínios ultramarinos, Salazar limita-se a retomar as preocupações e os argumentos avançados por Luiz Teixeira de Sampayo vinte e três anos atrás: «Tenho dúvidas sobre se a questão colonial não estará na base de alguns entusiasmos federativos. Há sectores em que é visível a preocupação imediata (e mais profunda do que a de assegurar uma defesa mais eficaz) de que se abram os territórios ultramarinos às populações e comércio de alguns Estados europeus.» E mais adiante: «Os domínios ultramarinos dos Estados federados serão, pela evidência das coisas e a impossibilidade de se dispor diferentemente, integrados na federação. Esta herdará, pois, em benefício do conjunto as colónias belgas, holandesas e francesas.»

III – UM PACTO IBÉRICO CONTRA A INTEGRAÇÃO EUROPEIA?

Salazar crê poder abrigar-se dos fenómenos da integração europeia tendo em conta que «o ultramar lhe tem interessado sempre mais que a Europa continental», e que a própria Península Ibérica seria um caso à parte no continente: «Por felicidade, os Pirenéus são geograficamente um elemento de tanto relevo que permite à Península não ser absorvida ou decisivamente influenciada pelo peso da nova organização, mas aguardar e ver. E a Espanha é uma nação com tais ligações com as nações da América Central e do Sul por ela formadas que estou certo vê mais futuro no conjunto hispano-americano que na federação europeia».

Salazar apresenta-se, pois, favorável a uma política de aliança peninsular para amortecer os efeitos mais desagradáveis da suposta federação em marcha nesse início dos anos 50: «Se a federação vier, pois, a constituir-se e se, como é provável, continuar a impor-se a política dos grandes espaços, pode visionar-se a possibilidade de se irem apertando mais e mais os laços de Portugal com o Brasil e a Espanha, e da Espanha com as repúblicas do Centro e Sul da América, de modo que um grande bloco ibero-americano seja, ao lado da Comunidade Britânica, e mesmo sem atingir o grau da sua estruturação constitucional, um factor político de grande relevo, pela população, a riqueza potencial ou existente e a cultura ocidental».

Não se pode desligar essa posição doutrinal de Salazar face à Europa e a sua preferência por uma Península Ibérica associada à América Latina dos dois modelos de defesa europeia e nacional que se debateram em Portugal na mesma altura.

Podem distinguir-se dois modelos principais concebidos no pós-guerra para a entrada de Portugal no sistema militar ocidental: o modelo do general Santos Costa e o modelo do general Raúl Esteves. O interesse da sua referência para o nosso trabalho é o que deriva das razões apresentadas por ambos, pois eles recorrem à descrição das funções estratégicas da Península Ibérica para alicerçarem as suas teses, embora tirando conclusões diferentes.

O «modo» Santos Costa caracterizou-se por uma doutrina de defesa ibérica, bem expressa no prefácio do livro de Andrade e Silva, *Teatro de Operações de Portugal,* datado de 1950. Partindo do princípio de que «nenhum acidente natural pode constituir obstáculo ao regular desenvolvimento de operações militares no sentido leste-oeste através de toda a Península», o então ministro do Exército português conclui que «...a verdadeira força do bastião ibérico está mais na realidade dos seus contornos – e essa indiscutível – do que nos obstáculos do interior, os quais canalizam mais do que embaraçam os movimentos de quem, desembarcando nos portos e praias da costa ocidental, se dirija ao coração da Europa ou, tendo partido do interior longínquo do antigo continente, pretenda disputar o calor do Sol».

O conceito de «bastião ibérico», para além do valor próprio, servia, ao mesmo tempo, para manter em vigor o Pacto Peninsular estabelecido entre dois Estados que não eram vencedores nem vencidos da II Guerra Mundial, e posto que a Espanha não era membro da NATO era uma forma de manter Portugal militarmente fora da Aliança Atlântica pela afirmação de uma unidade estratégica peninsular, só concebível em termos de defesa recuada se se tratasse de quem viesse «do interior longínquo do Velho Continente», forma púdica de denominar a União Soviética, mas suficientemente ampla para designar mais do que uma ameaça continental. Ora, era exactamente o conceito de defesa recuada face ao invasor continental que o general Raúl Esteves combatia no seu livro A *Defesa da Europa Ocidental*, editado em 1952. A linha dos Pirenéus não foi considerada pelo general como uma posição mais poderosa ou menos vulnerável do que qualquer das outras linhas de defesa europeias então discutidas. Só em termos de segurança dos EUA se poderia conceber a linha dos Pirenéus como frente de contenção de influência soviética, já que tal linha não pode interessar nem à Europa nem a Portugal.

Os conceitos de «solar» ou «bastião ibérico» são vigorosamente combatidos por Raúl Esteves tendo em conta as diferentes funções estratégicas da Península Ibérica. A seu favor, o general invoca a II Guerra Mundial e afirma que a operação levada a efeito pelo Norte da França e pelo Sul de Itália pelos Aliados se apresenta como uma manobra de torneamento dos Pirenéus, com a consequente desvalorização estratégica da Península Ibérica[21].

A dialéctica das relações entre os dois Estados da Península Ibérica no período que medeia desde os anos 50 à sua democratização foi deveras contraditória nos seus resultados: Portugal, economicamente, integra-se muito mais no tecido internacional, mas isola-se politicamente, enquanto a Espanha, mantendo um modelo de desenvolvimento industrial predominantemente autárcico, rompe com o cerco do isolamento político internacional, sobretudo após a sua entrada na ONU, em 1955, simultaneamente com o Estado português.

Deste modo, a entrada simultânea de Portugal e da Espanha na ONU em 1955 marca o início de dois movimentos de sentido con-

---

[21] Ver Ferreira, José Medeiros, *Estudos de Estratégia e Relações Internacionais*, Lisboa, INCM, 1981, pp. 14-16.

trário para os dois Estados ibéricos na sociedade das nações: enquanto para a Espanha a entrada na ONU permite a sua saída do isolamento: internacional, para Portugal essa entrada marca o declínio da tolerância externa para com a sua administração, sobretudo em relação à política colonial.

Já no respeitante à integração económica europeia os dois Estados ibéricos irão posicionar-se diferentemente. A Espanha mais fechada perante o fenómeno, Portugal encetando uma trajectória de abertura derivada da pequenez do seu mercado interno e da força de atracção então exercida pela atitude britânica nos fluxos do comércio português. A Espanha, pelo seu lado, irá participar mais activamente nos organismos económicos especializados do sistema internacional da ONU.

IV – PORTUGAL E A FUNDAÇÃO DA EFTA

A fazer fé nos testemunhos publicados sobre a entrada na EFTA, o Estado português terá sido rebocado por diplomatas em missão de serviço como Ruy Teixeira Guerra e José Calvet de Magalhães, por um ministro desenquadrado como Corrêa d'Oliveira e, mais uma vez, pelas conveniências inglesas. Parece ter sido assim que Portugal se tornou membro fundador da Associação Europeia de Comércio Livre.

É pelo menos essa uma das versões mais credenciadas apresentadas por um dos seus protagonistas[22].

Tudo começou com a malograda tentativa britânica de criar uma zona livre de comércio no âmbito da OECE.

«Quando, em 1956, os Britânicos propuseram na OECE a famosa zona de livre câmbio europeia informaram bilateralmente Portugal de que o projecto incluiria apenas os países industrializa-

---

[22] Há interesse em consultar sobre esta matéria o artigo de José Calvet de Magalhães, "Portugal e a integração europeia", *Estratégia*, n.º 4, Lisboa, IEEI, 1987, pp. 33-74.

dos da Organização e que Portugal, consequentemente, não poderia fazer parte dessa zona».[23]

O chefe da delegação portuguesa junto da OCDE afirma ter sido muito dura a batalha travada para que Portugal não ficasse incluído no grupo dos países subdesenvolvidos.

Porém, com o decorrer das negociações, Portugal passa a participar nas reuniões constitutivas da nova organização de comércio europeu a partir de Dezembro de 1958, graças a várias circunstâncias que aparentemente remetem para uma soma de contingências a opção de ingressar na EFTA, que tantas consequências teria no futuro da integração europeia de Portugal.

É deste modo que o embaixador Ruy Teixeira Guerra apresenta a questão:«Em breve a Grã-Bretanha conseguiu que aderissem à sua visão das coisas os três países escandinavos, a Áustria e a Suíça. Os jornais de todo o mundo falaram então do grupo dos Outros Seis. Por um golpe de sorte, Portugal, apesar de estar longe de ter força económica comparável, conseguiu juntar-se aos outros propositores da Pequena Zona que vieram a negociar os acordos que (...) culminaram na assinatura, em 4 de Janeiro de 1960, da Convenção de Estocolmo».[24]

Independentemente das negociações diplomáticas que possibilitaram ao Estado português assinar a convenção que criou a Associação Europeia de Comércio Livre, a entrada em vigor dos compromissos tomados em Estocolmo, em Janeiro de 1960, levantou algumas interrogações no plano interno.

Assim o demonstra o processo de ratificação da referida convenção, nomeadamente o Parecer n.º 30/VII da Câmara Corporativa.[25]

---

[23] Magalhães, José Calvet de, «Salazar e a unidade europeia», in *Portugal, España y Europa. Cien anos de desafio (1890-1990)*, Universidad de Educación a Distancia, Mérida, 1991, p. 138.

[24] Guerra, Ruy Teixeira, «Os movimentos de cooperação e integração europeia, in *Os Movimentos de Cooperação e Integração Europeia no Pós--Guerra e a Participação de Portugal nesses Movimentos*, Oeiras, INA, policopiado, 1981, p. 8.

[25] Ver *Parecer da Câmara Corporativa n.º 30/VII*, relativo à proposta de lei n.º 513 – Convenção de Associação Europeia de Comércio Livre –, in *Diário das Sessões*, n.º 167, de 2 de Abril de 1960.

Logo na introdução desse parecer, do qual foi relator o professor Pereira de Moura, se considera esse passo dado pelo Governo de Salazar, através do seu ministro Corrêa d'Oliveira, tão grave e de tão vastas implicações para o futuro económico de Portugal e da própria Europa, que os membros daquela comissão consideram ser sua obrigação «afirmar no espírito público a importância do problema em debate. Raras vezes teremos sido postos, nos últimos decénios da nossa história, perante situações igualmente decisivas, e tanto no plano interno como internacionalmente...».[26]

A Câmara Corporativa, neste seu parecer, considerava que o povo português não se encontrava suficientemente esclarecido quanto à decisão do Governo de aderir à EFTA, até porque este não prestou quaisquer esclarecimentos sobre a sua opção, nem mesmo quando enviou, para ratificação, o texto da Convenção de Estocolmo às Câmaras. Daí os autores do parecer, entre os quais se citam Manuel Alves da Silva, Manuel Queiroz Pereira, Eugénio Castro Caldas, António Pinto Barriga, António Champalimaud e Jorge Botelho Moniz, para além do relator, pretenderem sistematizar as possíveis opções na matéria.

À partida, Portugal tinha três alternativas possíveis: ou se associava ao Mercado Comum, ou se associava à EFTA, ou, ainda, se mantinha na expectativa, o que lhe permitiria jogar noutras áreas, como, por exemplo, na formação de outro grupo restrito com a Espanha, e com o mundo ibero-americano (ideia expressa na circular de 1953 enviada por Salazar às missões portuguesas no estrangeiro), ou então optar pela celebração de acordos económicos internacionais de âmbito bilateral. Ora, a hipótese de inserção na CEE terá sido rejeitada – dadas as suas implicações políticas, salientes na compatibilização progressiva até à identificação das actuações económicas e sociais, quer na aceitação de autoridades supranacionais, quer ainda nas perspectivas de exploração em comum dos territórios ultramarinos; nada pareceu viável para Portugal, e a Câmara concorda que o não era realmente, como também o não é agora».[27]

---

[26] *Idem*, p. 664.
[27] *Idem*, p. 675.

Em relação à eventualidade de uma inserção económica internacional pela via de acordos bilaterais com outros países, faltavam parceiros que também se interessassem por isso, além de uma maior fraqueza negocial do Estado português nesse plano.

A opção pela participação na EFTA apareceu assim como o menor dos males. Além disso, o grupo de trabalho, constituído «em certo momento da negociação, concluíra por recomendar algumas importantes concessões excepcionais que permitissem ao país prosseguir na sua obra de fomento económico – e era uma vitória que conviria não perder ingloriamente». Com efeito, «notando que as restrições à importação de matérias-primas são mínimas ou tendem a desaparecer de um modo geral e que muitos produtos alimentares, pela sua origem agrícola, sempre ficariam excluídos das reduções, em qualquer hipótese, conclui-se que, mesmo do ponto de vista comercial, seria maior desvantagem ficar Portugal excluído da pequena zona do que do Mercado Comum. Esta terá sido outra razão para determinar a opção portuguesa»[28].

Esta afirmação, contida no Parecer n.º 30/VII, permite concluir pela coincidência de pontos de vista entre a Câmara Corporativa e o Governo português sobre a melhor opção possível em termos de internacionalização da economia nacional. «A EFTA surge para ambos como a melhor escolha, ao mesmo tempo que se reconhece o menor interesse do Mercado Comum, motivado não apenas por razões de ordem estritamente económica, mas também e com enorme peso pelo projecto político que encerrava».[29]

Membro de pleno direito na EFTA, mas beneficiando de um estatuto especial – o Anexo G –, adaptado ao nível relativo do seu desenvolvimento económico, Portugal obteve desde logo, e só por esse facto, um certo número de vantagens: desarmamento pautal mais lento para grande parte de produtos industriais provenientes

---

[28] *Idem*, p. 675.

[29] Caldeira, Maria de Fátima, *A Adesão de Portugal à EFTA*, trabalho apresentado no seminário «Regimes políticos e relações internacionais», orientado pelo Prof. José Medeiros Ferreira, na FCSH da Universidade Nova de Lisboa, policopiado, Lisboa, Maio de 1990, p. 10.

dos nossos parceiros; possibilidade de aumentar ou estabelecer direitos para a protecção das indústrias novas; tratamento pautal industrial para alguns produtos do sector primário como as conservas de peixe e o concentrado de tomate. Em suma, a economia portuguesa beneficiou no quadro da EFTA de condições tais que permitiram a satisfação de sectores industriais tradicionais como os têxteis e o vestuário, que representavam, cerca de vinte por cento das exportações totais portuguesas no fim da década de 50 e que, em 1970, já tinham aumentado a sua percentagem no total das exportações nacionais para a casa dos trinta por cento. Outros produtos, como o concentrado de tomate, a pasta de papel e seus derivados, máquinas, equipamentos eléctricos e de transporte, que, em 1960, representava apenas quinze por cento no total das exportações portuguesas, representaram quarenta por cento do aumento das exportações entre 1960 e 1970. Ao mesmo tempo, as importações originárias dos países da EFTA aumentaram doze por cento durante os anos 60, enquanto nos anos 50 tinham aumentado apenas 4,5 por cento.

A economia portuguesa tornou-se assim progressivamente mais dependente do comércio externo, e sobretudo do comércio externo com países da Europa ocidental, do que em relação às trocas com os territórios coloniais.

Tendo entrado na EFTA pela conjugação da estratégia britânica com a visão de um grupo de diplomatas e de tecnocratas nacionais chefiados politicamente pelo ministro Corrêa d'Oliveira, o Estado português seguirá o tropismo do comportamento do Reino Unido nos assuntos europeus até ao Acordo com a CEE em 1972, inclusive.

Quando, com base na declaração do Conselho da EFTA em Londres, de 1961, a Grã-Bretanha solicitou, em 9 de Agosto, a abertura das negociações com a CEE com vista à adesão, os outros Estados membros da EFTA solicitaram, em datas sucessivas, a abertura de negociações sobre as modalidades de integração.

Deste modo, o Governo de Salazar, em carta datada de 18 de Maio de 1962 e dirigida ao presidente do Conselho da CEE, pedia a abertura de negociações visando "estabelecer os termos da colaboração que o Governo português pretendia ver estabelecida, num futuro próximo, entre Portugal e o conjunto dos países da CEE"[30].

Mais uma vez se iria demonstrar a extrema influência dos destinos britânicos no comportamento do Estado português.

A audição do pedido do Governo presidido por Salazar ficou marcada para 11 de Fevereiro de 1963. Ora, em 14 de Janeiro de 1963, o general De Gaulle decidiu interromper as negociações com o Reino Unido e desde logo Portugal pediu a suspensão das suas próprias diligências. Só depois do recomeço das conversações entre a Grã-Bretanha e a CEE, ocorrido no seguimento da Conferência de Haia de Dezembro de 1969, Portugal voltou a manifestar interesse na aproximação à CEE. Assim, a 28 de Maio de 1970 foi entregue um memorando ao presidente da Comissão da CEE, no qual o Governo português manifestava o seu desejo de entrar em negociações com esta, a fim de se estabelecerem os laços mais adequados aos interesses das duas partes.

Perante a iminência da entrada do Reino Unido na CEE, essas negociações vão culminar com a assinatura de um acordo de natureza comercial entre Portugal e a CEE, em 22 de Julho de 1972.

As negociações entre Portugal e a CEE, que deram origem à assinatura do acordo de 1972, foram preparadas do lado português por uma comissão *ad hoc* nomeada em 23 de Março de 1970, e composta pelos embaixadores Ruy Teixeira Guerra, que chefiou, e José Calvet de Magalhães, doutores Silva Lopes, A. Regueira, Rafael Ferreira, Luís Figueira, Nunes Mexia, Vieira de Castro e engenheiros João Cravinho, Castro Caldas, Ilídio Barbosa e Carlos Lourenço. Do mesmo passo, a Comissão Técnica de Cooperação Económica Externa passou a denominar-se Comissão Interministerial de Cooperação Económica Externa, aumentando assim a sua importância e extensão na administração pública. Eram já efeitos da integração europeia na máquina estatal portuguesa.

Esta comissão elaborou um relatório sobre a integração económica europeia, em Setembro de 1970, que serviu de base à preparação das negociações com a comissão de Bruxelas, das quais resultaram a assinatura do acordo de 1972.

---

[30] Magalhães, José Calvet, *ob. cit.*, p. 142.

Confrontados com a facto de a participação na EFTA ter favorecido «as exportações metropolitanas de forma espectacular», com o salto de 0,9 por cento para 16,4 por cento nas taxas médias de acréscimo entre os períodos de 1954 a 1960 e os de 1960 a 1968, os membros daquela comissão defendem o estabelecimento de um acordo comercial com a CEE. Para ela, – esse entendimento é tanto mais necessário quanto é certo que sem ele se corre o risco de perder as vantagens que têm impulsionado as exportações para a EFTA» (p. 23). Porém, cedo chegaram à conclusão de que um mero acordo comercial, embora o mais provável, não era suficiente. As preocupações com o então Ultramar são também expressas no relatório: «Se as províncias ultramarinas não forem abrangidas pelo acordo que se pretende negociar com a CEE, surgirá o risco de elas constituírem com a Rodésia praticamente os únicos territórios da África tropical não ligados àquela Comunidade por arranjos de comércio preferenciais» (p. 39).

Entre as conclusões do referido relatório avulta a consciência manifestada pelos seus autores, logo no seu ponto primeiro, de que «o desaparecimento da EFTA, inevitável se a Inglaterra vier a entrar na CEE, implicará graves consequências para Portugal, se não conseguirmos um arranjo aceitável com a Comunidade alargada».

Essa primeira conclusão esbarrava, porém, com «as actuais condições da Metrópole (e por maioria de razão as do Ultramar)», que tornavam «inevitável a adesão ao sistema criado pelo Tratado de Roma». Parecia ainda que seria aconselhável procurar «nas futuras negociações evitar por nossa parte declarações tendentes a excluir totalmente as possibilidades de uma adesão futura, já que será mais fácil mobilizar a nosso favor algumas boas vontades senão expusermos ideias que envolvam uma contradição doutrinária a respeito dos princípios que informam a CEE» (p. 136).

Era a morte da influência de Teixeira Sampayo na percepção do papel de Portugal na integração europeia.

Como quarta conclusão, o relatório aponta para a figura da associação com a CEE nos termos do artigo 238.º do Tratado de Roma, «cuja elasticidade nos permitirá, se formos afortunados na negociação, estabelecer com a CEE fórmulas de colaboração que um acordo de comércio dificilmente poderia abranger. O facto importante de pertencermos à EFTA dar-nos-á talvez maior peso para negociar um tratado de associação e para tentar evitar uma solução do tipo da que a Espanha teve de aceitar por lhe não estar aberto outro caminho» (p. 136).

Deste modo, se o Governo de Marcelo Caetano concordasse com essa estratégia do pedido de associação nos termos do artigo 238.º do Tratado de Roma, que permitia à CEE poder «concluir com qualquer Estado terceiro, união de Estados ou organização internacional acordos destinados a criar uma associação caracterizada por direitos e obrigações recíprocas, acções em comum e procedimentos especiais», então o Estado português teria de decidir se só se trataria da situação da Metrópole com Bruxelas ou se se deveria, «contrariamente ao que se fez nas negociações da EFTA, exigir que os territórios ultramarinos (fossem) incluídos nas conversações» (p. 137).

Tratava-se, como era por demasiado evidente, «de uma grande opção política que só do Governo depend(i)a». Mas era opinião daquela comissão não se afigurar «viável um acordo com a Comunidade em que participem os territórios ultramarinos portugueses, podendo até acontecer que o simples facto de se levantar desde já o problema provo(casse) reacções suficientemente fortes para diminuir, de modo considerável, as já reduzidas probabilidades de êxito de uma negociação relativa à Metrópole» (p. 137).

As conclusões dessa comissão têm um carácter eminentemente político-negocial nos seus pontos sétimo a décimo segundo. Dado o seu interesse e sintetismo aqui se transcrevem para utilidade geral e para ajuda à compreensão dos problemas e do espírito da época:

«7) Convém assinalar que à comissão não escapou a compreensão de que uma eventual associação dos territórios ultramarinos à CEE teria grandes vantagens políticas. Mas o exame das posições tomadas pela Comissão de Bruxelas e pelos governos dos países membros em relação à África não permite a esperança de virmos nessa matéria a obter ganho de causa;

8) por outro lado, não pode a comissão deixar de manifestar as mais sérias apreensões quanto ao resultado que teria para Portugal no seu conjunto a perda das possibilidades que porventura teremos, especialmente devido à nossa

participação na EFTA, de não ficarmos isolados, ou só em companhia da Espanha, numa situação marginal relativamente a uma Europa em que todos os outros países fora da órbita soviética hajam decidido renunciar às barreiras aduaneiras que os separam e caminhar juntos no sentido de uma harmonização efectiva das suas economias;

9) acresce que o trabalho de análise a que se procedeu mostra que os prejuízos do Ultramar, pelo facto da sua exclusão de um eventual acordo, são muito inferiores aos prejuízos que à Metrópole causaria a situação de isolamento que acima se referiu. Não pode ignorar-se que um abalo sério na economia metropolitana teria a breve trecho desastrosas repercussões na situação dos nossos territórios situados em outros continentes;

10) daqui resulta que, salvo o respeito devido a uma decisão contrária que o Governo no plano político entenda dever tomar, a nossa posição perante a CEE parece, por agora, não poder ser outra senão a de começar por procurar um arranjo para a Metrópole que nos abra as portas de uma estreita colaboração com a Comunidade, sem deixar de assegurar a protecção dos sectores mais frágeis da nossa economia e sem ficarmos impedidos de apresentar mais tarde pedidos relativos ao Ultramar, que uma eventual evolução favorável da conjuntura internacional venha a tornar viáveis;

11) é certo que se lembra no relatório a possibilidade de fazer sondagens diplomáticas nas diferentes capitais, se o Governo as julgar convenientes, para colher algum elemento adicional sobre a viabilidade de apresentar em Bruxelas um pedido que abranja os territórios ultramarinos, mas não será descabido acentuar que tais diligências, a serem feitas, exigiriam as mais rigorosas precauções em ordem a evitar reacções, já acima aludidas, que em última análise tornariam ainda mais complicadas as negociações que vamos encetar e sobre cuja extraordinária dificuldade os dados reunidos neste relatório, e sobretudo os que constam no seu Capítulo IV, não consentem quaisquer dúvidas;

12) no que se escreveu tomou-se como hipótese de trabalho a probabilidade de que as negociações entre a Inglaterra e a CEE – que condicionam todas as demais – terminarão com resultado positivo. Não sofre dúvida de que a hipótese contrária, ou seja, a de um inêxito dessas negociações (que, aliás, certas correntes dentro e fora dos países de Mercado Comum ainda desejam) aliviaria de momento as preocupações portuguesas, porquanto prolongaria a vida da EFTA, assegurando a manutenção de um estado de coisas que nos tem trazido considerável benefício. Mas estando, como está, em causa nada menos do que a futura posição da Europa num mundo cada vez mais dominado por potências gigantescas, não parece que nos convenha formar – e ainda menos formular – a esperança de que agora se repita o que aconteceu em Janeiro de 1963, quando o general De Gaulle opôs o seu veto à entrada da Grã-Bretanha no sistema do Tratado de Roma» (pp. 137-139).

Assinam este relatório, datado de 26 de Setembro de 1970, Ruy Teixeira Guerra, José Calvet de Magalhães, Alberto Nascimento Regueira, Álvaro Ramos Pereira, Carlos Lourenço, Ernesto João Fervença da Silva, Eugénio de Castro Caldas, Ilídio Barbosa (com declaração de voto), João Cravinho, Joaquim Nunes Mexia, José da Silva Lopes, Luís Figueira, Rui dos Santos Martins, João Vieira de Castro.

Para todos tornara-se claro que a posição do Estado português face à integração europeia dependia da questão da natureza do regime autoritário e da resolução do problema ultramarino numa perspectiva de independência para os territórios africanos. Não fora o desbloqueamento da adesão do Reino Unido à CEE e tudo restaria quedo.

Em 22 de Janeiro de 1972, foram assinados os tratados de adesão do Reino Unido, Dinamarca, Irlanda e Noruega, que não ratificou. As negociações com os outros países da época culminaram com as assinaturas, em 22 de Julho daquele mesmo ano, dos acordos entre as Comunidades e a Áustria, Islândia, Portugal, Suécia e a Suíça. A Noruega e a Finlândia assinaram acordos idênticos no ano seguinte. Como se vê, não houve uma posição singular do Estado português nessa aproximação à CEE, antes ela foi ditada pela entrada do Reino Unido no Mercado Comum e pela necessidade de harmonizar a posição portuguesa com as dos restantes países da EFTA que, por motivos vários, não aderiram então às Comunidades Europeias.

As negociações decorreram em Dezembro de 1971 e terminaram com a assinatura do Acordo de Comércio Livre Portugal-CEE, e do Acordo Portugal-CECA sobre o comércio dos produtos siderúrgicos, ambos firmados a 22 de Julho de 1972, em Bruxelas.

Como já sucedera com a entrada na EFTA, o Estado português conseguiu nos acordos de 1972 com as Comunidades Europeias períodos de desmantelamento tarifário mais longos; cláusulas permitindo a criação de indústrias novas; concessões especiais nos direitos aduaneiros para as exportações de conservas de peixe, concentrado de tomate, vinho do Porto, da Madeira, e para o moscatel de Setúbal. As Comunidades submeteram, por seu lado, ao regime de quotas as importações provenientes de Portugal para os chamados «produtos sensíveis», incluindo as obras de cortiça e os produtos têxteis e do vestuário, os quais representavam então vinte e três por cento das exportações totais portuguesas para os Nove.

A «cláusula evolutiva» presente no Acordo de Comércio Livre entre Portugal e a CEE de Julho de 1972 merece um comentário atendendo ao relevo que lhe foi dado depois da instauração da democracia em Portugal. São vários os testemunhos, sobretudo proferidos por diplomatas, que assinalam a constituição de um grupo de altos funcionários favorável a uma aproximação cada vez maior com a CEE. Esse grupo seria constituído por Ruy Teixeira Guerra, José Calvet de Magalhães, Siqueira Freire, Lencastre da Veiga, Fernando Reino, Pedro Ordaz, José Silva Lopes, João Cravinho e Raquel Ferreira entre outros.

Estariam de acordo até com uma política de democratização e de descolonização que permitisse essa integração europeia[31].

---

[31] Ver Reino, Fernando, *Portuguese-Spanish Relations in The Context of a United Europe*, Lecture at Camões Centre-Columbia University, 1989, pp. 16-17,

De certa maneira, eram elementos de um corpo de Estado e da administração pública a pensar o país para além do regime autoritário e colonialista.

Mas o certo é que foi necessário esperar pelo derrube do regime da Constituição de 1933 para que a «opção europeia» do Estado português fosse claramente feita. Para isso, o Estado português teria de se desembaraçar do regime político bloqueador.

V – A MUDANÇA DE REGIME POLÍTICO E A OPÇÃO EUROPEIA

A Revolução de Abril de 1974 também se definiu através das suas posições no campo internacional, pelo que não será exagero afirmar que grande parte das atenções mundiais concentradas na experiência portuguesa se filiaram muito mais na importância geral atribuída à opção final da sua política externa do que na escolha do regime político, económico e social interno para a sociedade portuguesa. E não é de mais acentuar que a futura opção europeia do regime democrático em 1976 representou um corte com as políticas africanas, terceiro-mundistas, gonçalvistas e europeio-comercialistas que ainda em 1975 se digladiavam nas mais altas instâncias do poder político.

Desde que o I Governo Constitucional, presidido por Mário Soares, apresentou, com êxito, o pedido de adesão à CEE, a 28 de Março de 1977, que se desenvolveu uma linha interpretativa acentuando pretensas continuidades estratégicas e políticas de uma «integração europeia» que teria as suas raízes na participação portuguesa na EFTA em plena vigência do salazarismo e se prolongaria até ao acordo de 1972 com a CEE derivado da entrada da Grã-Bretanha no Mercado Comum. Nessa linha a própria Espanha franquista concluiu um acordo comercial com a CEE ainda em 1970, no seguimento de outros países mediterrâneos!

---

e também, do mesmo autor, «As relações luso-espanholas no contexto de uma Europa unida», *Política Internacional,* n.° 2, Lisboa, 1990, pp. 37-57.

A haver uma linha de continuidade europeia ela entronca então na participação de Portugal na 1ª Guerra Mundial e na Conferência de Paz de 1919, onde a delegação portuguesa se bateu por aquilo a que chamamos hoje "fundos estruturais".

Entre uma reflexão pessoal e uma decisão política democrática não há, por natureza, uma linha directa e linear. Não pretendo abalar esse estado de coisas, mas também não posso esconder que, desde o início da década de 70, tinha proposto a adesão de Portugal à CEE, após o derrube da ditadura. E tenho particulares responsabilidades não só na redacção do Programa do I Governo Constitucional, na parte respeitante ao capítulo da política externa, como na organização e rapidez do pedido de adesão em Março de 1977, na minha qualidade de ministro dos Negócios Estrangeiros daquele governo.

Em sucessivos artigos para a *Seara Nova* e para o jornal *República*, assim como numa breve polémica com João Martins Pereira no *Comércio do Funchal*, em 1972, havia anunciado essa minha posição, suficientemente incómoda quer para a direita, quer para a esquerda. Foi todavia na tese enviada para o *Congresso da Oposição Democrática em Aveiro*, realizado em Abril de 1973, que lhe dei a formulação que seria retomada três anos depois no programa do I Governo Constitucional apresentado à Assembleia da República em Agosto de 1976.

Com efeito, enquanto na tese *Da Necessidade de Um Plano para a Nação* se lê o seguinte: «Na realidade, *no preciso momento em que o processo de integração europeia se acelera e nos abrange, com riscos a médio prazo, mas com enormes vantagens a longo*, no caso de estarmos preparados, encontra-se o país a contas com uma guerra colonial longa de mais de dez anos»[32], já no programa do I Governo Constitucional, em que participei, adoptou-se esse trecho para: «Ora, a descolonização efectua-se *no momento preciso em que a integração europeia se acelera e nos abrange,*

---

[32] Ferreira, José Medeiros, «Da Necessidade de Um Plano para a Nação», in *III Congresso da Oposição Democrática de Aveiro*, 8.1 Secção, Lisboa, Ed. Seara Nova, 1974, p. 13.

com certos riscos a curto prazo, mas com evidentes vantagens posteriores».[33]

Creio que não passa despercebida a ninguém a coincidência, que não é pura, entre os dois textos, separados por três anos, por uma revolução e pela passagem da oposição à ditadura às responsabilidades governativas democráticas.

Outra afinidade entre a tese de Aveiro e o capítulo de política externa do programa do I Governo Constitucional encontra-se no respeitante ao tema das relações com África como um dos pressupostos para a integração europeia de Portugal.

Nas conclusões do texto enviado para o Congresso de Aveiro propunha que «o processo de descolonização portuguesa, inscrevendo-se num quadro político mais vasto que é o da criação de uma zona Europa – África, terá de ter esta em conta».

Este tópico foi retomado no programa governamental sob a epígrafe das «Relações com os novos países africanos», onde já em 1976 se detectava «um movimento desses novos países africanos para virem a aderir à Convenção de Lomé. (...) Entronca aqui uma das razões para que Portugal venha a integrar-se no Mercado Comum».[34]

Eis um dos pressupostos explícitos do pedido de adesão de Portugal à CEE que se confirmou plenamente. Quando a República Portuguesa assinou o Tratado de Adesão à CEE todas as ex-colónias africanas eram já membros da Convenção de Lomé. Ter tido em conta esse dado em 1973, quando ainda vigorava o mito do espaço económico português, e também em 1976, quando era convicção geral que a maioria dos regimes saídos das independências eram

---

[33] Ver *Programa de Governo*, apresentado na sessão da Assembleia da República de 2 de Agosto de 1976, Lisboa, Ed. da Secretaria de Estado da Comunicação Social, 1976, pp. 71-75.

[34] Ver *Programa de Governo*, apresentado no sessão da Assembleia da República de 2 de Agosto de 1976, Lisboa, Ed. da Secretaria de Estado da Comunicação Social, 1976, pp. 71-75.

reféns de Moscovo, não deixa de me merecer hoje uma referência orgulhosa.

Entre a elaboração da tese enviada para o Congresso de Aveiro em 1973 e a assunção de responsabilidades governamentais entre Setembro de 1975 e Outubro de 1977, consolidei essa «opção estratégica» que foi tomada e executada rapidamente e com êxito nos primeiros seis meses de vigência do I Governo Constitucional. Como afirmou Bettencourt Resendes no *DN* de 21 de Janeiro de 1977: «Quando Mário Soares se deslocar em Fevereiro às capitais dos países membros da CEE encontrará uma boa parte da Europa dos Nove aberta e receptiva; encontrará uma Europa já moldada por uma prévia e notável campanha diplomática.»[35]

Em 1980, o Professor Paulo Pitta e Cunha afirmou que «o programa do I Governo teve o mérito de haver introduzido o princípio da adesão; mas fazia-o só a propósito da matéria da política externa, como se não houvesse a consciência de que o ingresso na CEE teria implicações não só ao nível geral da política de desenvolvimento, como no domínio das acções económicas sectoriais e no próprio traçado das regras de funcionamento da economia».[36]

É demasiado severo o professor da Faculdade de Direito de Lisboa, e convém situar o texto nas discussões desencadeadas em Portugal, após o êxito do pedido de adesão. Uma delas dizia respeito à compatibilidade, ou não, da Constituição aprovada em 1976 com a entrada numa economia de mercado. Questão jamais levantada durante o processo do pedido de adesão.

Na carta que dirigi ao ministro dos Negócios Estrangeiros britânico David Owen, em 28 de Março de 1977, na sua qualidade de presidente em exercício do Conselho de Ministro das Comunidades, quando a República Portuguesa depositou o seu pedido de adesão, nos termos do artigo 237 do Tratado, empenhei a minha

---

[35] *Diário de Notícias*, edição de 21 de Janeiro de 1977.
[36] Cunha, Paulo Pitta e, «O Sistema Económico Português e a Adesão ao Mercado Comum», in *Portugal e o Alargamento da CEE*, Lisboa, Inter-Europa, 1981, p. 63.

própria responsabilidade política e pessoal no processo de integração de Portugal na Comunidade Europeia.[37]

É necessário referir que, já em 20 de Setembro de 1976, quando assinei em Bruxelas os protocolos comercial e financeiro entre Portugal e a CEE, tinha afirmado que o Governo português iria pedir em breve a adesão às Comunidades.[38]

E perante a insistência dos rumores que davam conta de uma contraproposta de pré-adesão para a República Portuguesa, reafirmei, em 28 de Janeiro de 1977, em Estrasburgo, que o Governo só aceitaria a adesão plena. Foi a fase do «ou tudo, ou nada».

Ainda antes das viagens, chamei às Necessidades, a 4 de Fevereiro de 1977, todos os embaixadores nas capitais dos nove a quem foram dadas instruções pessoais para informar cada um dos Estados membros sobre o objectivo daquelas: pedir formalmente a adesão às Comunidades. A partir de então não haveria recuo para nenhuma das partes!

Na sua sessão de 5 de Abril de 1977, o Conselho de Ministros da CEE, reunido no Luxemburgo, decidiu iniciar o processo de adesão de Portugal àquele organismo nos termos dos respectivos tratados, o que foi comunicado ao Governo português em carta assinada pelo presidente em exercício da Comunidade Europeia, o ministro dos Negócios Estrangeiros britânico, David Owen.[39]

Considero admirável a condução do processo político diplomático que levou à abertura das negociações parta a adesão plena da República Portuguesa à Comunidade Europeia.[40]

---

[37] Ver *Boletim da Comissão Europeia*, n.º 3/77.
[38] Ver *Idem*, n.º 9/76.
[39] *Vencer a Crise, Preparar o Futuro. Um Ano de Governo Constitucional*, Lisboa, Secretaria de Estado da Comunicação Social, 1977, pp. 370-371.
[40] Ver Ferreira, José Medeiros, *A Nova Era Europeia – De Genebra a Amesterdão*, Lisboa, Editorial Notícias, 1999.

AS PERSPECTIVAS DEPOIS DE NICE

António Vitorino

Atrevo-me a dizer que é perigosíssimo falar nesta fase do debate porque, como as intervenções anteriores versaram sobretudo sobre o passado, e até permitiram uma síntese da aquietação dos portugueses com a história (que é talvez um dos fenómenos mais raros e característicos da nossa colectividade), para quê perturbar esta harmonia com um discurso inoportuno sobre o futuro, que só pode relançar a inquietação e a angústia? Até porque neste aspecto somos relativamente parecidos com os chineses (embora salvaguardadas as devidas distâncias, que, neste caso, não são apenas de quantidade), que costumam dizer que não têm medo do futuro, só têm medo do passado. A lógica do sistema chinês é a de que o passado está constantemente a ser rescrito e, assim, nunca sabem qual é a versão politicamente correcta do passado até para não correrem os riscos no presente e no futuro.

*

Nesta conjuntura é-me pedido que aborde a Europa após Nice, ou seja, que faça um exercício de futurologia, o que, nestas matérias, é extremamente arriscado atendendo aos paradigmas que aqui tivemos hoje de manhã. O Doutor Medeiros Ferreira, em 1973, anteviu – perante a incompreensão do Congresso de Aveiro – que estava próximo o derrube do regime pelas forças armadas, tendo, contudo, aquela sábia presciência de não dizer quando. O que faz com que eu não me atreva a fazer quantificações de futurologia a não ser na linha de Jacques Attali que diz que o único político prudente à face da Terra é aquele que faz previsões a cem anos de vista. Correm, portanto, o risco de vos ir falar da Europa daqui a cem anos...

O meu ponto de partida para falar da Europa depois de Nice é o da lógica aristotélica, que manda dizer que só há Europa depois de Nice se houver Nice. O Tratado de Nice não está garantido, porque os irlandeses o rejeitaram em referendo – e nada nos deixa antever quando é que esta crise existencial será resolvida por parte dos irlandeses.

Mas, verdadeiramente, o problema que vejo para o pós-Nice é de que o episódio irlandês não é um episódio isolado, inscreve-se numa onda mais profunda de preocupação sobre o futuro da União Europeia. Aquilo a que alguns autores chamaram "o mal-estar europeu", que tanto é expresso nas baixas taxas de participação dos eleitores nas eleições para o Parlamento Europeu, como na rejeição dos dinamarqueses do Euro, como numa certa desconfiança dos europeus em relação à Europa, que mais do que uma desconfiança – para tomar de empréstimo o título de um livro do Doutor Eduardo Lourenço – é "O Desencantamento dos Europeus com a Europa".

É ao nível tanto afectivo quanto cultural que coloco a questão essencial do futuro da Europa. Daí que a Declaração n.º 23 anexa ao Tratado de Nice (que os Chefes de Estado e de Governo fizeram para identificar quais seriam as linhas de reflexão do futuro da Europa) seja, de alguma forma, uma expressão de má consciência sobre a inutilidade histórica deste Tratado. No fundo, Nice resolveu questões de intendência, como o Professor Barbosa de Melo sublinhou. Mas, manifestamente, o Tratado de Nice não relançou a alma da construção europeia como, provavelmente, a conjuntura actual exigiria e até imporia. Daí que o debate sobre o que vai ser o futuro da Europa depois de Nice esteja, neste momento, a aproximar-se de uma daquelas fases onde, na tragédia grega, é incontornável que o coro venha ao proscénio e explique à assistência qual é a chave da interpretação da intriga da tragédia. E das duas uma: ou o coro vem dizer que a questão do futuro da Europa é resolver aqueles quatro *leftovers* de Nice (papel dos parlamentos nacionais, simplificação dos tratados, repartição de competências entre a União e o nível nacional e a inserção da Carta dos Direitos Fundamentais), uma espécie de intendência funcional destinada a resolver alguns problemas que alguns Estados membros têm com o actual estado de integração europeia (e essa pode ser uma das revelações do Conselho de Laeken); ou, pelo contrário, Laeken será a ocasião em que os Chefes do Estado e do Governo aceitam pôr tudo em causa e respondem aos europeus sobre se o projecto da União Europeia vai ou não entrar numa fase nova, uma fase de natureza eminentemente constitucional.

Sei que as palavras queimam. Sei que a expressão "constituição" é uma expressão que faz tremer alguns espíritos (sobretudo os meus colegas na área do Direito Constitucional), mas estou convencido de que a única forma de responder ao mal-estar europeu e ao desencanto europeu é aceitar que o método funcionalista da integração económica geradora da integração política segundo a metodologia do "parto sem dor" atingiu o seu limite e que, neste momento, o parto tem de ser feito, mas com dor.

E a dor significa dizer o que é queremos fazer juntos para o futuro desta aventura europeia. Desaconselho, vivamente, que o debate sobre o futuro da Europa seja antes de mais um debate sobre instituições. Citaria uma frase muito típica das forças militares que dizem *l'intendance suit*. As instituições não podem ser o prato forte de um debate sobre o futuro da Europa, têm de ser a consequência ou o resultado de uma vontade política, que identifique quais são os valores, os princípios e os objectivos a atingir em conjunto – e, consequentemente, decidir que orgânica satisfaz esses objectivos.

*

Tenho uma enorme dificuldade em participar num debate que seja uma querela entre federalistas e soberanistas, porque não é aí que deve estar o centro de gravidade do debate do futuro da Europa. Julgo, ainda, que algumas leituras mecanicistas de transposição para a dimensão do continente de modelos organizacionais e institucionais pensados na sua génese para um Estado nacional (seja ela a lógica de uma federação ou a de um super-Estado europeu centralizado), são visões institucionais empobrecedoras da dimensão e do alcance do desafio com que nos confrontamos nesta fase de refundação institucional e constitucional da União Europeia.

E digo refundação, porque estou profundamente convencido que, com o alargamento e a duplicação do número de Estados membros, nos confrontaremos com uma reformulação do projecto europeu não como *business as usual*, mas como uma verdadeira refundação do projecto europeu. Esta refundação passa não apenas pela circunstância de saber como acomodar a repartição dos votos no Conselho, pelo número de lugares dos Comissários à volta da mesa, ou em termos de deputados ao Parlamento Europeu a 12 ou 13 Estados candidatos ou, quem sabe, aos outros que se seguirão; mas, sobretudo, por um exercício de alguma humildade intelectual na resposta à desconfiança com que os europeus olham para o projecto europeu.

E essas respostas não são institucionais. Há uma grande indiferença por parte dos cidadãos europeus sobre o fenómeno europeu. Este só se justifica se trouxer um valor acrescentado à resolução das preocupações e dos problemas que os europeus sentem no seu quotidiano. Daí que tenha simpatia pela ideia de que a Europa não pode ser mais um OPNI (Objecto Político Não Identificado) – como dizia Delors – mas que este exercício deve transformar-se, provavelmente, num OPRI (Objecto Político Relativamente Identificado) e que nessa identificação relativa temos de caracterizar conceptualmente três pontos essenciais.

*

Em primeiro lugar, clarificar que não há um povo europeu. Esclarecer que nada no projecto europeu legitima a criação de uma ficção de um Estado ou de uma Federação que tenha como pressuposto ou como resultado final a uniformização, a harmonização de uma realidade humana, que é a realidade da diversidade étnica, cultural e linguística própria dos europeus. Não há um povo europeu, nem vamos embarcar numa construção teórica que invente, a partir das necessidades do discurso ideológico, um povo europeu. Há povos europeus, e a diversidade dos povos europeus não retira legitimidade ao exercício de um poder constitucional. Aos constitucionalistas deve ser pedida essa pequena agilidade mental de aceitar que o conceito de poder soberano (um povo que autonomamente num território exerce uma função suprema de se auto-dotar de uma forma de organização política) é uma concepção do passado, e que a função social e política de uma Constituição está para além dessa lógica – de refém de um poder soberano construído à imagem e à dimensão de um Estado nacional. Se a Constituição quiser ter futuro terá de mudar de rumo e ultrapassar essa concepção de poder soberano nacional.

*

O segundo princípio da Constituição europeia é o da dupla legitimidade do projecto europeu: uma legitimidade que decorre de povos e de Estados. A originalidade do projecto europeu é a de ser a síntese organizacional do ponto de vista das instituições, mas também do ponto de vista dos conteúdos políticos, dessa dupla legitimidade. Isto é, uma legitimidade de convivência de povos e uma legitimidade de convivência de Estados. O exercício de uma Constituição europeia justifica-se na distinção entre o que é o *core business* da União Europeia e o que é a adiposidade adjacente, que não é essencial ao sucesso da aventura europeia. Este exercício da definição do *core business* da União Europeia, que será a essência do Tratado Constitucional Europeu ou, se quiserem, da Constituição Europeia, passa pela identificação dos valores que nos mantêm agregados nesta aventura, pela identificação da Carta dos Direitos Fundamentais (como expressão da cidadania europeia, do respeito pela dignidade da pessoa humana e como elemento estruturante de uma identidade europeia partilhada por todos os povos europeus) e pela definição de um conjunto de princípios estruturantes das políticas comuns, que representam a *Magna Charta* da Solidariedade Europeia.

Este *core business* (Carta dos Direitos Fundamentais, valores da cidadania e os princípios essenciais das políticas comuns) é a componente unânime do compromisso constitucional europeu que deve integrar um tratado sujeito à legitimação popular de todos os povos europeus, e que só por unanimidade possa ser alterado. Tudo o mais deve ser deixado a mecanismos mais flexíveis de alteração e de adaptação à evolução da vida quotidiana. Isto significa aceitar um corolário para o qual muitos de nós não estamos preparados. À expressão *acquis* comunitário (o acervo comunitário, o adquirido comunitário), que nunca ninguém conseguiu traduzir exactamente para português, está subjacente a ideia do que é transferido para o nível europeu lá fica *ad aeternum*, e que a lógica do processo de integração europeia é uma lógica de sentido único, de um constante acrescer ao nível central em detrimento do nível nacional. Essa é, quer queiram quer não, a lógica da organização federal da União Europeia, que não é manifestamente, no meu entender, a lógica que deve presidir a um exercício constitucional.

Neste exercício constitucional em que nos vamos envolver, há que reconhecer certas competências que, hoje, estão a nível europeu e são exercidas pelas instâncias europeias, mas que podem e devem ser devolvidas para o nível nacional – se não mesmo para um nível infra-nacional (para o nível regional ou até mesmo local). Isto é, a revisão constitucional europeia é uma revisão de duplo sentido, na qual devemos reconhecer que há questões onde a lógica de prossecução do objectivo político central da União Europeia justifica a transferência de competências do âmbito nacional para o âmbito europeu, assim como o processo de via inversa deve também ser aceite como possível. E é aí que se lança uma nova luz sobre o debate sobre as identidades nacionais. Numa época de globalização competitiva e comunicacional, o problema da política e da construção do contrato político moderno reside no facto de que o cidadão individualmente considerado está cada vez mais perdido na procura de um sentimento de pertença e que, cada vez mais, cada um de nós é detentor de um sentimento de múltiplas pertenças com níveis distintos de adesão às estruturas – sejam elas sociais, culturais, políticas ou económicas.

Por fim, dizia há pouco tempo o Doutor Eduardo Lourenço, que ninguém está disposto a morrer pela Europa. Que não há um patriotismo europeu que, manifestamente, justifique dar a vida pela Europa como qualquer um de nós aprendeu na escola que pela Pátria se dá a vida. No meu entender, o erro dessa lógica é pensar que o patriotismo europeu tem que assentar na mesma concepção de pertença em que assenta o patriotismo nacional. Não tem que ter a mesma intensidade, nem o mesmo comprimento de onda, mas tem que ser compatível a pertença a uma identidade supra-nacional como a Europa, com a pertença a uma identidade nacional como um país, como também a pertença a uma identidade regional como sucede em muitos Estados membros da União Europeia, onde devo dizer (não vou dar nenhum exemplo para não ser politicamente incorrecto) que o sentimento de pertença regional é pelo menos tão forte como o sentimento de pertença a um espaço nacional.

Esta pertença múltipla a diferentes espaços de inserção é, em meu entender, uma vantagem que temos na União Europeia e que deve ser potenciada no quadro de uma repartição de competências entre os grandes níveis de agregação de poderes políticos seja a nível europeu, nacional, regional ou local. Se este exercício constitucional que identifique os objectivos comuns, que respeite a diversidade das entidades e das múltiplas pertenças dos cidadãos, for realizado com sucesso até 2004, vai colocar-se a questão de se saber se estes diversos níveis de integração podem continuar a manter agregada numa estrutura única a realidade da União Europeia a 27 ou a 30 Estados membros. E nós portugueses, que somos um país que neste percurso de aproximação à Europa transporta às costas um certo complexo de pericidade, devemos ter uma estratégia clara quanto à questão central do desafio da construção europeia. Estamos ou não estamos apostados em estar no centro? E que centro de construção europeia é que queremos edificar?

*

A minha resposta (tal como Medeiros Ferreira, em 1977, teve que tomar uma opção estratégica) é a de que nós, actualmente, estamos confrontados com uma tal opção estratégica. Não diria equiparada, porque ela decorre da de 1977, com consequências profundas na agenda política interna e na lógica do nosso relacionamento com o conjunto do projecto europeu. Reconhecemos ou não que é necessário haver um núcleo duro propulsor do processo de integração europeia para garantir que a construção europeia não corre o risco de se dissolver numa mera zona de comércio livre?

E se acharmos que deve haver um núcleo duro, deveremos responder a duas perguntas: em que é que ele deve assentar? Devemos ou não devemos estar lá? A minha resposta é que ele deve existir e assentar num elemento mais profundamente federal, que tem a construção europeia e a moeda única (que é o núcleo duro, isto é, a vanguarda aberta) enquanto elemento propulsor do conjunto dos países que partilham entre si o projecto de integração europeia. A resposta que Portugal deve dar é uma resposta inspirada no slogan que vi recentemente nas ruas de Lisboa: "Eu fico"!

COMENTÁRIO

J. J. Gomes Canotilho

Coube-nos a honra de moderar o tema "Desafios Políticos" no *Colóquio Portugal e a Construção Europeia*. Ao escrever, *a posteriori*, estas breves palavras de apresentação, gostaria de glosar as palavras de Erich Kästner: "Nada é bom a não ser aquilo que se faz". Como se poderá verificar pelos riquíssimos textos inseridos neste volume, todos os autores procuraram compreender, em termos históricos, culturais e políticos, aquilo que se faz e aquilo que se está fazendo.

Também, de uma forma ou de outra, demonstraram confiança na construção das ideias, na preservação de identidades, na participação em instituições internacionais, nas trajectórias a desenvolver no futuro. Quando assim é, poderíamos dizer, parafraseando R. M. Rilke, que "é forte quem tem confiança".

De qualquer modo, compreender-se-á que quem discute os desafios políticos procura sempre a recuperação – reconstituição das representações políticas ao mesmo tempo que propõe aos seus contemporâneos uma partilha de momentos republicanos – virtude, fortuna, liberdade, cooperação, identidade – julgados momentos fundamentais de qualquer comunidade política. Os autores dos textos e das intervenções orais, todas insistiram numa espécie de "porta aberta" que ao mesmo tempo que entreabre o *zôom politikon* em que se forjaram nações e representações, lança o olhar para as ambiguidades das propostas reconstrutivas ou construtivas e para as fragilidades de algumas experiências históricas. Quando não sabemos o que virá a acontecer "depois de Nice", pelo menos estamos de acordo com as bases políticas do futuro: estados ou associações de estados segundo a via do direito e eticamente validados.

PARTE III

O QUADRO ECONÓMICO: RISCOS E OPORTUNIDADES

A PARTICIPAÇÃO DE PORTUGAL NA EFTA

VALENTIM XAVIER PINTADO

É-me particularmente grato participar neste Colóquio e poder dar a minha contribuição, ainda que modesta, porquanto o tema que nele se debate está estreita e profundamente associado à minha vida – àquilo que vivi – e à vida e história do meu País.

Aceitei, por isso, o desafio de um testemunho sobre o mesmo. E fi-lo, digo, gostosamente.

Todavia, embora estreitamente ligado à vida dessa Organização que se chama EFTA, e que constituiu a 1.ª Zona de Comércio Livre da História, no pleno sentido da palavra, durante duas décadas (17 anos como membro do seu Secretariado e três anos e meio como membro do seu Conselho de Ministros) não tomei parte no processo de adesão de Portugal a esta Organização.

Também me não encontro na posição de Gérard Bauer, antigo ministro e Delegado da Suíça na OECE e na CECA e Presidente do Comité Executivo da OECE, que dizia num Seminário realizado na EFTA sobre as origens desta Organização, não ter participado no seu nascimento, por grande que tenha sido o seu envolvimento em todo o quadro que lhe deu origem. A minha posição foi antes a de alguém que participou na vida da Organização já como instituição madura.

O meu testemunho, vivido ou recolhido durante esse envolvimento nos problemas da integração europeia e da nossa abertura à Europa, poderá ter, assim, apenas um interesse: o de alguém que não tendo estado ligado ao processo de decisão inicial o acompanhou depois durante quatro quintos do tempo da nossa participação na Organização. Poderia, todavia, dizer como Olivier Long, Director

Geral do GATT de 1968 a 1980: "Je m'en tiendrai à quelques remarques et impréssions d'ancien combattant, voire à la petite histoire".

1. A Adesão de Portugal à EFTA: a opção possível e a opção correcta

Quando confrontados com a necessidade de definir a ligação da nossa economia, e em particular os nossos laços comerciais ao exterior, quatro alternativas fundamentais foram avançadas ou, pelo menos, ventiladas:

a) Uma primeira, que não constituía alternativa propriamente dita, consistiria em fecharmo-nos na construção de um Espaço Económico Português formado por um Portugal Europeu e um Portugal Africano.

b) Uma 2.ª, também falsa ou ilusónia, embora avançada por alguns, consistia no estreitarnento das relações económicas com a Espanha e o Brasil e países da América Latina.
Não constituía, efectivamente, alternativa porquanto mesmo para Marcelo Caetano, o estreitamento das relações comerciais com a Espanha, que examinei com ele, seria de considerar sim, mas num quadro europeu mais amplo como o da EFTA ou o da CEE, mas não num quadro puramente bilateral que nos deixaria numa situação de vulnerabilidade. E as relações comerciais com a América Latina seriam sempre de significado limitado, não se podendo formar com ela uma zona ou bloco preferencial regional por não constituirmos, com esta área do globo, uma zona preferencial "natural".

c) Uma alternativa que poderia ter sido considerada, mas nos não foi oferecida, e não nos estava efectivamente aberta, era a da adesão à CEE naquele momento.

d) A adesão à EFTA, entretanto, mostrou-se a opção possível e a opção certa.

  i) Primeiro: porque nos permitiu ser o primeiro país dito "periférico", não industrial, a entrar na aventura euro-

peia ou de uma Europa integrada, e de colher relativamente cedo os benefícios dessa integração.
ii) Segundo: porque a EFTA constituía o espaço que melhor se ajustava às nossas necessidades e condicionalismos do momento:

1.º como zona de comércio livre e não união aduaneira, o que permitia manter relações preferenciais com o Ultramar.
2.º por ter em conta o nosso nível de desenvolvimento industrial, através de medidas de protecção especiais, consignadas no Anexo G à Convenção de Estocolmo.
3.º por oferecer às nossas exportações acesso a um mercado não muito diferente em dimensão do da CEE dos Seis (90 milhões de consumidores em vez de 120 milhões da CEE) mas de mais elevado poder de compra médio, e que incluía o nosso principal cliente: o Reino Unido.
4.º por nos ter permitido preparar para uma abertura mais ampla e exigente à Europa, oferecendo-nos mais tarde a porta de entrada com isenção de direitos na CEE mediante o Acordo Preferencial proporcionado aos Países da EFTA com a saída desta e a entrada na CEE do Reino Unido e da Dinamarca em 1973.

Mesmo para a Dinamarca, reconhecida ao tempo como país industrial, a passagem pela EFTA foi considerada "a training ground, for participation in the Community" por Per Kleppe, antigo Secretário Geral da Organização.

Entretanto a Grécia viria a obter alguma abertura ou facilidade de acesso ao mercado europeu em 1961, com a assinatura do Acordo de Associação à CEE, mas a abertura plena desse mercado só lhe seria facultada a partir de 1981 com a entrada deste país na CEE, i.e. duas décadas mais tarde que Portugal.

Pouco antes da nossa adesão à Comunidade Económica Europeia em Janeiro de 1986, o Economista Chefe da Comissão Europeia perguntava-me numa reunião havida em Lisboa: como explica que Portugal deixe um "club de gentlemen", como a EFTA, onde foi acolhido e viveu um quarto de século de bom entendimento, e em larga medida de sucesso e prosperidade, para procurar a admissão num clube de "rough players" como a Comunidade?

Pergunta para a qual não encontrei, na altura, outra resposta senão esta: se o mundo para que caminhamos for um mundo de blocos rivais (e receou-se que o fosse se as negociações do Uruguai Round se tivessem malogrado), mais vale pertencer a um grande bloco que a um pequeno clube, mesmo que se trate, de um bloco de "rough players".

Uma outra razão, que podia igualmente ter sido invocada, era a da perspectiva já delineada de um crescente aprofundamento da integração do espaço da CEE, e posteriormente da UE, em relação ao que se encontrava previsto na Convenção de Estocolmo.

2. Como se nos abriu a Porta da Integração Europeia

Ou, mais simplesmente, como nos foi facultada a entrada na EFTA desde a sua criação?

Muitos se têm posto esta pergunta. E embora eu não seja a pessoa mais qualificada para dar-lhe resposta, creio poder fornecer alguma achega confirmando o que outros já disseram – e em particular o Embaixador Calvet de Magalhães – referindo alguns testemunhos sobre a visão externa dos acontecimentos.

Malograda que foi a tentativa de constituição de uma ampla zona de comércio livre à escala europeia que abrangesse a CEE, o Reino Unido e alguns outros países industriais da Europa, com o fracasso das negociações da Comissão Maudling, o Reino Unido, os três países escandinavos, a Suíça e a Áustria, aos quais se juntou Portugal, procuraram reduzir o âmbito do seu projecto à escala do possível, sem abandonarem a ideia da constituição de uma zona de comércio livre mais ampla na Europa.

Essa zona foi pensada, porém, essencialmente para os países industriais – e não para os países semi-industrializados da periferia (Portugal, Espanha, Grécia, Irlanda e Turquia) e muito particularmente, para responder às necessidades ou condicionalismos do Reino Unido, com a sua ligação ao Commonwealth, tendo em consideração as possibilidades e limitações dos países neutros: Áustria, Suécia e Suíça em particular.

Deveria, por isso:

a) Ser uma zona de comércio livre.
b) Não incluir uma estrutura política ou uma vinculação política que pudesse entrar em conflito com as exigências da neutralidade.
c) E não entrar em conflito com a CEE (exigência sobretudo da Áustria) de modo a deixar aberta a possibilidade de uma futura ligação a esta última.

A Portugal convinha também a figura da zona de comércio livre, por causa, essencialmente, da sua relação privilegiada com os territórios do Ultramar e a limitação dos objectivos da zona aos aspectos comerciais (e não políticos).

Mas Portugal não era qualificado como país industrial nem era país neutro e, sobretudo, da parte de outros países candidatos a membros da Zona existiam em relação a Portugal animosidades ou receios por duas razões fundamentalmente: o seu regime político, considerado não democrático, e a sua posição em relação à independência das "colónias".

Como se tornou então possível passar por cima dessas animosidades e conseguir que da parte de outros futuros membros da Associação Europeia de Comércio Livre se não levantassem objecções à participação de Portugal na Associação como seu membro fundador?

Por um lado, em resultado de um conjunto de circunstâncias que alguns designaram por "chance", mas sobretudo pelo acompanhamento e actuação hábil e atempada no processo por parte da diplomacia portuguesa e, nomeadamente, dos Embaixadores Calvet de Magalhães e Rui Teixeira Guerra.

A "chance" esteve sobretudo no facto de a Suíça ter sido o país escolhido para convocar ou convidar os eventuais países candidatos à formação da Associação e de esta o ter podido fazer de maneira "informal"[1].

Ora a Suíça, e nomeadamente o Ministro Hans Shaffer, manteve sempre uma posição muito clara, de que a missão ou objectivo da EFTA residia na liberalização das trocas entre os países membros, não tendo por função a de "gendarme" dos regimes políticos destes países.

E, pelo menos, nos contactos que mantive com esse membro do Governo Suíço e o Secretário de Estado Paul Joless, sempre encontrei uma atitude de grande abertura e simpatia para com os problemas do nosso País – embora essa atitude se tenha provavelmente fortalecido com a relação de amizade criada com o Ministro Correia de Oliveira e o Embaixador Teixeira Guerra na sequência da nossa participação na EFTA.

Foi esta concepção da Suíça quanto à ideia de uma zona de livre câmbio, como se pretendia que a EFTA viesse a ser, a simpatia por Portugal e o acompanhamento atento dos acontecimentos a esta relativos, com a intervenção atempada da nossa diplomacia, que levaram à nossa participaçao na reunião preliminar realizada em Genebra em 1 de Dezembro de 1958 entre os países que se propunham constituir a zona de comércio livre mais limitada que a ambiciosa e malograda construção inicial do Comité Maudling

Com o objectivo de preparar as negociações tendentes à formação da zona de comércio livre contemplada constituiu-se em Junho de 1959 um grupo de peritos governamentais dos países envolvidos em que Portugal participou.

---

[1] Olivier Long, antigo Director Geral do GATT, refere-se à reunião havida com representantes da Inglaterra, Suécia, Noruega, Dinamarca e Áustria – e à qual se juntou Portugal – como sendo da iniciativa pessoal de Hans Shaffner.

Entretanto as negociações avançaram com celeridade e, em dois dias apenas, a reunião de ministros dos sete países realizada em Estocolmo em 21 e 22 de Julho daquele mesmo ano, dava luz verde ao projecto do Tratado cujos pormenores foram ultimados numa outra reunião em 19 e 20 de Novembro seguinte, também na capital da Suécia, e que, por isso tomou o nome de Convenção de Estocolmo.

Entre 29 de Dezembro desse ano e 4 de Janeiro de 1960 a Convenção foi assinada nas sete capitais e rapidamente ratificada para entrar em vigor em 15 de Abril de 1960.

3. A experiência de Portugal na EFTA

A abertura dos mercados externos e o acesso ao mercado da Europa revelou-se de particular importância para o desenvolvimento dos países do sul da Europa, porquanto o crescimento destas economias foi em larga medida "export-led", ou potenciado pela exportação, tendo estes conseguido taxas de crescimento da ordem dos 10% /ano, das suas exportações, durante as duas décadas que precederam o 1.º choque petrolífero. Isto graças, sobretudo, às reduções pautais conseguidas em sucessivos "rounds" do GATT, e, para Portugal, à sua participação na EFTA desde o início da década de 60 e ao Acordo de Comércio Livre celebrado com a Comunidade Europeia em 1973, que nos foi proporcionado por essa participação.

Esta, entretanto, coincidiu com um período de crescimento rápido da economia mundial e da nossa economia, que favoreceu grandemente mediante a abertura de mercados externos que proporcionaram um aumento muito mais acentuado das nossas exportações para os demais países membros da Associação do que o das nossas exportações totais, não sucedendo o mesmo com as nossas importações do interior dessa área.

Nesse período, com efeito, o valor das nossas exportações para a EFTA, expresso em dólares, aumentou 38 vezes, contra um aumento de 18 vezes das nossas exportações totais, enquanto as nossas importações da EFTA se multiplicaram por 13 apenas. Entretanto a parte da indústria no produto interno elevou-se de 27 para

30% e as exportações de produtos industriais passaram de 50% das exportações totais para 73% dessas mesmas exportações.

Não houve, entretanto, evidência de destruição significativa de indústrias pela concorrência externa durante esse período, enquanto indústrias como a têxtil e do vestuário, da pasta de papel e do concentrado de tomate conheceram uma expansão muito acentuada.

No estudo levado a efeito em 1968 sobre os efeitos da EFTA sobre as economias dos países membros[2] concluiu-se que as nossas exportações foram em 1965 superiores em 37 milhões de dolares daquele tempo do que teriam sido se não fora a nossa participação na EFTA, tendo o Produto Industrial Português aumentado 77% entre 1959 e 1965 e as nossas exportações para a EFTA 143%, contra um aumento de 77% das nossas exportações totais e um acréscimo de 103% das nossas importações da EFTA contra 88% das nossas importações totais.

De acordo com esse estudo Portugal foi o país membro cujas exportações registaram o maior acrescimento entre 1959 e 1965, ao mesmo tempo que beneficiou de um aumento muito significativo de investimento e de um acréscimo considerável de produtividade, especialmente em sectores como o têxtil e da pasta de papel.

4. O quarto de século de Participação de Portugal na EFTA

O quarto de século de permanência de Portugal na EFTA, até à nossa adesão à CEE em 1985, decorreu – podemos dizer – com dignidade e sem incidentes dignos desse nome, num quadro de bom entendimento e de compreensão em momentos de dificuldades por que Portugal passou após a Revolução de 25 de Abril de 1974.

Até essa data, com algumas declarações críticas às nossas posições políticas em reuniões do Conselho Ministerial da Organização, sobretudo por parte da Suécia, mas sem grande eco nos

---

[2] "The effects of EFTA on the economies of Member States" – European Free Trade Association, Genebra, Jan. de 1969.

demais países e mesmo com reacção não apenas da nossa parte mas também da Suíça[3].

Após a Revolução a atitude foi antes de compreensão e de colaboração em face das dificuldades por que passou a economia portuguesa durante a década de 1975/85, e de que a constituição do Fundo da EFTA para o Desenvolvimento Industrial de Portugal – não previsto na Convenção de Estocolmo – constitui um bom exemplo.

Da nossa parte a atitude foi de relativamente satisfatórtio cumprimento das obrigações que nos impunha a Convenção, mas com a exploração das possibilidades de protecção que nos oferecia o Anexo G e com recurso a alguma protecção adicional menos conforme com essas obrigações através do chamado regime de Registo Prévio das Importações, de que veio mais tarde a abusar-se por forma menos dignificante.

Houve também o recurso temporário ao depósito prévio nas importações num período de dificuldades de balança de pagamentos para o qual encontrámos nos nossos parceiros da EFTA, apreciável compreensão.

Não procedemos nunca, que me recorde, a qualquer acção de liberalização ou redução unilateral de direitos que não resultasse de obrigações assumidas no quadro da própria EFTA ou do GATT. De modo que, de acordo com o Professor João Confraria, a protecção cfcctiva na nossa importação era em 1972 superior àquela que se verificava no momento da nossa adesão à EFTA.

Alguns direitos de importação não só não foram reduzidos mas sim aumentados e mantidos muito para além do razoável, devido a pressões da indústria nacional,

---

[3] Durante a Governação do Prof. Marcelo Caetano não houve senão uma intervenção ou referência crítica ao regime português por parte do Ministro Austríaco dos Negócios Estrangeiros (e mais tarde Presidente da República) ao que parece por solicitação do Governo sueco, mas que não teve sequência, e à qual tive acesso prévio e foi objecto de diálogo antes de ser apresentada na reunião do Conselho da Organização.

5. O período de transição para a Adesão à CEE

Com a adesão do Reino Unido e da Dinamarca à CEE e a sua consequente saída da EFTA, finalmente concretizada em 22 de Janeiro de 1972, com a assinatura dos acordos de adesão destes dois países e da Irlanda, houve que estabelecer um arranjo especial entre a CEE alargada e os países que permaneceram na EFTA.

A solução adoptada consistiu, como é sabido, em estabelecer um conjunto de zonas de comércio livre entre a CEE e cada um dos países da EFTA que permitiu manter a liberdade de trocas com os anteriores membros (Dinamarca e o Reio Unido) e abriu aos países que permaneceram na Associação o mercado da CEE para os produtos industriais.

Para Portugal essa abertura, além de lhe ter proporcionado um mercado mais vasto para esses produtos, actuou de novo como *training ground* para a sua futura adesão à Comunidade Económica Europeia, em 1 de Janeiro de 1986.

Esta veio, com efeito, a justificar-se pela perspectiva de um maior aprofundamento da integração que a Comunidade oferecia e que o quebrar dos laços que ligavam o País às suas antigas colónias já permitia. Com a sua participação na EFTA, porém, Portugal pôde beneficiar do acesso a um amplo mercado na Europa durante um quarto de século e preparar depois o acesso a um mais vasto mercado e a um sistema de integração económica mais exigente e ambicioso que, ao mesmo tempo, lhe proporcionou importantes vantagens de coesão económica.

6. Quatro Décadas de Vida e a Esteira da EFTA

Com a adesão da Dinamarca e do Reino Unido à CEE em 1973 e de Portugal, Áustria, Finlândia e Suécia nos dois alargamentos seguintes da Comunidade, a EFTA ficou reduzida a um pequeno grupo de países: a Noruega, a Suíça, a Islândia e Lichtenstein. Entretanto, com o objectivo de alargar e fortalecer a sua relação preferencial com a União Europeia a EFTA estabeleceu um mercado único para todas as formas de comércio, incluindo o comércio de serviços, criando o *Espaço Económico Europeu*. E fê-lo. marcando a sua particular relação com Portugal, através do *Tratado do Porto*, assinado em 1992, para entrar em vigor em 1 de Janeiro de 1993.

Graças à deferência do então Primeiro Ministro, Prof. Cavaco Silva, tive o privilégio de assistir a essa assinatura, reencontrando ali velhos amigos e conhecidos, antigos colaboradores, diplomatas e membros de Governo com quem tinha privado durante a minha longa ligação à Organização.

Entretanto, a EFTA melhorou as condições oferecidas ao comércio entre os países membros, removendo os obstáculos técnicos a esse comércio e introduzindo a liberdade de circulação de pessoas, de investimento e de exploração de serviços. Mais recentemente desenvolveu e intensificou as suas relações com terceiros países, nomeadamente da Europa Central e Oriental, do Mediterrâneo, do Médio Oriente e de outros continentes, através da celebração de uma série de 18 Acordos Preferenciais bilaterais. Em Junho passado reviu e actualizou a sua Convenção.

Deste modo a EFTA mudou: modificou-se, alterou a sua composição, estendeu a sua acção e aprofundou as relações entre os seus membros e com países terceiros.

É possível que um dia, com a inserção dos seus membros no Mercado único Europeu e na Europa Unificada deixe mesmo de existir. Mas foi pioneira na história, como Zona de Comércio Livre, e na sua forma de organização e métodos de acção. E, como na vida de alguns homens e instituições, deixou um "sulco" ou "esteira" profundos; deixou-os na vida e história de vários países. E Portugal foi um daqueles que mais beneficiaram da sua participação na vida da Organização e que mais profundamente foram tocados por esse sulco na história da integração económica europeia.

O PROCESSO DE INTEGRAÇÃO
DE PORTUGAL NAS COMUNIDADES (EUROPEIAS)
– UMA AVALIAÇÃO GERAL, DÉCADA E MEIA DEPOIS

ERNÂNI RODRIGUES LOPES

0 – INTRODUÇÃO

Uma década e meia depois (i.e., em Nov.2001 sobre Jun.1985/
/Jan.1986) parece razoável questionarmo-nos sobre que sentido faz, hoje, o tema da adesão/integração de Portugal nas Comunidades Europeias (CE's) – agora União Europeia (UE).

Tratando-se, embora, de um dos mais relevantes acontecimentos da vida portuguesa, na 2ª metade do séc. XX, o facto é que está já perdido na "semi"-bruma do "semi"-passado – e a vida não se faz, predominantemente, relembrando o que já foi; mas, sim, reflectindo e preparando o que há de ser. É esse o papel único e insubstituível de cada presente, i.e., de cada expressão histórica e vivencial do que está a ser.

O relembrar do que foi – incluindo, obviamente, o processo do que foi sendo e como foi sendo – sobretudo quando se trata de acontecimentos em que – pela força das circunstâncias – se participou como actor concreto, reveste-se sempre de 2 características: 1) por um lado, inclui a ratoeira, lamentável, da auto-avaliação – sempre com o risco, triste, do narcisismo; e 2) por outro lado, permite a referência com a base, única, da vivência directa dos acontecimentos. Se não fosse assim – ou, pior: se nem assim fosse, por ausência física do documento – a crítica histórica seria, basicamente, dispensável.

Digamos tudo em 2 frases: 1) é com alguma relutância pessoal que escrevo este texto, sobre uma realidade que vivi intensa, consciente e convictamente (são condições de vida interior, que não podem, nem devem, ser passadas a texto impresso); e 2) resolvi fazê-lo pela Amizade de várias décadas para com o Manuel Porto, pela consideração para com o Dr. António Barbosa de Melo e a Doutora Maria Manuela Tavares Ribeiro, pelo respeito para com a Universidade de Coimbra e, ainda, tendo presentes os meus Alunos do Mestrado em Estudos Europeus da Universidade Católica Portuguesa.

Sistematizando os múltiplos sentidos de que o tratamento do tema pode, hoje, revestir-se, pode ser identificado, em primeira análise superficial, o seguinte conjunto: 1) um mero relato; 2) uma expressão de vaidade/autopromoção; 3) a busca de preservação da memória dos factos; 4) uma manifestação de simples curiosidade; 5) uma operação camuflada de propaganda; ou 6) uma tentativa de compreensão.

Procurarei situar-me, exclusivamente, em torno do 6º tipo dos percursos possíveis. E, nessa opção, procurarei usar o registo histórico (e a sua análise) como um dos pontos de partida para a estratégia, i.e., tentar utilizar o conhecimento dos factos vividos para a sistematização da compreensão das acções (ou, se se preferir, das políticas) passadas e tomar as bases teóricas de explicação e avaliação como base para as acções (ou as políticas) futuras.

Considero, com efeito, que: 1) o banal relato em termos de descrição pormenorizada, na simples expressão dos acontecimentos não-logificados, apenas tem interesse de curiosidade; 2) a busca rudimentar da preservação da memória dos factos é uma abordagem estritamente instrumental; e 3) as restantes abordagens (centradas na vaidade/autopromoção, na simples curiosidade e/ou na propaganda camuflada) são, intrinsecamente, irrelevantes.

Em suma, se pretendesse sintetizar, numa única expressão, a orientação geral desta intervenção, limitar-me-ia a traduzi-la (essa orientação geral) pelo seguinte: 15 anos para trás, 15 anos para a frente. Afigura-se-me ser isso o que verdadeiramente poderá interessar.

I – O TEMPO, O ESPAÇO, AS COISAS, OS HOMENS

A tentativa de compreensão dos acontecimentos, da sua concretização e do seu devir pode, com alguma utilidade, sistematizar-se através do recurso à grelha de leitura e análise constituída pela atenção aos 4 seguintes componentes: 1) o tempo; 2) espaço; 3) as coisas; e 4) os homens.

Julgo útil formular, a simples título de enquadramento e sem qualquer desenvolvimento teórico (que, aqui, seria descabido) algumas considerações sobre cada um daqueles 4 componentes.

Quanto ao *tempo,* registarei, apenas, o seguinte: 1) constitui, na vida, o diluente absoluto, i.e., o factor que tudo aniquila, definitivamente e sem quaisquer ilusões – só está em causa uma questão de velocidade; 2) é essencial discernir entre tempo estático (ex-post), i.e, a História e tempo dinâmico (ex-ante), i.e., a Prospectiva – sendo certo que, tendo a primeira categoria todo o seu valor e todo o seu sentido, a cada indivíduo e a cada sociedade, cada um situado no seu tempo, só cabe , só resta para a acção, a segunda; 3) nas últimas cerca de décadas (grosso modo, desde meados dos anos 80 do séc. XX) o conceito de tempo foi profundamente modificado pela evolução tecnológica nas telecomunicações, sendo objecto de uma forte compactação, de que "real time" é a expressão popular – podemos, com alguma segurança, afirmar que nós, os homens que neste momento estamos biologicamente vivos, constituímos a 1ª geração da Humanidade que vive (e, sobretudo, com ela não tem outra alternativa senão conviver) uma "esquizofrenia do tempo" ao acumular, em simultâneo, a vivência em "real time" (historicamente, inédita) com a realidade multi-milenar de "les lenteurs de l'histoire" (na expressão significativa de F. Mitterrand, sobre o processo de construção europeia).

Quanto ao *espaço,* sublinharei, apenas, o seguinte: 1) o espaço, muito mais do que um elemento de constrangimento físico-natural (que é o seu conteúdo para as plantas e os animais irracionais) é, para os seres humanos (e, sobretudo, para as organizações capazes de auto-consciencialização) a expressão teórica da configuração de possibilidades de acção; 2) é essencial discernir entre espaço estático (Geografia) e espaço dinâmico (Geopolítica); 3) nas cerca de 2 últimas décadas, a alteração fundamental (de facto, decisiva) no conceito de espaço, por via dos efeitos da evolução tecnológica e da massificação das telecomunicações e da informática, foi a da sua desmaterialização, i.e., o espaço mudou da sua natureza (necessariamente) física para um nível superior de abstracção, assumindo uma caracterização marcadamente de conceito estratégico (bastará recordar, na versão mais primitiva e elementar da questão, o seguinte: a diferença entre, por um lado, as dificuldades de Napoleão em atravessar os Alpes, praticamente equivalentes às de Hannibal e, por outro lado, o ataque a alvos pré-identificados, no Afeganistão, através de mísseis disparados de navios no alto-mar) – importará, ainda e num plano mais relevante, atender aos efeitos (teóricos e práticos) daquela mutação da natureza do espaço sobre a noção de "periferia", tradicionalmente tão referida na análise teórica da posição portuguesa (sendo certo que, hoje e contrariamente ao conceito anterior de espaço, só está forçado a ser "periferia" quem, como tal, se assumir e, consequentemente, se comportar); e 4) a transferência de relevância teórica e política, em termos de análise geopolítica, da consideração (i.e., ocupação, defesa, conquista, manutenção, luta, exploração) de espaços compactos para a atenção (de facto, crescente; sobretudo, muito mais efectiva) a espaços estratégicos (substancialmente desmaterializados) constituídos por pontos e sistemas de rede.

As *coisas* são, simplesmente, a expressão da realidade (tida como) objectiva, em cujo contexto se desenrola a acção humana – e, por isso, sempre presente; a questão toda reside em se tentar compreender essa realidade, para, sobre ela, melhor se actuar. Poder-se-á, então, sistematizar o essencial recorrendo a uma grelha de 3 vectores de entrada sobre o real: 1) estruturas e sistemas; 2) conjunturas e horizontes de decisão; e 3) enquadramentos, objectivos e instrumentos. Assegurado, em termos teóricos, o cumprimento dessa grelha, a acção adquire coerência e consistência e, desejavelmente, permite obter resultados (tidos como) favoráveis.

Os *homens* (i.e., os seres humanos) são, seguramente, muito mais do que a trivialidade de "a medida de todas as coisas"; são, na sua perspectiva activa e dinâmica transformadora (e não passiva e estática mantenedora) o factor essencial da concretização do processo histórico, no seu sentido operacional E, aí, haverá que atender a 2 mecanismos elementares: 1) a articulação, no desenrolar da vida concreta, entre actores e estratégias; e 2) o papel subtil (frequentemente, ocultado; mas, sempre, presente) dos interesses e/ou das motivações/convicções e/ou dos sentimentos que, subjacentes ao registo superficial dos factos externos, orientam e determinam as actuações geradoras de efeitos visíveis.

II – A DECISÃO

É possível usar a grelha de leitura, acima referida, para sistematizar o quadro e o conteúdo da decisão de adesão de Portugal às CE's (e, naturalmente, a evolução subsequente).

O *tempo* (esse, como vimos, diluente – absoluto) teve um efeito devastador: a leitura diacrónica das situações (confrontando o que estava em jogo em 1977, em 1985/86, em 1989 e o que está ocorrendo em 2001) mostra, à saciedade, a mutação das circunstâncias – para além de qualquer tentativa de interpretação evolutiva (muito menos paulatina) dos contextos reais das decisões.

O que, porventura, fica de pé, hoje, relendo os acontecimentos desse quase-quarto de século (desde o pedido de adesão, em 1977) é o seguinte: 1) a continuidade do esforço de construção europeia (de CE6 para CE9, CE10, CE12, CE15 e, agora, para novos alargamentos); e 2) a convicção de que um falhanço nas negociações de adesão de Portugal – e, bem assim, da Espanha – no período da 1ª metade dos anos 80, tornaria muito problemático o acesso dos 2 países no momento, nas condições e no estatuto em que o concretizaram – não sendo necessário explicitar o que isso teria significado para a evolução posterior de cada um.

O *espaço* determinou 2 evoluções importantes, a meu ver decisivas para o futuro de Portugal: 1) do ponto de vista mais imediato, explicitou, no quadro físico, a situação de periferia geográfica de Portugal na CE12, depois acentuada pela dupla evolução, primeiro para CE15 e, agora, pela perspectiva de alargamento(s) a Oriente, sendo certo que, com a desmaterialização (já referida) do conceito de espaço, essa acentuação se consolidará, ou não, do ponto de vista estratégico, em função do posicionamento estratégico e da capacidade de resposta, por parte de Portugal; e 2) do ponto de vista geopolítico e numa análise mais aprofundada, a alteração mais relevante é a que resulta da conjugação (efectivamente teorizada) entre a descolonização portuguesa e o pedido de adesão às CE's: a concretização da adesão introduziu, na realidade geopolítica portuguesa, um vector poderoso de modernização pela formação (política e estratégica) de uma vertente europeia-continental dominante, que passa a sobrelevar à vertente atlântica que pautara a matriz secular (séc. XV-XX) do posicionamento estratégico português.

De facto, o conteúdo do enquadramento de referência de Portugal ficou profundamente alterado, exigindo uma sequência de novas respostas estratégicas.

As coisas mostram, na análise meramente comparativa e, sobretudo, no seu processo de dinâmica sócio-económica e política, um quadro que pode ser sintetizado em 3 domínios fundamentais: 1) o esforço (adicional e em terreno novo) imposto pelo processo (longo de 8 anos e 4 horas) de negociação da adesão, com o que ele implicou de identificação e criação de um dispositivo organizacional específico e de planeamento e execução de operações; 2) a modernização, nos últimos 15 anos, pelo efeito múltiplo e profundo da passagem, ao terreno prático das coisas, da concepção teórica (estabelecida ao entrar-se na fase substantiva das negociações) que estruturava os aspectos económicos da (então, futura) adesão em função do "binómio integração-desenvolvimento"; e 3) o impacte da adesão sobre as condições de funcionamento das Empresas, dos actores sociais e culturais e da Administração Pública, em resultado da própria adesão/integração como facto novo (e de plena normalidade) da vida económica, social, política e cultural portuguesa (desde a intensificação dos contactos internacionais ao papel das transferências de fundos estruturais, à aplicação da PAC, às novas exigências de legislação comunitária em múlti-plos sectores, etc.)

Os homens, enquanto conceito teórico de referência, traduz-se, no conjunto de participantes na vida das sociedades, individuais ou colectivos. Compreensivelmente, no que respeita à adesão/integração de Portugal nas CE's, estão, sobretudo, em evidência de actores económicos, sociais e culturais.

São de salientar, nesse conjunto vasto e complexo, sobretudo 2 aspectos: 1) por um lado, a articulação (nem sempre fácil; nem sempre bem conseguida) entre as percepções do conjunto dos cidadãos e as lideranças políticas – o que originou (e origina) dificuldades de focagem (e/ou de entendimento) do significado, do conteúdo, das razões e das opções básicas respeitantes ao longo e multifacetado processo político das relações entre Portugal (como País-candidato e como Estado-membro) e as CE's; e 2) por outro lado, sobretudo no imediato post-adesão, as dificuldades de concretização e da passagem à prática dos aspectos mais exigentes, em termos de modernização dos comportamentos das Empresas e do próprio Estado – essas dificuldades poderão, porventura, explicar a dupla via fácil então adoptada: uma inequívoca política de betão e uma inaceitável propensão para a concessão/obtenção da mera transferência financeira (por isso mesmo, sem contrapartida em remuneração de factores), uma e outra como soluções fáceis e imediatas. Como resultados: a preponderância vistosa do hardware do betão, desviou a atenção do essencial que deveria ter sido o software do aperfeiçoamento das qualificações e das capacidades dos indivíduos e das organizações; e a insistência no facilitismo da transferência originou (como seria fácil prever) a perversidade instalada da chamada "subsídio-dependência". Resta acrescentar, sem qualquer surpresa, que uma e outra destas facetas se configuram como questões sérias da economia portuguesa, na 1ª década do séc. XXI.

III – AS PERCEPÇÕES

Ao nível das percepções por parte do conjunto dos actores portugueses em presença, na leitura da adesão/ integração às CE's, destacam-se 3 grandes temáticas, a 1ª das quais (relacionada com as atitudes face à adesão/ integração) se me configura como a mais forte (i.e., a que mais inequivocamente se manifesta); a 2ª (referente ao nível de empenhamento no processo de construção europeia) parece-me ser a mais compreensível (i.e., a que tem uma mais imediata explicação pelo grau de complexidade das matérias e pelo nível de consciência e elaboração política que exige); e a 3ª (que é, de facto, uma questão permanente, colocada a todos os europeus, sobre as posições e as opções quanto ao futuro da Europa) mostra-se-me como a mais importante (i.e., aquela que, sempre presente, nunca claramente tratada, permanentemente secundarizada – sob a capa da atenção a prestar aos "problemas concretos" – em relação aos interesses imediatos e da política corrente, constitui, afinal, o núcleo decisivo da própria evolução da UE).

Quanto à temática das *atitudes,* a observação da realidade permite identificar um conjunto de 3 atitudes dominantes, apenas à superfície sequenciais e em que a manifestação de cada uma não suprime a afirmação de traços das restantes.

O que encontrei, na vida real das últimas duas décadas e meia, foi a sequência genérica, com sobreposições (nos termos que acabei de caracterizar sumariamente) dos seguintes padrões de atitude, quanto à integração de Portugal nas CE's: 1) "uma via fácil para a resolução de problemas sem grande esforço", i.e., a expectativa/ /esperança/garantia de que, com a adesão, os fluxos financeiros a receber/recebidos proporcionariam novos caminhos para as Empresas irem vivendo e a população melhorar o nível de vida, sem a exigência de esforço para enfrentar a raiz dos problemas reais; 2) "o pior dos males", i.e., a reacção primária ao tipo anterior de percepções, encarando a adesão/integração como detonadora e alimentadora de novas condições de concorrência, conducentes à destruição das Empresas portuguesas (e, por via delas, da própria economia portuguesa no seu conjunto) – era a atitude típica dos sectores mais conservadores do empresariado, naturalmente organizados nas suas estruturas corporativas, repetindo a abordagem defensiva e alarmada (se não alarmista) que já fora utilizada 20-25 anos antes, na viragem dos anos 50 para os 60 do séc. XX, por ocasião da participação de Portugal na EFTA. E era também, curiosamente, parte significativa da atitude-matriz do discurso dos partidos políticos mais à esquerda, em particular o PCP, no seu combate persistente contra a adesão à CE; e 3) uma visão mais racional e equilibrada, identificando um conjunto naturalmente complexo de "ameaças e oportunidades", perante as quais se abriam, para a economia portuguesa, perspectivas de desenvolvimento até então inexistentes, desde que soubesse encontrar e concretizar as respostas adequadas.

Quanto ao 2ª grande grupo de temáticas *(empenhamento no processo de construção europeia)* verificaram-se (e verificam-se) níveis muito diferenciados, desde o puro e simples alheamento, mais ou menos inconsciente, até à militância político-doutrinal, na sua expressão plena (esta última, compreensivelmente, limitada a segmentos muito limitados do conjunto da sociedade).

Do ponto de vista da análise teórica, não se trata de uma situação sadia, no que respeita ao rigor político do processo de construção europeia – é, pelo contrário, um sinal explícito e continuado de fragilidade, que persiste apesar de um ou outro apelo de um ou outro político ou de um ou outro comentador. O facto subsiste de que a população não sente, como "sua", a temática estratégico-política da construção europeia; e o empenhamento político efectivo só ganha raízes quando, para além de uma leitura superficial em termos de contabilidade benefícios-custos, há uma percepção generalizada de algo que é intrinsecamente assumido, para lá do cálculo racional imediato.

Este aspecto básico da construção europeia mostra-se tanto mais preocupante quanto é certo manifestar-se, com intensidade significativa, na totalidade dos Estados-membros.

A "Europa" (na sua expressão institucional de CE's/CE/UE) não foi capaz, até agora, meio-século após a criação da sua primeira organização (a CECA, em 1951) de resolver a questão essencial da sua aceitação como "espaço de referência" dos seus cidadãos – i.e., os nacionais de cada Estado membro percepcionam (mais ou menos explicitamente, mais ou menos justificadamente – o que é irrelevante em termos de percepção) o respectivo Estado-Nação como a estrutura que lhes confere segurança e lhes estabelece o quadro geral organizatório da actividade política, económica e social; e, nessa leitura radicada na sua visão das coisas (ainda que em níveis rudimentares de elaboração teórica) a estrutura político-institucional da construção europeia não passa de uma referência de segundo plano, mais ou menos distanciada.

É certo que a UE gasta, recorrentemente, tempo e energia (e dinheiro) a discutir (e a pagar) o preço de intervenção do leite (o que, em si, não sendo exactamente um exercício de excelência em matéria de racionalidade económica, também não é pecado grave); mas o que conta, sobremaneira, é que tempo, energia e dinheiro têm de ser usados (e não meramente "gastos") para que sejam estabelecidas bases político-ideológicas que confiram aos cidadãos o sentimento da UE como componente decisivo do seu "espaço de referência" – sem que haja essa percepção, será difícil a consolidação política, em termos duradouros, da própria construção europeia.

Quanto ao 3º grande grupo de temáticas *(a questão permanente da reflexão estratégico-política sobre o futuro da UE e sobre o papel de Portugal no interior da União)* o essencial da situação pode sistematizar-se em 3 tópicos: 1) a problematização da temática europeia, nesta perspectiva de conjunto, era bastante fraca, na sociedade portuguesa, no contexto da preparação da adesão e, mesmo, já em tempo de integração plena: o tido como essencial era (estranha e, em paralelo, compreensivelmente) a extracção de resultados, i.e., benefícios directos; 2) esse quadro geral explica que a recusa da adesão se limitasse a 2 conjuntos: a) organizada e disciplinadamente, o PCP (na sua linha ideológica de congruência com as concepções, então prevalecentes, da chamada "guerra fria"); e b) as 2 franjas do espectro político de extremas direita e esquerda, cada uma de modo bastante desarticulado, com intervenções meramente pontuais e, naturalmente, com motivações diferenciadas (respectivamente: por desconfiança nacionalista e por "dever de ofício" contra "uma construção capitalista"); e 3) a situação actual não é estruturalmente diferente – o que é lamentável (mas não chega lamentá-lo; é necessário, porventura urgente, corrigir essa situação actual de pobreza de reflexão estratégica e política profunda no quadro europeu – e ir muito além da manobra política circunstancial).

IV – OS FUNDAMENTOS TEÓRICOS

A concepção, o planeamento e a execução do processo de adesão às CE's assentaram em 2 fundamentos teóricos que constituíram a matriz básica sobre a qual (antecedendo e para além da simples manobra diplomática no terreno) todas as operações foram estruturadas.

Esses 2 fundamentos teóricos (que aqui apenas podem ser enunciados, sem o desenvolvimento analítico, que noutras ocasiões lhes é conferido) foram os seguintes: 1) uma questão básica de segurança na (então) Europa Ocidental, conduzindo os Estados-membros da CE9 a buscarem a estabilização do quadro político no SO europeu e a criação de alguma forma de Estado democrático em Portugal (e, por englobamento, também na Grécia e em Espanha – embora o caso típico e pontualmente mais agudo fosse o português); e 2) no plano económico-social, a concepção do "binómio integração – desenvolvimento" foi tomada como a base determinante da adesão e a sua principal justificação económica, i.e., utilizar os efeitos da integração (e, em concreto: a eliminação de barreiras; o afluxo previsível de IDE – Investimento Directo Estrangeiro; o incremento da concorrência; o acesso aos recursos comunitários de fundos estruturais; a entrada de novas Empresas na economia portuguesa; a alteração radical no padrão do relacionamento económico bilateral com a Espanha) como mecanismos exógenos indutores da inexorabilidade de resposta por parte da economia portuguesa, para tanto modernizando as suas estruturas, para o que passava a dispor, como apoio genérico, de novos recursos financeiros de origem comunitária.

A realidade portuguesa respondeu, bastante bem, à concretização desta dupla concepção teórica – no plano político, em pleno; no plano económico, razoavelmente e não em pleno porque (como já foi referido) a grelha de repartição e o modo de utilização dos fundos estruturais poderiam/deveriam ter sido muito mais eficientes e concebidos com uma visão que ultrapassasse os efeitos imediatos.

O quadro de conjunto da articulação da economia e da sociedade portuguesas na década e meia desde a adesão pode ser estabelecido com base em 2 percursos de análise cobrindo, cada um deles, o seu aspecto dominante. Teremos então: 1) a análise do modelo da transição portuguesa, na articulação interna dos processos de transição política e social, de estabilização económico-financeira, de adesão/integração nas CE's e de internacionalização da economia – todos interagindo entre si e conduzindo, a partir da 2ª metade dos anos 80 do sec. XX, à reafirmação da questão, clássica e central, da modernização da economia portuguesa; e 2) a identificação clara da sequência de respostas estratégicas, por parte da economia portuguesa, no contexto das relações Portugal/Comunidades Europeias.

Um e outro daqueles aspectos foram já apresentados em outras ocasiões[1]; quanto ao 2º, porém, poderá ser útil reproduzir, aqui, o conteúdo da sequência identificada. É o que consta da tabela seguinte:

RELAÇÕES P/CE NA ÓPTICA DO LONGO PRAZO

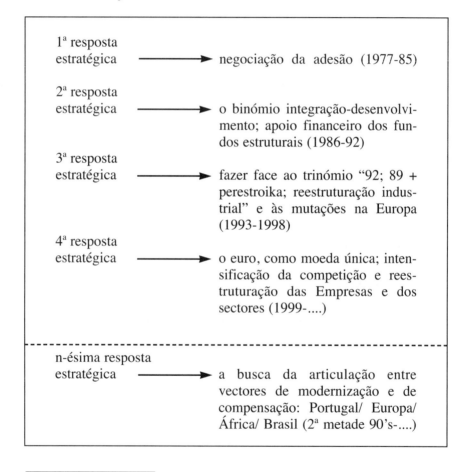

[1] Cf. quanto ao modelo de transição, o texto publicado pelo Autor sobre "Concertação Social e Política Económica. O caso português 1974-1992", in *Conselho Económico e Social, Os Acordos de Concertação Social em Portugal* (I-Estudos), Lisboa, 1993, págs. 19-90.

Na situação actual, a análise conduz à necessidade (considero dever qualificá-la de urgente) de reformulação dos fundamentos teóricos de modo a que, década e meia passada sobre a adesão, não fiquem os mecanismos de compreensão teórica anquilosados pela mera repetição, indevidamente associados a uma realidade já passada – e, portanto, estéril em termos de fundamentação e preparação da acção.

Julgo, a este respeito, que importará avançar em 2 linhas de desenvolvimento analítico, a saber: 1) a questão do esgotamento do modelo estratégico da economia portuguesa; e 2) o aprofundamento e a passagem ao terreno operacional daquela que, em minha opinião, é a questão estratégica fundamental nos planos económico e político: a articulação entre Portugal/ Europa/ África/ Brasil – na qual, segundo julgo, se jogará, em função das capacidades portuguesas, a possibilidade, ou não, de afirmação de Portugal no 1º quartel do séc. XXI.

V – O SIGNIFICADO

O quadro estratégico e político, no conjunto do espaço europeu e na avaliação dos Estados-membros da CE9, na sequência do 25.ABR.1974 português, é muito complexo (e, ainda hoje, devo exprimir que permanece a minha perplexidade relativamente a essa avaliação, por parte de Estados que mantinham relações seculares com Portugal e ligações económicas, políticas, sociais, culturais, militares, diplomáticas e, mesmo, estratégicas de primeira linha com a realidade portuguesa).

Procurando sistematizar os aspectos fundamentais, podemos identificar 4 grupos principais de matérias: 1) a surpresa perante os acontecimentos; 2) a questão central da segurança nacional de cada Estado-membro da CE9 – e colectiva, da Europa Ocidental; 3) a urgência da estabilização política no SO do Continente; e 4) a busca da solução exequível que tivesse menos custos.

Quanto ao 1º aspecto (*a surpresa perante os acontecimentos*) sempre me intrigou o sentimento (talvez verdadeiro; certamente expresso) de surpresa – se não mesmo de espanto – perante a Revolução Portuguesa de 25.ABR.74, por parte dos aliados tradicionais de Portugal.

Não era preciso ser um perito particularmente perspicaz sobre a situação portuguesa (em, digamos, 1972 ou 73) para perceber que algo teria de se passar, ainda que sem um calendário previsível.

Era, para mim, no período (1975-79) em que servi em Bona (e em que tinha contacto directo com representantes de, praticamente, todos os países) um factor de incredulidade/desconfiança, ouvir, de múltiplos interlocutores, manifestações de grande surpresa (com a correspondente preocupação) quanto à situação portuguesa na viragem de 1974 para 75 e ao longo desse (então designado) "Verão quente" (de 1975) porquanto os acontecimentos de 1974 tinham sido súbitos e imprevistos – fiquei, sempre, oscilante entre, por um lado, uma sensação incómoda de estar a ser objecto de um jogo de enganos que não conseguia compreender plenamente e, por outro lado, uma reflexão desagradável sobre os níveis de incompetência dos serviços de informações dos países da NATO.

Quando ao 2º aspecto *(a questão central da segurança nacional – colectiva – na Europa Ocidental)* tornou-se-me óbvia a existência de uma diferença básica, na avaliação da situação, por parte dos EUA e dos países europeus, com relevo decisivo para a RFA.

A questão, na sua esquematização, podia resumir-se do seguinte modo: os EUA (e, especialmente, a corrente no Departamento de Estado mais afecta ao Secretário de Estado Henry Kissinger – a que se opunha a corrente, inicialmente secundarizada, dos profissionais de carreira) tendiam a encarar a situação portuguesa como um caso perdido – e, como tal, deveria ser deixada resolver para servir como caso exemplar do que seria a instalação de um governo comunista na Europa Ocidental (era a, então, designada, em alguns círculos, como "tese de vacina" – muito provavelmente, tendo no espírito as vicissitudes da evolução política interna na Itália); a generalidade dos países europeus (de uma forma mais ou menos estruturada) e, de modo mais intenso e explícito, a RFA (dividida no seu território, com fronteira directa com o espaço do

Pacto de Varsóvia e, naturalmente, mais sensível a uma possível desestabilização no espaço NATO) tendiam a procurar, activamente, uma solução que preservasse o estabelecimento de um regime democrático, mais ou menos estabilizado, em Portugal. Neste aspecto, a acção da RFA foi, verdadeiramente, decisiva, a dois títulos: no apoio à democracia em Portugal e na demonstração, ao governo federal americano, da necessidade de rever a sua posição e adoptar uma política consistente de apoio a Portugal.

Quanto ao 3º aspecto *(a urgência da estabilização política no SO do continente europeu)* bastará salientar a questão dominante, a saber: os países mais conscientes (em geral, os Estados-membros da CE9 e, em particular, a RFA) consideravam, com preocupação, o risco de uma possível articulação estratégica, no espaço europeu e a favor dos interesses soviéticos no confronto Este-Oeste, entre, de um lado, a pressão tradicionalmente exercida, a Oriente, pela URSS (e que, no essencial, estava controlada) e, de outro lado, a desestabilização no canto SO da Europa (cujos contornos eram inicialmente desconhecidos e a evolução temporal de carácter errático). No caso de essa articulação estratégica se consolidar, o espaço da CE9 ficaria cercado na sua componente terrestre – e, consequentemente, os Estados-membros obrigados a buscar vias alternativas de solução, cujos custos políticos eram, de facto, imprevisíveis (se não potencialmente incontroláveis).

Finalmente, quanto ao 4º aspecto *(a busca da solução exequível que tivesse menos custos)* desde cedo na 2ª metade da década de 70 se tornou claro que, passadas as inquietudes imediatas, a solução menos custosa, para ambos os lados, era (inequivocamente) a aceitação, por parte da CE9, dos pedidos de adesão por parte da Grécia (em que o entendimento entre Giscard d'Estaing e Caramanlis teve um efeito determinante), de Portugal e da Espanha. As considerações de segurança dos Estados-membros da CE no espaço europeu sobrelevaram, compreensivelmente, as reticências e as hesitações de alguns sectores, no seu interior (sobretudo quanto à repercussão da adesão da Espanha sobre os arranjos pré-existentes no quadro das finanças comunitárias).

VI – AS ESPECIFICIDADES PORTUGUESAS

Do ponto de vista da sua leitura analítica, o processo português de adesão revestiu-se de efectivas especificidades.

Não se trata de qualquer referência aos elementos negociais visando, no pormenor da negociação concreta e com o argumento tradicional das "especificidades da economia portuguesa", defender aspectos sectoriais particulares de maior vulnerabilidade da economia portuguesa (com a referência habitual a têxteis, vinhos, conservas de peixe, etc.).

Trata-se de identificar, no plano teórico da compreensão do processo de adesão/ integração, os factores próprios da situação portuguesa que caracterizaram, marcaram ou influenciaram/determinaram o percurso dos acontecimentos.

Sobressaem os 3 seguintes tópicos: 1) a relação descolonização/integração, mecanismo central e decisivo no conjunto multissecular da existência de Portugal; 2) o contexto revolucionário post-25.Abr.74 e o seu percurso pleno de vicissitudes, aspecto que pôs em sobre-evidência as questões relativas à segurança regional na e da Europa Ocidental (como já antes referido); e 3) a relação bilateral Portugal/ Espanha, cuja evolução, desde o imediato post--adesão, constituiu (constitui – e, provavelmente, constituirá) o mais incisivo e relevante "facto novo" resultante da adesão de ambos os países à CE, em termos do posicionamento de Portugal no espaço europeu.

Finalmente, importará, ainda, salientar um outro aspecto que constitui uma categoria em si mesmo. Não é, do ponto de vista teórico geral, uma especificidade portuguesa; mas é, seguramente, na análise da realidade específica do País, um factor dominante, ao longo da mais de década e meia decorrida desde a formalização da adesão: o contraponto, em termos teóricos e políticos, entre a posição (inicial e inequívoca) de país mais pobre da Europa Ocidental e o processo de modernização (iniciado ainda na década de 1960) fortemente potenciado pela integração na CE (e onde a concepção teórica do "binómio integração-desenvolvimento" desempenha papel determinante).

VIII – A GEOPOLÍTICA DA EUROPA E A GEOPOLÍTICA DE PORTUGAL

A adesão portuguesa adquire sobretudo sentido, na perspectiva geral europeia, inserida no alargamento da CE9 a Sul, enquanto processo de resposta à emergência (aparentemente, súbita e inesperada) de uma situação de desestabilização no contexto regional europeu de equilíbrio E-O.

Aspecto derivado da descolonização portuguesa e particularmente relevante no quadro do jogo de poder ao nível global foi a focagem nova, por parte da URSS, sobre os territórios africanos ao Sul do Sahará, no contexto do conflito geral E-O. Tratou-se de uma operação de envolvimento desencadeada a partir de uma oportunidade surgida mas conscientemente assumida – embora, no correr do tempo, posteriormente falhada. Mas que (para além dos conflitos e jogos de poder que lhe eram naturalmente inerentes, no espaço africano, como ponto de incidência de segmentos parcelares de estratégias globais) desencadeou, nas fases de enchimento do seu vigor estratégico, mecanismos secundários no espaço europeu e, obviamente, com maior incidência sobre Portugal – é neste contexto estratégico que melhor se compreendem, do ponto de vista teórico, os desenvolvimentos em torno do 11.Nov.75 (formalização da independência da República Popular de Angola) e do 25.Nov.75 (ponto decisivo de inflexão do tumultuar revolucionário descontrolado, em Portugal).

Do ponto de vista analítico, 2 factores pesados desempenharam papel significativo na avaliação da situação europeia nos meados da década de 70: 1) a barreira secular dos Pirinéus abrindo, como hipótese de trabalho, uma perspectiva que se configurava inaceitável: a possibilidade de consolidação da eventual implantação de regimes comunistas, simultaneamente, em Lisboa e Madrid (sendo admitido que, se apenas num dos países, seria possível ultrapassar a dificuldade, com custos maiores ou menores; mas altamente mais improvável ultrapassá-la na referida hipótese de consolidação conjunta, formando um espaço alargado e protegido pela sua dimensão e pela sua delimitação clara, pelos Pirinéus, na fronteira com a França, i.e., na ilharga imediata do espaço regional comunitário);

e 2) a evolução da situação italiana onde, pela 1ª vez desde o post-guerra e na sequência do seu posicionamento político, em termos do então chamado "compromisso histórico" (1975), o PCI de Enrico Berlinguer (o maior e o mais sofisticado da Europa Ocidental) pôde configurar, seriamente, a partir das eleições de 1976, uma perspectiva de ascensão estruturada ao poder executivo, por via democrática, na Itália, Estado-membro fundador da CE e da NATO e, evidentemente, um dos principais países da Europa Ocidental, com um papel-charneira no Mediterrâneo.

Com a adesão da Grécia, de Portugal e da Espanha, ficaram resolvidas as questões fundamentais de segurança no contexto regional europeu. E a CE12, a partir de 1986, é encarada, desde logo e sobre esse alargamento a Sul, como traduzindo uma dimensão estabilizável da construção europeia.

Seria na sequência dos acontecimentos de 1989 na Europa Central que ocorreria a maior alteração geopolítica na Europa desde o post-guerra, com implicações de grande porte sobre o processo da construção europeia no seu conjunto – mas que, obviamente, não cabem no âmbito desta simples intervenção.

Por seu lado, Portugal, na sequela da sua adesão formal em 1986 e dos desenvolvimentos políticos, sociais e económicos ao longo da década e meia seguinte, viria a confrontar-se, mais ou menos sistematizadamente, com fundamentação teórica melhor ou pior estruturada, com aquele que é, na minha opinião, o seu novo quadro geopolítico: a compreensão de que o futuro da afirmação de Portugal e da sua economia se joga na capacidade, ou não, por parte dos Portugueses, para articular os seus 4 componentes geopolíticos de referência (Portugal; Europa, i.e., UE; África, i.e., África ao Sul do Sahará; Brasil). Tenho tido oportunidade de desenvolver esta temática noutras ocasiões; aqui, terei de me remeter ao simples enunciado.

VII – AS REALIDADES NOS COMEÇOS DO SÉC. XXI

Na sequela dos mecanismos e processos desencadeados em sobreposição, nos últimos 24 anos (sendo esses 24 anos medidos de

1977, pedido de adesão, até agora e, no interior do período, outro, obviamente mais relevante, de 15 anos, correspondente ao tempo desde 1986 até 2001, i.e., desde a entrada em vigor dos Actos de Adesão) haverá algum interesse em sistematizar os principais efeitos nos 5 domínios básicos da vida corrente: economia, política, sociedade, cultura e estratégia.

Na economia, podem ser identificados 4 aspectos elementares: 1) o mais importante, o peso decisivo da vivência de Portugal como Estado-membro como factor de estabilização e desenvolvimento da economia – desse modo mostrando a eficácia prática do conceito teórico inicial do "binómio integração-desenvolvimento". A adesão constituiu, discretamente e actuando na profundidade dos mecanismos, longe do "glamour" do borbulhar da política corrente, a mais relevante "reforma estrutural" (para retomar um termo difuso do léxico banalizado pela busca do "glamour" citado) na vida portuguesa do último quartel do século XX, em paralelo com a democratização e a descolonização; 2) a passagem à 3ª fase da UEM, com a adopção, em 1999, do euro como moeda única – o que, simultaneamente, originou, por um lado, uma nova fase decisiva de aprofundamento da construção europeia e, por outro lado, desencadeou a agudização da competição no espaço integrado e a consequente exigência de reestruturação de Empresas e de sectores; 3) o impacte, para a economia portuguesa, da confrontação directa, em termos de nível tecnológico, com as restantes economia da UE e, em particular, por razões circunstanciais óbvias, na comparação com a espanhola e a irlandesa; e 4) a progressiva afirmação (com efeitos que, neste final de 2001, ainda não podemos discernir claramente) da transição, na economia global, com particular incidência nos EUA e, por arrastamento, no espaço europeu, da transição do Capitalismo Industrial (que conhecemos bem, sabemos como funciona e em que dominamos os instrumentos de actuação da política económica) para alguma forma de Capitalismo Informacional (que está em pleno curso de gestação, cujos mecanismos internos são, basicamente, ainda desconhecidos e cujos processos de gestão, em termos de política económica, estão em fase meramente incipiente).

Na política, são de salientar 3 temas dominantes: 1) o mais relevante – e, de facto, o decisivo – é o ganho da democracia. Confirmando e consolidando os esforços que foram realizados e os sinais que se foram manifestando desde a decisão de pedir a adesão (e a correspondente aceitação), o acto formal da adesão criou um quadro em que a opção por um regime democrático, em Portugal, ficou assente e, na prática, passou a constituir uma referência estável e estabilizadora (o que foi conseguido em menos de 12 anos, de Abr.74 a Jan.86); 2) o principal mecanismo de fundo, no quadro político europeu, é a verificação da sua afirmação como potência regional, sem capacidade credível de projecção de poder à escala global – e, consequentemente, o reforço da sua secundarização face aos EUA e os custos adicionais inerentes à garantia, pelo menos, da sua capacidade para assegurar, mais ou menos autonomamente, a segurança regional. Este movimento de fundo no posicionamento político da UE tem implicações significativas para a política portuguesa de segurança e defesa, considerada nos seus múltiplos vectores; e 3) a questão (verdadeiramente essencial para Portugal – e, hoje, colocada em termos substantivamente mais exigentes do que em qualquer momento anterior, desde 1986) da composição de poderes no interior da UE, desde a arquitectura geral da natureza e conteúdo concreto das suas instituições até à grelha de composição e repartição do poder dos Estados-membros no interior de cada um delas.

Na sociedade, são de assinalar os seguintes 3 aspectos: 1) o mais evidente é a intensificação e a generalização do processo de modernização da economia e da sociedade portuguesas, aliás já iniciado na década de 60 do séc. XX; 2) de peso crescente é o impacte, sobre o conjunto da sociedade, das transformações nas tecnologias de informação e comunicação induzindo a agudização das desigualdades, a intensificação da conflitualidade e das disfunções e, provavelmente, a redução do grau de coesão, nomeadamente, nas áreas suburbanas – em suma, a questão crucial do possível resvalar, por parte da sociedade portuguesa, para um predomínio de cidadãos, Empresas e instituições "info-pobres", incapazes de acompanharem as transformações em pleno curso no conjunto das economias e correspondentes exigências; e 3) em Portugal, como nas restantes sociedades europeias – mas de modo subitamente mais intenso, a partir de 1974 – o envelhecimento da população (um duplo envelhecimento, na base e no topo) que, conjugado com a transformação radical de país de emigração em país de imigração, anuncia alterações profundas nas estruturas sociais portuguesas.

Na cultura, será de atender, com especial cuidado, aos seguintes 5 aspectos: 1) as condições históricas e políticas da percepção, do conteúdo e da vivência da identidade nacional (cultural) de Portugal (e, obviamente, dos restantes Estados-membros da UE); 2) a composição entre os quadros culturais (europeus) herdados do passado e as suas novas manifestações (onde desempenham papel significativo a pressão cultural americana pela via das indústrias do audiovisual e, num contexto mais alargado e intenso, o peso da globalização multimédia); 3) a questão nevrálgica da geoestratégia das línguas – matriz elementar do jogo de poder para o futuro – e o papel dominante da Língua Inglesa como veículo/vector cultural e, por essa via, de transmissor de conteúdos enformadores dos modos de pensar e das formatações das percepções gerais (no limite, generalizadas); 4) a influência, sobre Portugal, dos padrões materiais de vida nos países mais ricos da UE e, mais em profundidade, as múltiplas identificações do significado da vida para os Europeus (e, consequentemente, para os Portugueses); e 5) a evolução do temário, ou agenda, com relevância sócio-cultural, no quadro europeu (e, obviamente, absorvido pela sociedade portuguesa) – em que podemos identificar, entre outras, as questões relativas à paz e ao desenvolvimento, à relação complexa entre um euro-centrismo remanescente, a degradação demográfica e as migrações na Europa e a um surto previsível de preocupações com o desenvolvimento de uma leitura humanista dos problemas numa dimensão generalizada – onde o "Humanismo Universalista dos Portugueses" poderá/deverá desempenhar papel com significância.

Na estratégia, os problemas são, por natureza, bastante mais complexos. É possível identificar, como mais significativos, os 6 seguintes: 1) desde logo e em comparação com a situação em 1986, a deslocação, para Oriente, do centro geopolítico da UE, reforçando (mecanicamente) o papel da Alemanha e evidenciando o peso do posicionamento da Federação Russa (confrontada com a presença da UE na sua vizinhança imediata); 2) a progressiva afirmação, por via do alargamento a Oriente, das múltiplas periferias da UE – em que, em acréscimo às periferias a Ocidente resultantes dos alargamentos a Norte e a Sul, se perfilam as periferias internas a Oriente, exigindo uma redefinição do posicionamento de Portugal; 3) a emergência, inultrapassável e pela primeira vez na história portuguesa, da afirmação de 2 vertentes (atlântica e europeia-continental) em relação às quais o País tem de se posicionar sem margem (efectiva) de opção, antes de composição – trata-se de 2 vertentes não-contraditórias e, de facto, que se reforçam reciprocamente e relativamente às quais o futuro do País se joga na capacidade de as concatenar, com valor acrescentado de natureza política e económica; 4) a questão concreta (e de relevância decisiva) das condições de concretização da segurança militar do espaço europeu, em que a temática das relações UE/EUA assume, afinal, a sua dimensão plena; 5) a clarificação (e, sobretudo, a assunção) da tarefa da UE como única estrutura capaz de constituir o actor dominante da organização do espaço regional europeu a partir do momento actual da viragem do séc. XX para o séc. XXI; e 6) a questão (decisiva) da sustentabilidade histórica da "construção europeia" – i.e., a compreensão (com empenhamento consciente para o futuro e com espírito lúcido de humildade) de que a UE é uma estrutura simultaneamente poderosa e frágil, que necessita de uma injecção permanente de energia, sob a dupla forma de comprometimento e de vontade política, para que possa afirmar-se e desenvolver-se.

VIII – AS ILAÇÕES

Desta leitura reflexiva geral, assente sobre uma matriz de teorização de uma vivência directamente ligada à adesão/integração de Portugal nas CE's/UE, é possível extrair algumas ilações que poderão revestir-se de interesse colectivo no futuro próximo de Portugal. Reterei, apenas, as 4 seguintes: 1) a contraposição actual, em Novembro de 2001, entre, por um lado, a concepção básica da adesão de Portugal às CE's como resposta estratégica, por parte de Portugal, às alterações do seu enquadramento de referência nas décadas de 60 e 70 (do séc. XX) e, por outro lado, a ausência (presentemente óbvia) de estratégia de resposta face às exigências do posicionamento estratégico a médio prazo; 2) a contraposição (sempre difícil na realidade portuguesa – e, agora, lamentavelmente, mais notória) entre a capacidade para efectivar esforços intensos, apenas concentrados no tempo, quando não fugazes e a exigência permanente (mas mal percepcionada na sociedade portuguesa actual) de esforços conceptualizados e sistematizados, programados para e numa continuidade de tempo (por outras palavras: entusiasmos pontuais são irrelevantes, para não dizer enganosos; o esforço lúcido, honesto, consciente e continuado não tem substituto); 3) a compreensão (para bem e/ou para mal) do papel de uma geração nascida em torno da 2ª Guerra Mundial (e a que, inconscientemente e sem qualquer culpa, por meras razões biológicas, eu pertenço) que assegurou, na vida portuguesa das últimas décadas: i) o surto de desenvolvimento económico e social dos anos 60; ii) a guerra do Ultramar; iii) a revolução do 25.Abr.74; iv) a descolonização; v) a estabilização política, económica e social do quadro revolucionário post-25.Abr.74; vi) a quádrupla transição política, social, internacional e económica de Portugal; vii) a adesão às CE's; viii) a consolidação do regime democrático; ix) a modernização da economia e da sociedade portuguesas post-adesão; x) a normalização plena do funcionamento das instituições do Estado democrático; e xi) se interroga sobre as questões do "agora" histórico, na perspectiva da passagem da década de 2000 (apenas começada) para a de 2010 (que é a que mais interessa); e 4) sobretudo, a atenção dominante que deverá ser prestada (tão lucidamente quanto a pequenez humana permite – mas com a grandeza que a alma humana contém) à gestão da inexorável passagem de gerações nestes começos do 1º quartel do séc. XXI.

IX – REFLEXÕES FINAIS

No final desta apresentação, vertida para texto (uma e outro, nas respectivas ocasiões e nas correspondentes formas, já demasiado longos) julgo que se justificará, ainda, sistematizar 7 tópicos de reflexões finais que, mais do que retomar pontos já referidos, poderão servir como pontos de partida para o que, afinal, mais interessa, i.e., a acção futura.

Afigura-se-me sublinhar o seguinte:

#1 – 15 (quase 16) anos depois [Nov. 2001, relativamente a 01.Jan.1986] é razoável estabelecer uma avaliação muito positiva da integração de Portugal na CE/UE;

#2 – a integração de Portugal na CE/UE constituiu/ /constitui/constituirá (em qualquer das circunstâncias previsíveis) um factor poderoso da geopolítica de Portugal;

#3 – tendo, certamente, em atenção esse factor poderoso (e procurando compreendê-lo em profundidade) importará reconhecer – e assumir – que o essencial quanto à evolução futura de Portugal está, inexoravelmente, dentro do País e das capacidades e da noção das responsabilidades dos Portugueses;

#4 – a evolução futura de Portugal dependerá, em grande medida, da capacidade para assumir um posicionamento estratégico em termos da articulação entre Portugal, a Europa, a África ao Sul do Sahará e o Brasil;

#5 – importa, decisivamente, atentar na distinção entre classe política e élite dirigente, tendo presente que a primeira existirá sempre e a segunda terá de desempenhar o papel discriminante que lhe cabe;

#6 – é importante compreender (por razões biológicas, óbvias) e assumir (por razões, igualmente óbvias, para qualquer cidadão consciente) que estamos a viver, nos planos político, social e económico (e, também, prático – i.e., biológico) o virar de página de uma geração, sendo de esperar que ocorra com a dignidade e a grandeza exigíveis;

#7 – o, definitivamente, mais importante: a busca do futuro, i.e., a passagem à prática da noção essencial de que Portugal é o conjunto dos Portugueses que já morreram, dos Portugueses que estão vivos e dos Portugueses que ainda não nasceram – se o compreendermos devidamente, a vida de cada Português adquirirá o seu sentido mais real, porque mais profundo.

EUROPA SEGURO CONTRA A VORACIDADE

JORGE BRAGA DE MACEDO

INTRODUÇÃO

Coimbra tem para mim um significado especial: logo a seguir a formar-me, menino e moço, vim cá para conhecer o Prof. Teixeira Ribeiro, que era uma referência. Lembro-me bem dessa visita, no Verão de 71, e queria evocar aqui a memória de quem para muitas pessoas foi um dos grandes pensadores da economia portuguesa e também de questões monetárias e orçamentais. Aliás, a minha exposição vai centrar-se no domínio fiscal, especialmente naquilo que chamarei uma constituição fiscal que favorece a voracidade contra o bem comum dos portugueses. Vou argumentar que a flexibilidade na integração europeia – aceite na resolução 21/95, de 8 de Abril da Assembleia da República como configurando uma ideia portuguesa da Europa – pode funcionar como seguro contra a voracidade fiscal.

Organizei o argumento em três secções, intituladas respectivamente bem comum e pressão externa, convergência e voracidade, Europa flexível e próxima, tendo seguido de resto a apresentação oral do Outono de 2001.

BEM COMUM E PRESSÃO EXTERNA

Como vou usar várias analogias musicais, começo por dar o mote: a reputação que pode adquirir alguém ou um país, um conjunto de pessoas, nunca se pode considerar adquirida, temos sempre de ambicionar os melhores padrões mundiais. Os países têm de continuar a alterar o modo de fazer as coisas – quando digo os países estou a falar tanto das empresas como da administração pública, porque só assim conseguem prosseguir duravelmente o bem comum. Portanto, o mote é uma perspectiva de bem comum: nós participamos da construção europeia na medida em que isso favorece o bem comum dos portugueses (cf. o meu livro de 1999, cuja lista de referências úteis não repito aqui).

Entendo esse bem comum de uma maneira específica, assente num ciclo virtuoso entre liberdades e pertenças, e aqui entra o elemento económico que é, evidentemente, central na minha exposição e na proposta de abordagem fiscal que quero aqui trazer. Nas liberdades, incluo dois aspectos que andam normalmente divorciados. O primeiro aspecto, herança dos tempos modernos dos últimos duzentos anos, é a liberdade política, os direitos, liberdades e garantias a que os anglo-saxónicos chamam "direitos civis". Mas há depois aquilo que chamarei a liberdade financeira que tem a ver com os direitos de propriedade e mais especificamente com a capacidade que tem um cidadão de utilizar a sua riqueza não só no país sob cuja moeda vive mas em qualquer outro. Esta liberdade financeira tem uma importância muito grande porque é ela que norteia as liberdades futuras. A liberdade política verifica-se (ou não) num determinado momento mas ao introduzir a liberdade financeira estamos a introduzir um grau de previsibilidade e de sustentabilidade nas políticas, em particular nas políticas fiscais, que se configura como liberdade (política e financeira) futura.

Ora, a tradição e o pensamento político português, particularmente nos últimos duzentos anos, andam avessos a juntar estas liberdades. Até diria que nos últimos cem anos se pensa que há uma contradição: quando existe rigor nas finanças é porque há ditadura e quando há democracia é o forrobodó (expressão típica da monarquia liberal). Ora bem, esta contradição, mito fundador para várias gerações republicanas, afecta muito a construção de um país coeso do ponto de vista económico, social e político. Tal não é o caso em muitos outros países europeus em que o entendimento da ligação entre a liberdade política e financeira é obvio e não é visto só como "só para os ricos".

Como há esta ideia em Portugal, é mais difícil a ligação dos cidadãos residentes e da diáspora portuguesa, dos emigrantes que não sejam seus familiares. É que, para estes últimos, a liberdade financeira é uma realidade palpável.

Não pára aqui a noção de bem comum porque há a questão das pertenças, e essas também são múltiplas. Quero salientar que é possível enquadrar bem as pertenças em duas, embora possa haver mais, desde logo de natureza local. Trata-se das pertenças europeia e lusófona. Portugal tem um sentimento de pertença quer em relação à Europa, é indiscutível e não é sequer polémico aqui, mas também há uma dimensão lusófona que tem a ver com o nosso modo de expressão, com a ligação com o Brasil e com África. Tenho prazer em dizer isto porque comecei por analisar estes assuntos numa contribuição que fiz ao livro em homenagem ao nosso moderador e nessa altura é que tentei arquitectar esta ideia do bem comum (ver lista de referências do meu 1999).

Umas vezes, o nosso país tem um ciclo virtuoso em que combina as liberdades políticas e financeiras, por um lado, e a pertença europeia e lusófona, por outro. Há uma sinergia, há um ciclo virtuoso, prossegue-se o bem comum dos portugueses. Mas há outras vezes em que lamentavelmente não conseguimos fazer isso. Temos a ideia de que se há liberdade política é porque concerteza há instabilidade financeira e se há estabilidade financeira é porque deve haver uma ditadura qualquer. Se há democracia, se há eleições livres, então deve haver alguém arrogante a querer oprimir-nos porque senão não poderia haver liberdade financeira! Da mesma maneira, se apostar--mos na Europa, como se fez na altura da nossa primeira presidência, há logo quem pense que então se esquece a África e a lusofonia!

Repita-se que, pelo contrário, um ciclo virtuoso concilia Europa e lusofonia. Nada disso, insistem, indignados, os defensores do mito, tem de optar: está daquele lado ou está daqueloutro. Isto que, dito assim, parece quase caricato, muito vezes anima o discurso vulgar da opinião pública em Portugal. Tentaria convencer-vos de que se trata de uma visão ultrapassada mas nem por isso quer dizer que desapareça porque dura já há várias gerações.

Então, como se assegura o ciclo virtuoso? Eu vou dizer que é a pressão externa (cf. o meu 1999). Só que a pressão externa não chega, ajuda mas não chega. Porquê? Vou referir-me a duas músicas populares para reterem melhor isto. Primeiro, sincronicidade. A falta de sincronicidade caracteriza o nosso percurso de integração. Durante os anos sessenta tínhamos proximidade económica mas afastamento político, éramos uma república dos pijamas, como nos chamou com tanta felicidade o Dr. Silva Lopes, que já aqui foi várias vezes referido (não confundir com república das bananas, que há menos uns anos atrás alguém responsável garantiu não sermos). Depois desse período de grande aproximação económica, indiscutível, e de afastamento político, aconteceu o inverso. A seguir à revolução, houve uma aproximação política, indiscutível também, mas um afastamento económico em que ficámos a ser basicamente governados pelo Fundo Monetário Internacional, porque era impossível haver aqui uma governação que preservasse a tal liberdade financeira. Praticamente só se conseguiu combinar aproximação económica e política depois da revisão constitucional de 1989, e portanto da estabilização da mudança de regime económico na direcção da modernização, da privatização e da convertibilidade cambial. Mas a combinação positiva revelou-se frágil e ténue, por isso a falta de sincronicidade ainda nos afecta hoje em dia.

CONVERGÊNCIA E VORACIDADE

A segunda analogia musical refere-se à constituição fiscal, um conceito sobre o qual não vou ter tempo de me alongar, mas que em Portugal quer dizer voracidade contra o contribuinte mediano. Quero assegurar que não é a constituição jurídica nobre que outros pensem invocar nesta sede mas sim um conjunto de regras que disciplina o modo como os recursos privados são arrecadados pelo Estado e depois distribuídos outra vez em favor de grupos sociais. Trata-se, portanto, dos vasos comunicantes e do modo particular como os grupos económicos públicos ou privados conseguem absorver uma parte das receitas dos impostos que aliás pagam. Há aqui uma visão que está muito bem definida com outra música (esta dos Rollings Stones) de que alguns se lembrarão, "Get out of my cloud", aqui é "Get out of my tax!" Quer dizer, estou a pagar um imposto mas dentro de certas circunstâncias eu não estou a pagar um imposto, vou receber depois um subsídio, e o que eu não quero é que se toque naquilo que parece ser um imposto que parece que estou a pagar, porque na realidade vou recebê-lo. Daí a voracidade que caracteriza certos sistemas em que a constituição fiscal é mais opaca, ou o governo mais dependente dos interesses instalados, sejam privados sejam do Estado.

Reparem que a constituição fiscal tem igualmente uma dimensão monetária, não é apenas o imposto que vem nos códigos. Trata-se, realmente, de tudo aquilo que afecta a propriedade privada, pelo que um excesso de impostos no futuro equivale a uma expropriação.

Digamos o que resulta desta visão, e que vou ilustrar com alguns gráficos, é que até agora não tivemos senão respostas defensivas e ambíguas à liberalização, nunca foram tão cooperativas como poderiam ter sido. Uma das razões para isso é o gradualismo a que nos obrigou uma grande instabilidade política – fomos seguramente o único país europeu que teve quatro revoluções, todas elas com objectivos redistributivos vários durante o século passado (a de 1910, a de 1917, a de 1926 e a de 1974) – quatro revoluções vitoriosas, para além de todas as tentativas que não foram vitoriosas. Portanto, a sociedade habituou-se a uma desconfiança muito grande relativamente ao poder político e daí os interesses instalados serem vorazes para controlar em seu favor a constituição fiscal.

O que está no gráfico 1 é para dar o enquadramento. Trata-se de um padrão internacionalmente reconhecido: são os dólares internacionais de 1990, um trabalho de Angus Maddison (2001), que mostra o que se passou com o rendimento *per capita* português no pós-guerra. Vê-se que há dois episódios de convergência, neste caso de convergência de padrões de vida, com toda a Europa (inclui aqui a EFTA e a CEE), extremamente pronunciados, mas que nos anos 50 houve até uma certa divergência devido ao tal milagre económico português – são os anos 60, o tal período de aproximação económica embora de afastamento político. Depois houve um período em que não houve convergência, antes pelo contrário houve altos e baixos – foi o período de sujeição ao Fundo Monetário Internacional, em que houve aproximação política mas afastamento económico.

Depois tivemos um novo período de convergência, que também é muito significativo (os dados de Maddison acabam em 1998).

Agora se passarmos ao gráfico 2 vemos o que deu a constituição fiscal. Usei as despesas primárias em percentagem do PIB porque, com a mudança de regime que se verificou a seguir à revisão constitucional de 1989, houve uma diminuição espectacular dos juros, e portanto o que interessa nas despesas são as despesas em bens, serviços de transferência, objecto verdadeiro da política orçamental visto que pagar os juros é um serviço relativo a despesas anteriores.

Ora este gráfico revela uma subida sistemática. São dados que foram retirados da análise do FMI de fins de 2000 e portanto como é costume nos programas de dietas ou de deixar de fumar, amanhã é sempre diferente, portanto é preciso ver que quando diminuiu não é a realidade, era a previsão no momento em que se fez esta análise. A nova análise do FMI confirma que em 2001 ainda se conseguiu aumentar a despesa primária em percentagem do PIB.

Este padrão resulta da voracidade fiscal. Ora os grupos, públicos ou privados, que fazem parte do nexo capturada pela constituição fiscal mantiveram-se impunes e até aumentaram a voracidade para beneficiar dos fundos estruturais. É esta a razão para estar inquieto quanto à possibilidade da economia portuguesa sem uma alteração profunda da sua constituição fiscal. Se esta alteração não puder ser imposta por fora, os limites da pressão externa estão na incapacidade em alterar este padrão de voracidade. Nesse caso, porém, nós não temos possibilidade de competir na Europa, muito embora estejamos no Euro, estaremos no Euro sem grande benefício real para aqueles que residem e trabalham cá.

Para ilustrar um pouco melhor o efeito de voracidade visível no crescimento da despesa primária, o gráfico 3 mostra o diferencial da taxa de juro a longo prazo relativamente à média, que é no fundo uma indicação da reputação dos países, uma indicação da tal ideia de que há confiança do investidor internacional no país. Vê-se desde logo que o diferencial quase desapareceu, é o benefício do Euro para o financiamento do investimento. Mas também se vê que em 1989 e em 1991 tivemos aumentos do diferencial entre a taxa de juros e média europeia e que só depois é que começou a descer significativamente. Esta liberdade extraordinária que foi dada pelo facto de nós começarmos a pedir emprestado mais barato não foi aproveitada para fazer a modificação da administração pública portuguesa. Ora isto é gravíssimo. Estou, aliás, perfeitamente à vontade para o dizer porque, quando exerci funções governativas, tentei fazer essa reforma da administração pública e nisso tive um apoio constante por parte do Primeiro Ministro da altura. É verdade é que não se conseguiu levar a cabo a reforma, mas também é verdade que desde então mais ninguém tentou. Enganamo-nos, não sei se de década talvez de geração mas o que é certo é que isso é neste momento uma necessidade absoluta de melhoria do sistema de administração e em particular do sistema fiscal a economia portuguesa, qualquer que seja a produtividade dos portugueses separadamente, não conseguirá prosseguir o bem comum dos portugueses e menos ainda fazer a tal combinação de pertenças europeia e lusófona.

O gráfico 4 mostra que, apesar daquelas inversões verificadas no início dos anos noventa, houve aqui uma oportunidade perdida e basta ver o que se passou com um indicador de competitividade muito usado que são os custos de trabalho unitários, portanto trata-se do custo do trabalho, não medido em unidades monetárias mesmo comuns mas medidos em unidades de produtividade – é um indicador que revela muito bem aqui, sobretudo a partir de 1995 altura do último realinhamento cambial da peseta e do escudo, nós tivemos uma melhoria da competitividade relativamente à média europeia mas depois um aumento extraordinário dos salários – ao ponto que a média dos dez anos é uma deterioração de competitividade a 2% ao ano durante dez anos.

Quaisquer que sejam os ganhos por via da eficiência do capital, do sistema bancário e da administração pública (que como se disse não ocorreu desde o falhanço de 1992/93) uma deterioração de competitividade deste teor é insustentável. Mais, já não há possibilidade de a corrigir, como, aliás, já não havia possibilidade de a corrigir, por via cambial pelo que não se perdeu muito, contrariamente ao que por aí se pensa, com a moeda única. Agora têm de se fazer reformas estruturais suplementares. A incapacidade em reformar o sistema de contratação e negociação salarial na administração pública também levou a uma grande dificuldade em moderar os respectivos salários.

Vejamos agora aspectos que têm a ver com a convergência nominal propriamente dita. Como é que se adquiriu a reputação financeira? Tenho de reconhecer que, ao contrário do que se passou com a EFTA ou com a OCDE e foi contado aqui por oradores que me precederam, trata-se de acontecimentos bastante recentes e portanto talvez não tenha a mesma liberdade para revelar os segredos da entrada para o Sistema Monetário Europeu do que eles, quando falaram de aspectos muito específicos da negociação, do papel dos funcionários, a relação que existe entre os titulares de órgãos políticos e os seus pares noutros países. Bastará dizer que no caso português o facto de se ter entrado no Sistema Monetário Europeu cerca de dois, três meses antes do Sistema entrar em instabilidade foi uma sorte porque, se não tivéssemos entrado naquela altura, só poderíamos entrar depois da estabilização do Sistema. Era mais que provável estarmos na situação em que esteve a Grécia, de ter que entrar na zona do Euro mais tarde com resultado muito pior visto que a política da Grécia foi muito mais responsável.

Quer isso dizer que seria necessariamente mau ter sido obrigado a um ajustamento orçamental, na despesa e na receita, durante a segunda metade dos anos noventa? Não. Agora, a Grécia está indiscutivelmente melhor que nós. O ponto era ter aproveitado a pressão externa para combater a voracidade fiscal, e continuar o combate mesmo depois dela abrandar com a entrada no Euro. Pelo contrário, desistiu-se de reformar a estrutura da economia e da administração pública mesmo quando a conjuntura internacional dava uma grande margem para enfrentar os interesses instalados.

A entrada no Sistema foi no último momento em que se podia entrar durante cerca de dez anos. E o importante na altura era evitar, quando já se verificavam algumas pressões especulativas, que houvesse, de facto, uma tentativa mal sucedida. E aí não há dúvida que foi essencial o papel da Comissão Europeia e eu queria salientar a importância que tiveram peritos da Comissão que estavam na altura no Ministério e que levaram a que a entrada se fizesse com uma grande facilidade e tendo aceite até uma taxa que para nós era favorável, era um pouco menos elevada daquela que nós oferecemos, que era de cerca de 180 escudos por ECU, na altura, mas como sabem acabou por ter uma importância extrema porque uma parte da competitividade que tínhamos perdido anteriormente podemos adquiri-la sem punição de juro.

EUROPA FLEXÍVEL E PRÓXIMA

A partir do momento em que pusemos em comum a política cambial mesmo quando houve realinhamentos, não fomos castigados pela desvalorização – não houve castigo de desvalorização como se pode inferir dos números contidos, nos quadros 1 e 2, os quais julgo falarem por si (explicação no meu 2001). A razão foi que nunca iniciamos o realinhamento. Havia um processo comunitário doloroso para os responsáveis pelas finanças que tinham de telefonar para Bruxelas a dizer «Bem, tenho aqui um problema, queremos desvalorizar». No caso português nunca foi assim, foi sempre o espanhol que fez a chamada para convocar o Comité Monetário, hoje Comité Económico e Financeiro. As orientações que se davam às delegações para Bruxelas, era «Fica caladinho e no fim diz: "Bem, nós até estamos bem, enfim mais ou menos, mas como os espanhóis desvalorizam e nós somos vizinhos, passamos a ter um problema também» e então desvalorizávamos ou o mesmo montante ou um pouco menos e nalguns casos, num caso particular até, nem se seguiu a peseta.

O que é certo é que depois conseguimos fixar a taxa de 200 escudos por euro sem perda de reputação. Isto é um bom exemplo de estratégia cooperativa e não defensiva. Quer dizer entramos no jogo e soubemos jogar de acordo com as regras. Não houve nenhuma situação especial. Foi aliás um caso, reconhecido como tal, de bom aproveitamento da cooperação comunitária, não defensivo. Mas como sabem muito bem, essa estratégia não foi entendida entre nós.

Isto talvez se possa chamar a ressaca da cooperação e deve-se à resistência à mudança, que radico na voracidade fiscal. O Prof. Cavaco Silva, no seu livro *As Reformas da década*, diz que foi das reformas mais importantes, seguramente isso será assim mas não foi entendido como tal. As próprias elites empresariais, para não falar na administração pública, só começaram a convencer-se que isso era assim quando o governo subsequente, que muito tinha criticado essa tomada de posição, acabou por vir fazer exactamente a mesma coisa. Não sei se ganhamos muito com esse atraso na percepção por parte dos cidadãos residentes, mas o que é certo é que não consegui explicar que a medida estava muito próxima desses mesmos cidadãos, que se tratava da liberdade financeira deles, perdida desde 1891! Portanto, fica aqui, talvez, uma receita quanto à construção europeia: quando se tomam medidas de mudança de regime, mesmo que elas sejam bem aceites, mesmo que os funcionários tenham sucesso é depois necessário haver uma explicação. Penso que há aqui um papel para o Parlamento.

Passaria agora rapidamente a um aspecto que tem a ver mais com a arquitectura europeia mas que generaliza a opção pela resposta cooperativa e não defensiva relativamente à Comunidade. Aliás, tenho prazer de o dizer, foi uma inovação do Parlamento português, nos trabalhos que fez em preparação para a Conferência Inter-governamental de 1996. Porque havia muito, e o Ernâni acabou de o dizer, a mentalidade "aquilo é para sacar". Aquela ideia que eu mostrei há pouco, o tal efeito de voracidade (gráfico 2), é claro que os fundos estruturais ajudaram. É evidente que ali havia a ideia que tínhamos que redistribuir, temos que distribuir aqui umas benesses, vindo da Europa melhor, mais rápido, mais fácil. E isso era uma ideia de Europa, na expressão feliz de Eduardo Lourenço, da "árvore das patacas". É uma visão defensiva e que acaba por se destruir. Mas o Parlamento português aprovou com a resolução nº 21/95 citada no início uma base de negociação para o Tratado de Amsterdão onde se admitia a geometria variável, a que se chama a cooperação reforçada ou a flexibilidade de integração. E trabalhos que tenho visto sobre a integração europeia (posteriores aos constantes da lista de referências do meu 1999, como Baldwin *et al*, 2001 ou o meu 2001) mostram que, se há uma esperança para a construção europeia, ela vem pela flexibilização que nos dois casos em que se fez um esquema com base, embora sem lhe chamar assim, na cooperação reforçada que foi Schengen e o Euro, e em ambos os casos Portugal está no centro, foi um sucesso.

Quer dizer a máquina da Comunidade não está capaz de alterar a sua própria constituição fiscal, não está capaz de funcionar mas, quando existe flexibilidade e contratualização, como houve no Euro, então todos os países aprenderam um determinado código de conduta, que não estava escrito, que era o código de conduta da convergência.

Ainda hoje de manhã foi dito por um membro da Comissão que a flexibilidade pode escorar a construção europeia. Curioso, portanto, aqueles que vêm dizendo que são os procedimentos tradicionais. Não são. São os procedimentos à margem. Ora o Parlamento português, em 1996, aprovou uma resolução contrariando a ideia de que devemos é estar como os outros e depois receber dinheiro, portanto com o receio de que se há esquemas de cooperação reforçada nós ficamos de fora e portanto é melhor não os propor. Isto não quer dizer que os esquemas de flexibilidade sejam uma panaceia. Claro que não são, mas são uma maneira de criar uma dinâmica europeia, uma bola de neve – e há trabalhos que estão a ser feitos em Florença nessa linha. Portanto, está aqui a visão, compatível com a multiplicidade das pertenças e das liberdades, que é a visão da construção europeia que se baseie na flexibilidade.

Queria terminar, agora, dando uma visão que não ficasse na Europa. Porque o que se viu aqui claramente, e na era da globalização não podia ser de outra maneira, é que a Europa sempre esteve ligada a uma determinada visão do Atlântico, não só do Atlântico Norte como também, a presença lusófona obriga, para nós o Atlântico Sul. Ora, não há dúvida que experiência europeia, encarada da maneira como eu estou a encarar, é muito mais exportável do que se pensa para o Mercosul ou para esquemas de integração asiática. Já não é preciso ter guerras civis, ter guerras de religião, ter os romanos, é simplesmente um método de cooperação que tem funcionada.

E isso é o grande contributo que a Europa pode dar e que não tem dado à discussão da arquitectura financeira internacional. Há instituições, como o Fundo Monetário Internacional que, embora continuem a falar de supervisão multilateral, trabalham em "top-down" – o que é mandado pelas equipas que vão aos países em dificuldade e que pedem apoio.

Não é este esquema de educação mútua do bom aluno que também muitas vezes não foi bem entendido que era o bom aluno que no fundo sentia que podia basear-se na pressão dos pares. Porque é que as pessoas estão todas aqui a esta hora da tarde, isso já foi referido por vários oradores, há evidentemente algum interesse do que estará a ser aqui dito mas também há uma pressão dos pares que depois falam entre si a dizer bem ou a dizer mal. Mas quer dizer não há dúvida que há uma pressão dos pares. Se só estivesse aqui um não havia mais essa pressão, agora há. E não há dúvida que isso é assim, que as nações conseguem ir adoptando políticas que são impopulares.

Portanto, não há a vitória eleitoral, há sim a pressão dos pares. Isso nas instituições do Bretton Woods não existe, são imposições e a arquitectura financeira internacional não tem evoluído o suficiente, porque a Europa está dividida e em particular os membros do G7 quando chegam a Washington já não querem saber dos seus parceiros europeus, é só o directório dos grandes países. Com a entrada do Euro, estamos em condições de aumentar a portabilidade da experiência europeia. Nesse sentido não há dúvida que os acontecimentos do 11 de Setembro de 2001, com todo o lado trágico que têm, voltam a introduzir o elemento da segurança. Ora, além do Euro é Shengen que tem a ver com a segurança das pessoas.

O outro elemento que tem sido positivo na Europa, e não há dúvida que o elemento atlântico voltou a ter uma grande importância, não no sentido de dar a ideia de Europa contra a América ou a Europa contra uma visão adversarial mas sim uma visão cooperativa que aliás inclui países com graus de desenvolvimento diferente. E onde penso que, apesar da dificuldade que me causa a conjuntura actual e o receio que tenho de Portugal não estar a aproveitar a reputação que adquiriu há uns anos atrás, não há dúvida que a exigência dos países em desenvolvimento é, neste momento, terem a capacidade de serem vistos apreciados os seus progressos. Foi exactamente o que aconteceu com Portugal: quer dizer, mais uma vez o que aconteceu com Portugal foi que os mercados financeiros internacionais acreditaram na mudança de regime português antes dos cidadãos. Vejam a diferença com o caso do México, onde a classe média já estava a gastar e pensar que vivia em Miami, gastando à grande. Entretanto os mercados financeiros internacionais, os "traders" (aquela gente que tem de adivinhar as incoerências da política governamental) a certa altura, em 1994, desconfiaram e foi o colapso financeiro, o chamado efeito "tequilla"!

Não houve "efeito bagaço" em Portugal e podia ter havido. Houve o contrário, o que houve em Portugal foi os mercados dizerem: "não, sim senhor, a política é boa" e as pessoas dizerem "será"? Será mesmo que a inflação vai baixar? Será mesmo que os juros vão baixar? Não me cheira! E depois aparece o outro, que estava sempre a dizer mal, agora diz que sim! (não estou a pensar em ninguém em particular). Bem, se calhar é verdade!". Esta desconfiança, esta defensividade portuguesa aplicou-se até aos próprios governantes. Porquê? Eu volto a dizer: por causa da constituição fiscal que é realmente um grande peso que penso que deve ser analisado. Espero que se consiga uma abordagem pluridisciplinar nessa matéria.

Quero citar Denis de Rougemont, que é um grande federalista, tanto mais que tentei convencer-vos de que o federalismo não é necessário para termos uma Europa forte em que a multiplicidade das nossas pertenças esteja plenamente consagrada. Ora ele disse que um país, uma nação nunca se pode definir sem se comparar com outros e portanto sem haver a tal pressão dos pares. Por trás desta citação está um dos princípios da construção europeia que já foi várias vezes citado e que vem no artigo 1º do Tratado, a proximidade cada vez maior dos povos da Europa.

Depois da sincronicidade e do "get out of my tax", ia propor-lhes esta formula para nos lembrarmos quando pensamos em Portugal e na construção europeia, que apesar de todas as dificuldade valeu, vale e valerá a pena.

CONCLUSÃO

A Europa vale a pena porque, estando próximos de uma Europa flexível, ela torna-se como que um seguro contra a voracidade. Esta ideia da Europa-seguro faz parte do mito que denunciei acima mas, a haver seguro, deveria ser contra a voracidade, restaurando a constituição fiscal no seu papel de raíz da combinação entre liberdade política e financeira.

Esta expressão da Europa ser o próximo implica que temos de considerar a Europa diferente de nós e por isso ela deve ser flexível além de próxima. Só assim nos vai permitir não só beneficiar da construção europeia mas também, tão ou mais importante, nós próprios beneficiarmos a construção europeia e a ideia de Europa com a nossa experiência de luta contra a voracidade fiscal e pelo bem comum. Felizmente, desde a conferência, voltou a sincronicidade. Infelizmente, também se tornou óbvio para todos os contribuintes portugueses que se tinham perdido dez anos na reforma da administração pública e que os custos da voracidade fiscal se tinham tornada insuportáveis.

REFERÊNCIAS

BALDWIN, Richard, Erik Berglof, Francesco Giavazzi and Mika Widgren, *Nice Try: Should the Treaty of Nice be Ratified?* Monitoring European Integration 11, CEPR: London, 2001.

MACEDO, Jorge Braga de (1999), *Portugal's European Integration: the limits of external pressure*, Nova Economics Working Paper n.º 369, Dezembro.

MACEDO, Jorge Braga de (2001), *The Euro in the International Financial Architecture Acta Oeconomia,* vol 51 (3), 2000/2001, pp. 287-314.

MACEDO, Jorge Braga de, José Adelino Maltez e Mendo Castro Henriques, *Bem Comum dos Portugueses,* Lisboa: Vega, 1999, 2ª edição.

MADDISON, Angus (2001), *The world economy: a millenial perspective,* Paris, OECD Development Centre.

GRÁFICO 1: PIB de Portugal % média Europeia
(dólares internacionais de 1990)

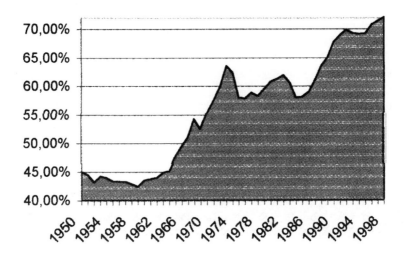

GRÁFICO 2: Despesas Públicas Primárias % PIB

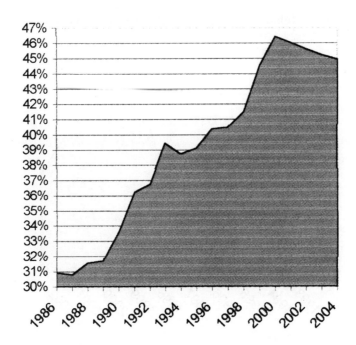

GRÁFICO 3: Diferencial de juro a longo prazo
(% p.a.)

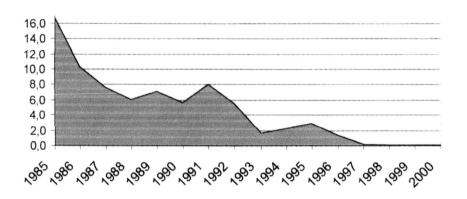

GRÁFICO 4: Custos de Trabalho
Relativos por Unidade Produzida (% p.a.)

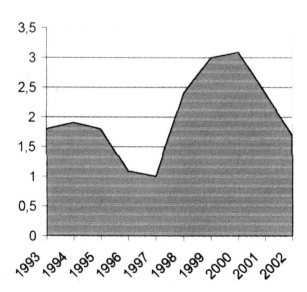

TABLE 1: Chronology of the ERM crises regime
(from the entry to the first realignment)

Date	Very low	Smoothed probabilities Medium	High	Very high
04/08/92	0%	4%	**72%**	24%
04/15/92	0%	3%	**71%**	27%
04/22/92	0%	0%	**63%**	37%
04/29/92	0%	0%	**64%**	36%
05/06/92	0%	0%	**78%**	22%
05/13/92	0%	0%	**85%**	15%
05/20/92	0%	1%	**91%**	8%
05/27/92	0%	1%	**93%**	6%
06/03/92	0%	2%	**93%**	5%
06/11/92	0%	1%	**91%**	7%
06/17/92	0%	1%	**87%**	11%
06/24/92	0%	1%	**81%**	17%
07/01/92	0%	0%	**65%**	35%
07/08/92	0%	0%	48%	**52%**
07/15/92	0%	0%	30%	**70%**
07/22/92	0%	0%	34%	**66%**
07/29/92	0%	0%	30%	**70%**
08/05/92	0%	0%	26%	**74%**
08/12/92	0%	0%	21%	**79%**
08/19/92	0%	0%	6%	**94%**
08/26/92	0%	0%	21%	**79%**
09/02/92	0%	0%	27%	**73%**
09/09/92	0%	0%	26%	**74%**
09/16/92	0%	0%	16%	**84%**
09/23/92	0%	0%	13%	**86%**
09/30/92	0%	0%	5%	**95%**
10/07/92	**87%**	0%	6%	6%
10/14/92	**93%**	0%	6%	1%
10/21/92	**93%**	0%	7%	0%
10/28/92	**92%**	0%	8%	0%
11/04/92	**83%**	0%	16%	0%
11/11/92	0%	0%	**99%**	0%
11/18/92	0%	0%	**98%**	1%
11/25/92	0%	0%	**96%**	4%

TABLE 2: Chronogy of the ERM crises regime
(from the first realignment to the widening of the bands)

Date	Smoothed probabilities		
	Medium	High	Very high
12/02/92	0%	**96%**	4%
12/09/92	0%	**93%**	7%
12/16/92	0%	**90%**	10%
12/23/92	0%	**84%**	16%
12/30/92	0%	**88%**	12%
01/06/93	0%	**87%**	13%
01/13/93	0%	**92%**	8%
01/20/93	0%	**93%**	7%
01/27/93	0%	**95%**	5%
02/03/93	1%	**95%**	4%
02/10/93	1%	**94%**	6%
02/17/93	0%	**89%**	11%
02/24/93	0%	**92%**	8%
03/03/93	0%	**93%**	6%
03/10/93	1%	**94%**	5%
03/17/93	3%	**95%**	3%
03/24/93	3%	**94%**	2%
03/31/93	5%	**93%**	2%
04/07/93	6%	**91%**	3%
04/14/93	7%	**89%**	4%
04/21/93	7%	**84%**	9%
04/28/93	7%	**75%**	18%
05/05/93	6%	**56%**	38%
05/12/93	0%	10%	**90%**
05/19/93	0%	0%	**100%**
05/26/93	0%	1%	**100%**
06/02/93	0%	0%	**100%**
06/09/93	0%	0%	**100%**
06/16/93	0%	2%	**98%**
06/23/93	0%	4%	**96%**
06/30/93	0%	4%	**96%**
07/07/93	0%	4%	**96%**
07/14/93	0%	0%	**100%**
07/21/93	0%	0%	**100%**
07/28/93	0%	0%	**100%**
08/04/93	0%	44%	**56%**

O SONHO DA CONVERGÊNCIA REAL

Manuel Porto

1. Introdução

As forças que se empenharam na entrada de Portugal nas Comunidades europeias visavam naturalmente, em primeira linha, assegurar a continuidade do regime democrático: face às experiências, de sinal contrário, vividas nas décadas e nos anos anteriores.

Mas é igualmente claro que ansiavam também conseguir assim uma maior aproximação dos níveis de desenvolvimento dos países mais ricos da Europa[1]. Assim aconteceria como consequência natural de maiores oportunidades de mercado, estimulando a concorrência, e também como consequência de passarmos a ser beneficiários da política regional da União Europeia.

Conjugando-se com a primeira razão, a história mostra aliás bem que o desenvolvimento é a melhor ou mesmo a única garantia contra os riscos de uma nova aventura ditatorial.

Face à expectativa criada, será interessante ver em que medida o sonho da convergência real se tornou realidade; tendo além disso

---

[1] Sobre a aproximação verificada desde 1913, depois do afastamento verificado ao longo do século XIX, ver Mateus (2001, pp.15-27) e Maddison (2001, p. 198). Tendo havido aproximações mais sensíveis de outros países em períodos mais curtos (com especial relevo para o 'salto' recente da Irlanda, agora já com um PIB *per capita* de 18% acima da média da União Europeia), Portugal foi o país que mais cresceu ao longo do séc. XX (com maior relevo para a década de 60), tendo tido um crescimento médio anual de 4,7%. Mesmo assim, como se verá no quadro I, em 1986 ainda estava com 55,1% da média comunitária.

de ter-se em conta que a par de medidas positivas há na União Europeia políticas e intervenções que, pelo contrário, são agravadores dos desequilíbrios, com riscos acrescidos e consequências agravadas face a desafios próximos a que há que dar resposta.

A par de mudanças a introduzir sem demora em políticas e condições de competitividade do nosso país, importa pois que sejam mudadas radicalmente políticas e intervenções da União Europeia, sob pena de não vir a concretizar-se um sonho realista de convergência real, em especial da parte de algumas regiões.

2. Os resultados da política seguida

2.1. *No conjunto da União Europeia*

Não é fácil ou mesmo possível em economia saber com segurança se determinados efeitos são a consequência (apenas) de determinadas medidas. Assim acontece a propósito da política regional comunitária, acrescendo que a totalidade dos efeitos de uma política *estrutural* só pode ser conhecida alguns anos mais tarde, só então podendo ser integralmente medidos os efeitos económicos e sociais resultantes da melhoria da capacidade produtiva de um país ou de uma região[2].

Trata-se de política em que importa distinguir aliás efeitos de procura (de despesa), numa linha keynesiana, de efeitos de oferta, numa perspectiva micro-económica (considerando-se os resultados das externalidades criadas, v.g. com o serviço proporcionado pelas infraestruturas físicas ou com a formação de pessoas). Enquanto os efeitos de procura são sensíveis e mensuráveis a curto e médio prazos, o mesmo não se passa com os efeitos de oferta, verificáveis apenas alguns anos depois.

Com a experiência de duas décadas e meia, mais de catorze anos integrando os quatro iniciais 'países da coesão', pode constatar-se que se tem verificado alguma aproximação entre os países e as regiões.

---

[2] Sobre a história, a razão de ser e os modos de intervenção da política regional ver Porto (2001, pp. 375-91).

A aproximação entre os países pode ser vista no quadro 1:

QUADRO 1
Crescimento do PIB e da população nos países da coesão, 1986-2000*

		Espanha	Grécia	Irlanda	Portugal	UE3	UE12	UE15
Variação média anual do PIB(%)	88-98	2,6	1,9	6,4	3,0	2,5	1,9	2,0
	88-93	2,0	1,2	4,4	2,6	2,0	1,7	1,7
	93-98	3,1	2,6	8,5	3,4	3,1	2,3	2,4
estimativas	98-00	3,9	3,6	8,7	3,3	3,8	2,8	2,9
Variação média anual da população (%)	88-98	0,1	0,5	0,5	0,0	0,2	0,4	0,4
	88-93	0,1	0,7	0,2	-0,2	0,2	0,3	0,3
	93-98	0,1	0,3	0,7	0,2	0,2	0,3	0,3
estimativas	98-00	0,1	0,6	1,0	0,2	0,2	0,3	0,3
PIB *per capita* (PPC), UE15=100	1986	69,8	59,2	60,8	55,1	-	-	-
	1987	71,5	57,4	62,5	56,7	-	-	-
	1988	72,5	58,3	63,8	59,2	67,8	106,6	-
	1989	73,1	59,1	66,3	59,4	68,4	106,4	-
	1990	74,1	57,4	71,1	58,5	68,6	106,4	-
	1991	78,7	60,1	74,7	63,8	73,0	105,2	-
	1992	77,0	61,9	78,4	64,8	72,3	105,3	-
	1993	78,1	64,2	82,5	67,7	74,0	105,0	-
	1994	78,1	65,2	90,7	39,5	74,4	104,9	-
	1995	78,4	66,1	93,3	70,9	75,0	104,8	-
	1996	79,5	66,9	94,1	71,1	75,9	104,6	-
	1997	80,0	66,0	103,8	74,3	76,6	104,5	-
	1998	81,1	66,0	108,2	75,3	77,5	104,3	-
	1999	82,5	66,8	114,0	76,1	78,7	104,1	-
estimativas	2000	83,1	67,2	118,9	75,3	79,0	104,0	-

* Com o PIB *per capita* actual a Irlanda deixou de ser ´país da coesão´, passando por isso a considerar-se a UE-3 (já não a UE-4). A UE-12 é constituído pelos países participantes no euro.
As taxas de crescimento 1988-98 e 1988-93 não consideram os novos *Länder* alemães.

Fonte: Comissão Europeia (2001, vol. 2, p. 29)

Tem havido pois uma aproximação dos quatro países 'da coesão', embora devam fazer-se ressalvas em relação aos números do quadro: com a entrada das regiões mais pobres do leste da Alemanha, a partir de 1992 houve uma baixa da média comunitária; e revisões técnicas feitas pelo Eurostat (v.g. para se tomarem em conta alterações cambiais), com consequências diferentes entre os países, 'ajudaram' também a que as estatísticas mostrassem uma maior aproximação (cfr. os relatórios da Comissão e Atanásio, 1999, cap. 9).

Verificou-se de qualquer modo uma aproximação clara. No caso da Irlanda foi aliás muito mais do que uma 'aproximação'. Tendo partido de 60,8% da média comunitária em 1986, muito atrás da Espanha, terá chegado já em 2000 ao valor de 118,9%, muito acima da média, sendo o terceiro país da UE em termos de PIB *per capita*, abaixo apenas do Luxemburgo e da Dinamarca. Quem se aproximou menos foi a Grécia, de 59,2% para 67,2%, tendo tido algum afastamento em anos do final da década de 80 (estando em posições intermédias as aproximações de Portugal e da Espanha, também com alguns pequenos recuos de permeio).

Deixando agora de ter sentido considerar a Irlanda, verifica-se que os três restantes 'países da coesão' passaram de um valor de 67,8% em 1988 para um valor de 79% em 2000, o que significa um êxito apreciável, a acrescer ao êxito da Irlanda.

Congratulando-nos com a aproximação verificada, tem de perguntar-se todavia se ficou a dever-se à política regional ou se teria tido lugar mesmo sem ela, v.g. como mera consequência da dinâmica de um mercado mais concorrencial. Trata-se de questão de grande importância, dependendo naturalmente de uma resposta afirmativa a justificação da sua manutenção ou mesmo do seu reforço.

Conforme é sublinhado pela Comissão (1999a, cap. 5), concluem nesse sentido estudos recentes levados a cabo[3], tendo a uti-

---

[3] Com análises anteriores e mesmo contemporâneas, de um modo geral menos favoráveis ou indefinidas, ver por exemplo Neven e Gouyette (1995), Fagerberg e Verspagen (1996), Silva e Lima (1997) e Magnini (1999) (cfr. já Marques, 1993).

lização dos fundos levado a um acréscimo do crescimento anual de 0,5%, em relação ao que teria acontecido sem eles, nas regiões objectivo 1[4] (1% em Portugal e na Grécia; cfr. Fitoussi, 2000, p. 174). De acordo com as estimativas feitas (ver adiante o quadro 3) em 1999 o efeito acumulado dos fundos terá elevado em mais de 9% os PIB's da Grécia, da Irlanda e de Portugal e em 4% o PIB da Espanha[5] (país em que regiões muito significativas nunca foram objectivo 1).

Põe-se para além disso a questão de saber se a aproximação geral entre os países (NUT's I) foi acompanhada pela aproximação entre as regiões (NUT's II)[6].

Em anos passados tal não aconteceu, havendo quando muito a manutenção da situação anterior, com as dez ou as vinte e cinco regiões mais ricas e mais pobres igualmente separadas da média da União.

Mais recentemente houve indicações no sentido de que estaria a verificar-se também uma aproximação entre as NUT's II, por exemplo com as dez regiões mais pobres a passar de 49,8% da média comunitária em 1996 para 52,1% em 1999, e as vinte e cinco mais pobres de 56,2% para 57,8% entre os mesmos anos[7]. Mas há

---

[4] São as regiões com PIB's *per capita* até 75% da média da União, abrangendo 22% da população e sendo beneficiadas com 69,7% dos fundos estruturais.

[5] Com uma análise (positiva) da experiência espanhola de apoio estrutural ver por exemplo De la Fuente e Vives (1995).

[6] Nas categorias estatísticas da União Europeia há três unidades geográficas: as NUT's I, correspondendo em princípio aos países, ou no nosso país ainda (separadamente) aos Açores e à Madeira; as NUT's II, correspondendo às 'regiões', 231 na União, havendo cinco no Continente português (as áreas das Comissões de Coordenação Regionais, Norte, Centro, Lisboa e Vale do Tejo, Alentejo e Algarve); e as NUT's III, correspondendo entre nós a 52 agrupamentos de municípios.

[7] Comissão Europeia (1999a, pp. 7 e 2001) e os dados mais recentes (relativos a 1999) do Eurostat. Com análises apontando no mesmo sentido ver também Martin (1999), Button e Pentecost (1999) ou Fitoussi (2000, cap. 5, dando contudo a indicação, com base nas análises econométricas de Fayolle e Lecuyer, 2000, de que estão a ter maiores dificuldades as regiões menos desen-

quem, com base noutros cálculos, tenha dúvidas ou julgue mesmo que não está a haver aproximação[8].

2.2. *Em Portugal*

A aproximação do nosso país[9] foi já sublinhada no número anterior (recorde-se o quadro 1), valendo todavia a pena referir que não tem sido o país mais beneficiado em termos de fundos estruturais.

Ao longo do II Quadro Comunitário de Apoio teve uma capitação superior a Irlanda, de 1 652,1 euros, tendo a nossa sido de 1 510,2 euros (a da Grécia de 1 439,5 euros); e o que os fundos têm representado (desde 1989) como percentagens dos PIB's pode ser visto no quadro 2:

---

volvidas dos países mais ricos, sendo maiores as aproximações em Portugal e na Grécia).

[8] Ver Marques e Soukiazis (1999), Pontes (2000) ou Desurmont e Docquier (2002).

[9] Todavia com um abrandamento recente do ritmo de aproximação. Com o ritmo registado entre 1986 e 1994 chegaríamos à média da União em 12,8 anos; mas já com o ritmo de 1995 a 2000, projectado para 2001-2003, serão necessários 45 a 55 anos (Mateus, 2001, p. 300).

QUADRO 2
Fundos estruturais
e Fundo de Coesão nas regiões objectivo 1 (1989-1999)

Regiões do Objectivo I	Fundos Estruturais e Fundo de Coesão em % do PIB		
	1989	1993	1999
Grécia	2,5	3,3	4,0
Espanha[1]	1,0	1,5	2,3
Irlanda	2,1	3,1	2,7
Portugal	2,7	3,3	3,8
EUR – 4	1,6	2,3	2,9
(dos quais Fundo de Coesão)	-	(0,4)	(0,6)
Novos Länder alemães[2]	nd	(0,8)	1,7
Itália[3]	0,6	1,1	1,2
Outros Estados Membros[4]	1,0	1,4	1,1
Todas as Regiões do Objectivo I	1,2	1,8	2,1
EUR-12	0,1	0,2	0,3

[1] Números de 1999 incluem a Cantábria; [2] Números dentro de parêntesis referem-se a montantes previstos no âmbito do Regulamento (CEE) n.º 3275/90; [3] Números de 1999 excluem Abruzzi; [4] Relativamente a 1989 e 1993, Irlanda do Norte no Reino Unido e Córsega em Itália, relativamente a 1999, incluindo também o Hainaut, os "arrondissements" de Douai, Valenciennes e Avesnes, Flevoland, Merseyside e a Highlands Enterprise Area

Fonte: Mayhew (1998-9, p. 286; cfr. Sousa, 2000, p. 136)

O país que em 1999 teve mais apoio foi a Grécia, apoio que teve um crescimento percentual sensível desde 1989. Para o 'salto' da Espanha em 1999 contribuíu em grande medida o Fundo de Coesão . Portugal deixou de ter a posição de maior privilégio que tinha em 1989, mas teve de qualquer modo uma subida apreciável, com um apoio de 3,8% do PIB, muito acima da média da UE-4.

Sendo importante pôr a questão de saber se o crescimento verificado foi consequência do apoio dos fundos, como se disse há pouco procurou-se separar os factores de procura dos factores de oferta: com a constatação de que Portugal se distingue dos demais por ter seguido em maior medida uma linha da expansão da procura, v.g. com investimentos em infraestruturas físicas. Nesta lógica terão sido especialmente importantes os efeitos a médio prazo, com um acréscimo adicional de crescimento do PIB de 9,2% em 1999 (de qualquer modo superado, em pequena medida, pelos efeitos na Grécia, de 9,4%, e na Irlanda, de 9,3%), não sendo já tão sensíveis a longo prazo, de 8,9% em 2020, quando serão de 12,4% na Irlanda (e de 9,5% na Grécia, já em 2010)[10].

São diferenças que podem ser vistas no quadro 3:

QUADRO 3
Impacto dos fundos estruturais
(efeitos de crescimento adicional do PIB, em %)

	Efeitos de Procura 1994 1999 2020	Efeitos de Oferta 1994 1999 2020	Efeitos Totais 1994 1999 2020
Irlanda	6,2 5,9 4,0	- 3,4 8,4	6,2 9,3 12,4
Espanha	1,9 2,9 1,9	- 1,4 6,8	1,9 4,3 8,7
Portugal	7,0 8,1 7,6	- 1,1 1,3	7,0 9,2 8,9
Grécia	1,1 4,8 1,5	0,1 4,6 8,0	1,2 9,4 9,5 *

* 2010

Fonte: Comissão Europeia (1999a, p. 229) e Sousa (2000, p. 137)

Por fim, importa pôr a questão de saber se à aproximação do nosso país da média comunitária tem correspondido uma aproximação das nossas regiões, em relação a essa média e entre si.

---

[10] Devemos sublinhar que nas circunstâncias do nosso país, de grande carência de infraestruturas básicas e de menor segurança (pelo menos de imediato) na boa aplicação de fundos em alguns factores da oferta (caso da formação profissional), terá sido correcta a estratégia seguida.

Depois de algumas indicações mais favoráveis em anos imediatamente anteriores (ver Ministério do Planeamento, 1999, p.I.89 e Porto, 2001, pp. 397-8), as indicações mais recentes apontam no sentido de uma aproximação maior ou menor de quase todas da média comunitária mas no sentido do afastamento entre elas (quadro 4):

QUADRO 4

Região	1995	1996	1997	1998	1999
Norte	60	60	62	60	61
Centro	57	57	59	57	58
Lisboa e V. Tejo	94	94	100	100	101
Alentejo	59	59	62	58	59
Algarve	67	66	69	71	72
Açores	50	49	50	51	51
Madeira	62	63	68	67	67
Portugal	71	71	75	73	74

Fonte: Eurostat

Constata-se pois que a Região de Lisboa e Vale do Tejo ultrapassou já a média da União e que foram sensíveis os crescimentos do Algarve (5 pontos percentuais em quatro anos) e da Madeira (5 pontos)[11], acentuando-se a distância em relação às outras regiões, com o Alentejo sem melhoria relativa e o Norte, o Centro e os Açores apenas com a aproximação de 1% nesses quatro anos.

---

[11] Estando previsto que numa União Europeia alargada a mais 10 países (os PECO's, Países da Europa Central e Ocidental), com a baixa da média do PIB *per capita*, estas duas regiões deixarão de ser também objectivo 1 a partir de 2007, ultrapassando os 75% (dados do *Relatório Intercalar sobre a Coesão Económica e Social*).

Trata-se em qualquer dos casos de regiões que, importa sublinhá-lo, continuam a estar entre as 40 regiões mais pobres da União Europeia, como pode ser visto no quadro 5.

QUADRO 5
PIB *per capita* nas regiões mais pobres da União (1998)
(em PPC, EU-15 = 100)

15 regiões mais fracas		25 regiões seguintes	
		Martinique (Fr)	60,2
Ipeiros (Gr)	42,6	Norte (P)	60,5
Extremadura (Esp)	49,8	Dytiki Makedonia (Gr)	61,1
Reunion (Fr)	50,3	Voreio Aigaio (Gr)	62,0
Açores (Pt)	51,0	Calabria (H)	62,1
Guadelupe (Fr)	52,8	Chemintz (Al)	62,8
Dytiki Ellade (Gr)	53,7	Dessau (Al)	63,7
Peloponnisos (Gr)	53,7	Galicia (Esp)	63,9
Guyane (F)	53,8	Magdeburg (Al)	64,9
Anatoliki, Makedonia, Thraki (Gr)	56,5	Campania (IT)	65,4
		Ceuta y Melilla (Es)	65,8
Ionia Nisia (Gr)	56,8	Sicilia (It)	65,9
Andalucia (Esp)	57,2	Castilla-la-Mancha (Es)	66,2
Centro (Pt)	58,0	Region de Murcia (Es)	66,3
Thessalia (Gr)	58,5	Cornwall & Isles of Scilly (It)	66,6
Alentejo (Pt)	59,1	Puglia (It)	66,9
		Burgenland (Al)	67,0
		Madeira (Pt)	67,2
		Kriti (Gr)	68,1
		Kentriki Makedonia (Gr)	68,9
		Thüringen (Al)	69,1
		Mecklenburg-Vorpommern (Al)	69,3
		Brandenburg (Al)	70,0
		Algarve (Pt)	71,9
		Merseyside (UK)	72,0
		Principado Asturias (Esp)	72,3

Fonte: Eurostat

No grupo das quinze mais pobres as regiões dos Açores, do Centro e do Alentejo têm a companhia apenas de seis regiões gregas, de duas regiões espanholas e de quatro departamentos do ultramar francês. Com o seu atraso, com menos de 60% da média da União, mesmo com algum crescimento acima da média serão necessárias décadas até que cheguem à média comunitária [12].

Embora com algumas excepções (caso da Madeira), as diferenças de indicadores económicos continuam a estar naturalmente ligadas aos movimentos da população, com o Algarve a ter um aumento da população residente entre os dois últimos censos (1991 e 2001, sendo os dados deste último ano ainda provisórios) de 14,8%, a Região Norte de 6% e a Região de Lisboa de 4,7%[13], quando a Região Centro aumentou de 3,4%, os Açores de 1,8%, a Região do Alentejo teve um decréscimo de − 1,7% e a Madeira de − 4,3%.

Para além dos números globais, para as áreas metropolitanas há um movimento selectivo, dos quadros melhor qualificados, acontecendo que quase só aí há empregos mais atractivos, em actividades mais dinamizadoras. Temos por isso um empobrecimento grave dos meios urbanos de pequena e média dimensão, incapazes de fixar estes quadros (todos nós temos presentes exemplos a tal propósito); empobrecimento que é factor cumulativo do agravamento das assimetrias, na linha dos modelos do centro-periferia e da causação cumulativa.

Verificam-se assim desequilíbrios que não encontram justificação nas condições de que dispomos, especialmente favoráveis

---

[12] São esclarecedores os cálculos feitos antes em relação aos países da 'coesão', tal como mais recentemente em relação aos PECO´s (ver Porto, 1992, p. 23 e 2001, p. 475).

[13] As diferenças nos níveis de vida e de poder de compra, dependentes naturalmente também de outros factores, são muito mais acentuadas do que entre os PIB´s (embora com alguma atenuação recente), tendo a população da Grande Lisboa um poder de compra *per capita* 76,3% acima da média nacional (mais do que triplo no concelho de Lisboa) e a população do Grande Porto um poder de compra 30,7% acima da média (quase 2,4 vezes superior no concelho do Porto) (INE, 2000).

para, com vantagem para todos, se seguir antes uma política promotora de um maior equilíbrio, v.g. com a valorização dos centros urbanos de média e pequena dimensão, alguns deles do interior, beneficiados com o crescimento e a aproximação da economia espanhola determinada pela integração europeia (bem como com as oportunidades oferecidas hoje pelas telecomunicações, perdendo relevo o afastamento geográfico); havendo pelo contrário razões específicas para que sejam muito grandes (mesmo em comparação com os outros países) os custos económicos e sociais das concentrações de Lisboa e do Porto (dependendo desde logo do seu alívio a possibilidade de se conseguir uma melhor qualidade de vida para as suas populações [14]): ver mais uma vez Porto (1996a, pp. 12-21).

Não estando pois em condições naturais, sociais ou económicas a explicação para os desequilíbrios, esta encontra-se antes (na linha de uma tradição de centralização política e administrativa) na 'teoria económica da política', sendo 'politicamente' mais 'rentável' (mais 'eficiente') favorecer as zonas mais próximas do poder (incluindo a burocracia) e onde há mais votos, num processo cumulativo de concentração da riqueza e da população que poderá levar a que dentro de poucos anos esteja aí metade dos portugueses [15].

---

[14] Nas palavras de um documento do Ministério do Planeamento (1999, p. III-10), "*as áreas metropolitanas de Lisboa e do Porto* desenvolveram-se, a partir dos anos 60, numa lógica do tipo das metrópoles do Terceiro Mundo, onde um núcleo central, gerador de emprego qualificado, coexiste com amplas zonas de crescimento desarticulado, sem qualidade e sem identidade". Conforme sublinhámos num texto anterior (Porto, 1996 a, p. 46), é aplicável a Portugal o modelo Harris-Todaro (1970), elaborado tendo em conta realidades africanas, sendo a expectativa entre remunerações altas e zero (com desemprego) nos grandes meios urbanos suficiente para atrair pessoas de regiões com menos desemprego. A solução estará, conforme se sublinha a seguir no referido documento do Ministério do Planeamento, não só em melhorar as condições dessas áreas como tendo "igualmente prioridade *o reforço e a consolidação de um sistema urbano equilibrado em termos nacionais, baseado na rede das cidades médias*" (itálicos do original). Mas serão estas boas intenções capazes de prevalecer sobre a lógica política a que nos referimos no próximo parágrafo do texto?

[15] Sobre as 'razões' cumulativas que deverão continuar a acelerar o processo da bipolarização ver Porto (2001, pp. 202-3).

Assim se explica o especial favorecimento destas áreas, nas verbas nacionais e da União Europeia[16].

Nas verbas nacionais, continuam a acentuar-se os desequilíbrios provocados com o PIDDAC: no próximo ano (em 2003) com a concentração nos distritos das áreas metropolitanas (Lisboa, Setúbal e Porto) de 50, 54% do total das verbas 'regionalizadas'[17], quando com as proximidades existentes poderiam 'esperar-se' economias externas e de escala, devendo os mesmos equipamentos e serviços ser capazes de prestar apoio a um número maior de pessoas.

Está a concretizar-se assim, independentemente da mudança de Governo, o que foi anunciado então pelos responsáveis políticos do país, que com o seu afastamento forçado do objectivo 1[18], a Região

---

[16] Não se limitando aliás aos meios financeiros o benefício proporcionado às áreas com maior peso político, beneficiadas também com legislação e critérios de intervenção que não são iguais para todo o país, v.g. com regimes excepcionais de favor, alguns de constitucionalidade duvidosa, que vão de programas previlegiados (ou mesmos exclusivos) de habitação e recuperação urbana ao não pagamento de portagens onde se justificariam em maior medida (ver Porto, 1996a, pp. 70-81, 1998a, pp. 63-71, 2000 e 2002a, pp. 107-22). Em alguns casos – assim aconteceu com iniciativas de instituições financeiras e de ensino – não é necessário nenhum dispêndio de verbas públicas, apenas uma autorização, que todavia a lógica da teoria económica da política leva a que não seja dada sempre que fique em causa, com uma concorrência não desejada, o exclusivo da ´excelência´ nos centros mais favorecidos.

[17] Sendo de julgar que é muito maior a concentração das não regionalizadas.

A concentração é também muito grande (mesmo maior) em outros investimentos dependentes do Estado, por exemplo destinou-se às duas áreas metropolitanas 69,6% do investimento em material circulante a fazer pela CP até 2002, continuando adiada a aproximação do país que deveria ser feita com um modo de transporte de tanta importância (ver Porto, 1998a, p. 30 e 2002a).

[18] Com inconvenientes para esta região, ainda com grandes problemas a resolver, e sem vantagem para as demais regiões do país, dado que o que deixa de vir para a Região de Lisboa não reverte para as demais (apenas numa pequena medida, com a libertação geral de fundos na União Europeia).

A exemplo do que se tem passado em outros países (era a única hipótese realista em aberto), está a aplicar-se à Região de Lisboa um regime de *phasing out*, com a continuação de algum apoio (degressivo) ao longo de mais alguns anos.

de Lisboa e Vale do Tejo será compensada com verbas do Fundo de Coesão e do PIDAC[19]. Continua pois a não se seguir no nosso país a lógica de equilíbrio que se afirma ser boa e desejável a nível comunitário.

No que respeita às verbas comunitárias, não sendo pequenas diferenças nas capitações suficientes para se 'remar contra a maré', avulta a circunstância de se concentrarem quase apenas nas áreas metropolitanas os investimentos mais dinamizadores que são apoiados (grandes 'projectos nacionais' ou 'obras do regime', parques tecnológicos, equipamentos mais avançados ou outros) que na lógica dos modelos referidos há pouco são a causa básica dos desequilíbrios.

Em termos de grandes sectores de intervenção, no I Quadro Comunitário de Apoio foi especialmente agravador dos desequilíbrios o apoio do Fundo Social Europeu, com uma capitação na Região de Lisboa e Vale do Tejo muito mais do que dupla das capitações das Regiões Norte, Centro e Algarve; tanto no I como no II Quadro a concentração das verbas de investigação e desenvolvimento tecnológico; podendo recordar-se ainda a concentração total de verbas para renovação urbana que se verificou com o II Quadro Comunitário (procurando analisar a aplicação espacial dos fundos no nosso país ver CCRC, 1989 e em especial Porto, 1989 e 1996 a)[20].

No III Quadro Comunitário de Apoio (2000-2006) um volume maior de verbas do eixo 4, que visa "promover o Desenvolvimento Sustentável das Regiões e a Coesão Nacional", será para a Região Norte (sendo de desejar que leve aqui à promoção e à fixação de

---

[19] Uma afirmação neste sentido foi noticiada pela imprensa diária de 3 de Outubro de 2000, não tendo tido todavia tradução num maior desequilíbrio no PIDAC para 2001, pelo menos em relação às verbas regionalizadas.

[20] Sendo de lamentar que a generalidade dos estudos tenha 'desconhecido' a distribuição das verbas dentro do nosso país, limitando-se mesmo em alguns casos a considerar os seus efeitos sobre a balança dos pagamentos, esquecendo pois o objectivo de aproximação estrutural e espacial que determinou a sua instituição (ver a título de exemplo a generalidade dos textos inseridos em Ministério do Planeamento e da Administração do Território, 1992, e no número de Janeiro de 1994 da revista *Economia*; bem como, num plano mais teórico, Gaspar, 1998).

população no interior, não apenas na área metropolitana do Porto ou perto dela). Em termos de capitação, como se compreende são especialmente beneficiadas as regiões dos Açores e da Madeira (1 032,8 e 918,9 contos, respectivamente), seguindo-se o Alentejo 728,2. O Algarve, apesar de ter o segundo PIB *per capita* mais elevado do país, vem a seguir, com 420,7 contos, seguindo-se a Região Centro, com 335,1, a Região Norte com 261,1 e a Região de Lisboa e Vale do Tejo (no regime de *phasing out*) com 165,1. Estes números dizem todavia respeito apenas ao eixo 4, com 3 062 milhões de contos, muito menos do que o conjunto dos outros três, com 4 817 milhões de contos, a que acrescem as verbas do Fundo de Coesão. Tratando--se de verbas destinadas a acções de grande importância para uma eventual dinamização regional (caso dos 192 milhões de contos para a ciência, a tecnologia e a inovação e dos 56,6 milhões de contos para o emprego, a formação e o desenvolvimento social), a sua aplicação será determinante no padrão espacial de desenvolvimento do nosso país, na última grande oportunidade de apoio da União Europeia.

3. O sentido contrário de outras políticas comunitárias

Numa linha de coerência seria todavia indispensável que as demais políticas da União Europeia apontassem também no sentido de um maior equilíbrio regional, ou que pelo menos não o contrariassem.

Acontece todavia que a política agrícola comum (a PAC), com as suas regras[21], privilegiando as organizações comuns do mercado (OCM´s) de determinados produtos, os cereais, a carne bovina e os lacticínios, com mais de dois terços (67%) das verbas do FEOGA--Garantia[22], beneficia os países (e as regiões) que os produzem em

---

[21] Sobre o modo de funcionamento da PAC ver por exemplo Azevedo (1996), Cunha (2000) ou Porto (2001, pp. 315-39).

[22] Sendo chocantes, pelo contrário, as dificuldades levantadas por exemplo à criação e à manutenção de uma 'ténue' organização comum do mercado da banana (reflectindo os diferentes interesses em jogo ver Stevens, 1996).

maior quantidade, casos da França e da Alemanha, que recebem 37,5% do total de um fundo que tem 45% do total do orçamento da União. No outro extremo, do desfavorecimento, está o nosso país, recebendo 1,6% do dinheiro do FEOGA-Garantia, quando tem 2,7% da população[23].

Chega-se assim às situações paradoxais de um país rico como a Dinamarca ser beneficiário líquido do orçamento da União, de o Luxemburgo ter as contas 'saldadas' e de a França receber quase tanto como aquilo que paga, ou ainda de um agricultor dinamarquês receber em média do FEOGA 15 vezes mais do que um agricultor português e um agricultor sueco 6,5 vezes mais (um grego 4 vezes mais)[24].

Por outro lado, numa perspectiva que não pode deixar de ser igualmente considerada, há que lembrar que, contrariando o efeito reequilibrador das políticas estruturais, se tem verificado desequilíbrio na incidência dos recursos próprios, dado o peso do 'recurso IVA' bem como, embora com menor significado, da pauta alfandegária e dos direitos niveladores agrícolas: chegando-se assim a uma situação de clara regressividade, com os mais pobres a pagar percentagens maiores do seu rendimento pessoal e os mais ricos a pagar percentagens mais baixas (ver Porto, 2001, p. 407).

A situação melhorou de 1993 para 1997, com a diminuição do 'recurso IVA' e o aumento do relevo do 'recurso PNB' (sem dúvida um recurso 'pouco comunitário': ver Quelhas, 1998). Continua todavia um português a pagar 1,17% do seu rendimento pessoal,

---

[23] Dadas as suas estruturas produtivas, são claramente mais favoráveis os casos da Grécia e da Espanha.

É já correcta e também favorável para Portugal a repartição das verbas do FEOGA-Orientação, visando melhorias estruturais mas dispondo só de 3% das verbas do orçamento (com a ilustração dos desequilíbrios do FEOGA-Garantia ver Porto, 2001, pp. 327-31).

Com a sua regra de favorecer quem produz mais o FEOGA-Garantia é também desequilibrador do ponto de vista pessoal, com 4% dos agricultores (os mais ricos) a receberem 40% dos subsídios.

[24] Na distribuição pessoal constata-se que 4% dos agricultores (os agricultores mais ricos) recebem 40% dos subsídios.

quando um dinamarquês paga 1,07% e um francês 1,12%. Há pois que dar um relevo maior à reforma do modo de financiamento da União, não podendo haver uma alegada preocupação de equilíbrio apenas do lado das despesas[25].

Sendo o alargamento o maior desafio a que há que dar resposta, deve ter-se bem presente que um financiamento mais justo, levando a que pague mais quem mais tem, corresponde ainda a um aumento de contribuições da parte de quem mais beneficia com os novos mercados.

Com especial relevo, será de recordar que a Alemanha tem 50% das exportações para os PECO's, sendo 18% da Itália, 8% da França e apenas 0,34% de Portugal; ou que com a aplicação de um modelo de equilíbrio geral, considerando os efeitos mais relevantes (cfr. Baldwin *et al.*, 1997), se constatou que a Alemanha terá um ganho de 33,8%, a França de 19,5% e o Reino Unido de 14,1% (devendo Portugal ter mesmo um prejuízo, de 0,06%).

Independentemente dos contributos actuais (devendo atender-se todavia aos contributos *per capita* relacionados com os rendimentos pessoais, como vimos há pouco), deverá obviamente dar um apoio muito mais relevante quem mais ganhará com o alargamento.

4. O futuro da política regional

Não pode além disso deixar de haver apreensão acerca do futuro da política regional face à existência de situações de de-

---

[25] Esperava-se que a Espanha, na Presidência no primeiro semestre de 2002, conseguisse avançar com a proposta que apresentou em 1998, levando a um financiamento mais equilibrado do orçamento da União (ver Porto, 2001, pp. 409-12). Sobre a intenção de promover uma PAC mais justa e eficiente foi dada notícia no início da sua presidência (cfr. o *Expresso* de 26.1.2002). E só a este último propósito há agora notícias novas, com uma iniciativa do Comissário Fischler (que suscita todavia algumas dúvidas). Apontando para uma linha correcta de promoção do desenvolvimento rural ver um artigo recente de Cunha (2001-2; ou já 2000).

semprego elevado em países e regiões mais ricas e às exigências orçamentais acrescidas com a entrada de novos membros (os PECO's).

4.1. Compreende-se naturalmente que haja sempre uma grande sensibilidade aos problemas do desemprego. Mas o nosso país é um exemplo claro de não coincidência com a existência de atrasos estruturais, tendo uma taxa de desemprego estimada (em 2001) de 4,4% quando era de 7,9% na UE-15 ou ainda por exemplo de 7,8% na Alemanha, de 7,9% na Bélgica, de 8,2% na Finlândia, de 9,2% na França e de 6,0% na Suécia. A taxa é especialmente baixa em algumas regiões mais pobres, como são os casos da região Centro, com 2,4%, a segunda taxa mais baixa de toda a União, sendo contudo a 12ª região mais pobre, e dos Açores, com 3,7% de desemprego, mas sendo a 4ª mais pobre...

Há assim uma ´luta´difícil a travar nos próximos anos, durante os quais é de prever que vamos perdendo aliados, desde logo a Espanha, com uma taxa de desemprego de 12% e pouca população em regiões objectivo 1. Aliados futuros poderão passar a ser os PECO´S, que todavia, a par de baixos níveis de PIB *per capita* (com as exigências financeiras que sublinharemos a seguir) têm simultaneamente níveis altos de desemprego.

Face a este quadro será difícil fazer valer a posição de que não pode esmorecer a promoção regional, mesmo sabendo-se que só com ela é possível assegurar empregos estáveis às populações.

Os próximos alargamentos, por seu turno, além de levarem a uma pressão muito maior nas despesas da PAC (política que, embora seja errada, não pode ser radicalmente mudada de um momento para o outro), têm exigências inquestionáveis na política regional, havendo novos membros com PIB´s *per capita* abaixo de 30% da média da União (Comissão Europeia, 2001, p. 74, e já Porto 1996b).

Os cálculo feitos são muito dispares, em especial em relação aos custos da política agrícola. Alguns são aliás inaceitáveis, só explicáveis por uma grande preocupação, da parte de alguns autores, em que os países ricos não paguem mais para o orçamento da União... Com realismo, será de esperar que a PAC aplicada aos

PECO's custe mais de 12 000 milhões de euros[26] e que com as políticas estruturais se pague um montante semelhante ao que é agora dispendido (cfr. Porto, 2001, pp. 470-3).

Há assim a tentação, traduzida já em medidas tomadas, de se promover a coesão nesses países à custa do esforço regional nos membros actuais; que todavia, tal como se viu no quadro 5, ainda agora têm 15 regiões abaixo de 60% da média da União e 36 abaixo de 70%. Sublinhámos aliás já que com o novo nível médio resultante da integração dos PECO's em 2007 deverão deixar de ser regiões objectivo 1, em Portugal, além de Lisboa e Vale do Tejo, o Algarve e a Madeira, regiões que todavia terão seguramente ainda então importantes problemas estruturais a resolver.

Trata-se de receio fundado, face às duas hipóteses das Perspectivas Financeiras agora em aplicação, como veremos no próximo número.

5. A exigência de um orçamento realista

Mantendo-se o limite máximo para o orçamento da União em 1,27% do PIB, as várias instituições (com o seu peso) foram tentando mostrar que poderia haver poupança em relação a esse limite, com a libertação de verbas para os alargamentos[27].

De facto, quando chegou o momento da decisão sobre as actuais perspectivas financeiras, no Conselho de Berlim de 23 e 24 de Março de 1999, foram aprovadas duas hipóteses: uma sem alargamento até 2006 e a outra com algum alargamento a partir de 2002. No primeiro caso há apenas ajudas de pré-adesão, de 3 120 milhões de euros em cada ano no quadro de um total de dotações para auto-

---

[26] Mesmo com uma perspectiva mais optimista, de 10 000 milhões, Senik-Leygonie (2002, p. 299) não deixa de concluir que "la perspective de l' élargissement accroît la pression en faveur de la réforme de la PAC".

[27] O Parlamento Europeu não deixou de condenar a 'intangibilidade' do limite referido, que vem da Agenda 2000, quando da aprovação do Relatório Colom I Naval (doc. A4-033/97; cfr. Porto, 1998b, p. 38 e 1999, pp. 101-2, Colom I Naval, 2000 a e 2000b ou ainda Marques, 1999).

rizações de 90 660 milhões de euros. No segundo caso é admitido que este total das dotações vá até 107 440 milhões de euros, em qualquer dos casos havendo uma "margem para imprevistos". Em termos sectoriais constata-se que além de só no segundo caso haver uma quebra para a agricultura (de 45,95% para 38,38% do orçamento), há em qualquer dos casos uma quebra nas acções estruturais de apoio aos membros actuais, de 34,82% para 32,18% no primeiro caso e de 34,82% para 27,15% no segundo: sendo assim, o apoio à coesão na UE-15 desce de 0,47 para 0,39% do PIB da União.

Sem dúvida a União Europeia não pode fugir às suas responsabilidades face à integração dos países do centro da Europa. Mas mesmo no interesse destes, que só terão a ganhar com uma União forte, não pode deixar de promover-se uma maior coesão entre os membros actuais, onde são ainda tão grandes as diferenças regionais.

Justifica-se pois que, sempre dentro de limites modestos, os países mais ricos aumentem o seu contributo para um alargamento de que virão a ser os grandes beneficiários, com um acréscimo muito sensível de oportunidades de mercado.

6. Conclusão

Com realismo, há que compreender que a convergência real do nosso país com os demais, ou entre as regiões portuguesas, não poderá continuar a depender em tão grande medida de apoios da União Europeia.

Por um lado, é inquestionável que a União terá de dar resposta às necessidades de convergência mais prementes dos actuais países candidatos (os PECO's, e no futuro também a Turquia). Conforme temos repetido inúmeras vezes, seríamos julgados perante a história se, por falta de solidariedade nossa, houvesse um retrocesso (político e económico) em países cujas populações sofreram durante décadas com falta de liberdade e de condições razoáveis de bem-estar.

Por outro lado, temos de ter bem a noção de que o desenvolvimento depende em maior medida de nós próprios, devendo em particular, no momento histórico presente, criar sem demora as condições indispensáveis para que aumente sensivelmente a produtividade da nossa economia. Se não for assim perderemos irremediavelmente os desafios inevitáveis do alargamento e da globalização.

Mas não pode a União Europeia, em particular os países mais ricos, enjeitar de imediato as suas responsabilidades em relação aos países e às regiões mais pobres. Em termos especialmente chocantes, não pode admitir-se que se privilegie antes uma política como a PAC, desequilibradora a favor das pessoas e dos países mais ricos, e que se mantenha um sistema de financiamento do orçamento que, apesar de alguma melhoria recente, continua a onerar em maior medida as pessoas de menores recursos.

Sendo possível que tal aconteça, importa que o sonho da convergência se transforme em breve numa agradável realidade.

BIBLIOGRAFIA

ATANÁSIO, João A. Camilo da Silva
– 1999 – *Os Dilemas Socioeconómicos da Integração Monetária Europeia*, dissertação de mestrado na Faculdade de Direito da Universidade de Lisboa
AZEVEDO, Maria Eduarda
– 1996 – *A Política Agrícola Comum. Uma Política Controversa na Hora da Mudança*, Almedina, Coimbra
BALDWIN, Richard, FRANÇOIS, Jean e PORTES, Richard
– 1997 – *The Costs and Benefits of Eastern Enlargement: The Impact on the EU and Central Europe*, em *Economic Policy*, n.º 24, pp. 125-76
BUTTON, Kenneth e PENTECOST, Eric
1999 – *Regional Economic Performance within the European Union*, Edward Elgar, Cheltenham e Northampton (Mass.)
CCRC (Comissão de Coordenação da Região Centro)
– 1989 – *Portugal e os Fundos Estruturais Comunitários: Experiência e Perspectivas Regionais*, Coimbra
COLOM I NAVAL
– 2000a- *El Pressupoest Europeu*, em Morata F. (ed.), *Políticas Públicas en la Unión Europea*, Ariel, Barcelona, cap. 1.º, pp. 31-86
– 2000b – *El Pressupoest de la UE em l' Horitzó de la Propera Década*, em *Revista de Economia de Catalunya*

COMISSÃO EUROPEIA
- 1999a – *Sexto Relatório Periódico Relativo à Situação Socieconómica e ao Desenvolvimento da União Europeia*, Serviço das Publicações, Luxemburgo
- 1999b – *Agenda 2000. Para uma União Reforçada e Alargada*, Programa Prioritário de Publicações, Luxemburgo
- 2001 – *Unidade da Europa, Solidariedade dos Povos, Diversidade dos Territórios*, Segundo relatório sobre a coesão económica e social, 2 vols.

CUNHA, Arlindo
- 2000 – *A Política Agrícola Comum e o Futuro do Mundo Rural*, Plátano, Lisboa
- 2001-2 – *EU Membership and Rural Development (The Portuguese Experience)*, em *Temas de Integração*, n.ºs 12-13, pp. 327-42

DE LA FUENTE, Angel e VIVES, Xavier
- 1995 – *Infrastructure and Education as Instruments of Regional Policy: Evidence from Spain*, em *Economic Policy*, n.º 20, pp. 13-51

DESURMONT, Arnaud e DOCQUIER, Frédéric
- 2002 – *Europe des États ou Europe des Régions*, em Farvaque e Lagadec, *Intégration Économique Européenne*, cit., pp. 267-8

FAGERBERG, Jan e VERSPAGEN, Bart
- 1996 – *Heading for Divergence? Regional Growth in Europe Reconsidered*, em *Journal of Common Market Studies*, vol. 34, pp. 431-48

FARVAQUE, Étienne e LAGADEC, Gael
- 2002 – *Intégration Économique Européenne: Problèmes et Analyses*, De Boeck, Bruxelas

FAYOLLE, Jacky e LECUYER, Anne
- 2000 – *Croissance Régionale, Appartenance Nationale et Fonds Structurels Européens*, em *Revue de l' OFCE* (Observatoire Français des Conjunctures Économiques), n.º 73

FITOUSSI, Jean-Paul (dir.)
- 2000 – *Rapport sur l' État de l' Union Européenne, 2000*, Presses de Sciences Po, Fayard, Paris

GASPAR, Vitor
- 1998 – *As Transferências no Contexto da Europa Comunitária: algumas Considerações a propósito da Agenda 2000*, em Conselho Económico e Social, Colóquio *Agenda 2000: as suas Implicações para Portugal*, Lisboa, pp. 199-207

HARRIS, John e TODARO, Michael P.
- 1970 – *Migration, Unemployment and Development: A Two Sector Analysis*, em *The American Economic Review*, vol. 60, pp. 126-42

INE (Instituto Nacional de Estatísticas)
- 2000 - *Estudo sobre o Poder de Compra Concelhio*, Núcleo de Estudos Regionais, Direcção Regional do Centro, Coimbra

MADDISON, Angus
- 2001 - *L'Économie Mondiale. Une Perspective Millénaire*, OCDE, Paris

MAGNINI, Stefano
- 1999 - *The Evolution of Income Disparities Among the Regions of the European Union*, em *Regional Science and Urban Economics*, vol. 29, pp. 257-81

MARQUES, Alfredo
- 1993 - *Incentivos Regionais e Coesão. Alcance e Limites da Acção Comunitária*, em *Notas Económicas*, n. 1, pp. 24-38
- 1999 - *EU Structural Funds: Scope and Limits*, em Xureb, P. G. (ed.), *Getting Down to Gearing up for Europe*, European Documentation and Research Centre, Universidade de Malta

MARQUES, Alfredo e SOUKIAZIS, Elias
- 1999 - *Per Capita Income Convergence across Countries and across Regions in the European Union. Some New Evidence*, em CEDIN (ISEG), *Questões de Economia Europeia*, vol. 2, Lisboa

MARTIN, Reiner
- 1999 - *The Regional Dimension in European Public Policy. Convergence or Divergence?* Macmillan, Basingstoke e St. Martin's Press, Nova Iorque

MATEUS, Abel
- 2001 - *Economia Portuguesa, desde 1919*, 2ª ed., Verbo, Lisboa e S. Paulo

MAYHEW, Alan
- 1998-9 - *Recreating Europe. The European Union's Policy Towards Central and Eastern Europe*, Cambridge University press, Cambridge

MINISTÉRIO DO PLANEAMENTO
- 1999 - *Portugal e a Transição para a União Económica e Monetária*, Seminário Internacional, Lisboa

MINISTÉRIO DO PLANEAMENTO E DA ADMINISTRAÇÃO DO TERRITÓRIO
- 1992 - *Fundos Estruturais. Que Futuro?*, Lisboa

NEVEN, Damien e GOUYETTE, Claudine
- 1995 - *Regional Convergence in the European Community,* em *Journal of Common Market Studies*, vol. 33, pp. 47-65

PONTES, João Pedro
- 2000 - *Regional Convergence in Portugal in the Context of the European Union*, Working Papers, ISEG, Universidade Técnica de Lisboa

PORTO, Manuel C.L.
- 1989 – *A Política Regional e o Aproveitamento dos Fundos Estruturais em Portugal*, em CCRC (ed.), *Portugal e os Fundos Comunitários: Experiência e Perspectivas Regionais*, Coimbra, pp. 311-67
- 1992 – *A Coesão Económica e Social e o Futuro da Europa*, em Ministério do Planeamento e da Administração do Território, *Fundos Estruturais. Que Futuro?*, Lisboa, pp. 221-39
- 1996a – *O Ordenamento do Território Face aos Desafios da Competitividade*, Almedina, Coimbra
- 1996b – *Coesão e Integração numa Europa Alargada*, em *Temas da Integração*, n. 1, pp. 27-49
- 1998a – *O Não de um Regionalista, Face a um Projecto sem Justificação, numa Europa Concorrencial e Exigente* (distrib. Almedina), Coimbra
- 1998b – *Portugal e Agenda 2000* (distrib. Almedina), Coimbra
- 1999 – *A Europa no Dealbar do Novo Século*, Intervenções Parlamentares, Grupo PPE (PSD), Coimbra
- 2000 – *As Vias Insidiosas da Bipolarização: da Coincineração às Portagens e às Tolerâncias Zero,* ed. do *Jornal de Coimbra*, Coimbra
- 2001 – *Teoria da Integração e Políticas Comunitárias*, 3ª ed., Almedina, Coimbra
- 2002 a– *A Racionalização das Infraestruturas de Transportes – o TGV, a OTA e as Auto-Estradas,* ed. do *Jornal de Coimbra*, Coimbra
- 2002b – *A Política Regional na União Europeia*, em José Silva Costa (coord.), *Compêndio de Economia Regional*, Associação Portuguesa de Desenvolvimento Regional (APDR), Coimbra, pp. 623-46
- 2002c – *Economia. Um Texto Introdutório,* Almedina, Coimbra

QUELHAS, José Manuel Santos
- 1998 – *A Agenda 2000 e o Sistema de Financiamento da União Europeia*, em *Temas de Integração*, n.º 5, pp. 53-109

SENIK-LEYGONIE, Claudia
- 2002 – *L´Elargissement à l' Est: Risque, Coûts et Bénefices,* em Farvaque e Lagadec, *Intégration Économique Européenne,* cit., pp. 287--306

SILVA, Joaquim Ramos e LIMA, Maria Antonina
- 1997 – *L´Expérience Européenne des 'Pays de la Cohesion': Rattrapage ou Périphérisation Accrue?*, Institut Orléonais de France, Faculté de Droit, d'Economie et de Gestion, Orléans

Sousa, Sara Rute Silva e
- 2000 – *O Alargamento da União Europeia aos Países da Europa Central e Oriental (PECO): Um Desafio para a Política Regional Comunitária*, dissertação de mestrado na Faculdade de Economia da Universidade de Coimbra

Stevens, Christopher
- 1996 – *EU Policy for Banana Market: The External Impact of Internal Policies*, em Wallace, H. e Wallace, W. (ed.), *Policy Making in the European Union*, 3.ª ed., Oxford University Press, pp. 325-51

O EQUILÍBRIO DE INTERESSES NA UNIÃO EUROPEIA

Vítor Martins

1. A sinergia do interesse comum: mais do que a intercepção dos interesses nacionais

O verdadeiro motor da UE é o interesse comum. Quando o interesse comum não emerge o campo fica aberto aos nacionalismos (às vezes trágicos!). Quando escasseia sobra então a conflitualidade dos interesses dos Estados. Quando não frutifica abre caminho à demagogia e ao proteccionismo medíocre.

O trauma da guerra e a dilacerante perspectiva da sua repetição foram a semente da integração europeia. O interesse comum transversal era, então, a paz consistente e duradoura. A que se seguiu logo a consciência de que o desenvolvimento económico e social sustentado – confrontado com o designado "défi américain" dos anos sessenta – não seria possível de forma estável sem uma forte integração das economias europeias. De uma génese política passou-se rapidamente a uma lógica económica a qual levou a construção europeia desde uma "União Aduaneira" desenhada em 1957 até à "moeda única" de 1999, passando pelo "espaço sem fronteiras" de 1992. Sempre o interesse comum se foi sobrepondo às resistências dos interesses nacionais. Melhor dito: na segunda metade do século XX os líderes europeus (de Jean Monnet a Jacques Delors, de Schuman a Miterrand, de Adenauer a Köll) souberam definir o interesse comum europeu, alicerçado na ponderação da diversidade de interesses nacionais e com a flexibilidade adequada para se vir adaptando às circunstâncias exógenas e endógenas que enveloparam o processo de integração europeia.

O segredo do sucesso esteve no *gradualismo, pragmatismo* e *solidariedade*. Com estes três ingredientes foi possível explorar as sinergias de uma nova dimensão europeia: a integração económica.

No *gradualismo* residiu a base para ganhar a confiança dos Estados. Uma aproximação "step by step" permitiu conquistar o apoio dos Estados e superar alguma desconfiança latente. Recorde-se que o processo, embora fundado numa construção de Estados, foi desencadeado por um movimento extra-Estados que tinha quase as características de um "grupo de pressão". Recorde-se igualmente a fracassada iniciativa de começar o processo de integração pela Comunidade Europeia de Defesa.

No *pragmatismo* se fundou a lógica de eficiência, condição sine qua non para fazer vingar a construção europeia. A história europeia estava cheia de utopismos integradores sem sucesso e massacrada por experiências hegemónicas que apenas deixaram um rasto de devastação.

Os pioneiros do processo sabiam bem que o interesse comum só vingaria se resultasse de forma tangível em termos políticos, económicos e sociais. A opção pela CECA e depois pela União Aduaneira, a reconstrução da agricultura europeia e a própria originalidade do edifício institucional europeu são um testemunho expressivo do pragmatismo da construção europeia. Não se vislumbra na sua génese qualquer vinco ideológico ou utopista, qualquer visão conceptual desenraizada da realidade das coisas. Não que esses pioneiros não fossem visionários, mas sobretudo porque sabiam que os resultados práticos da integração europeia ditariam o seu futuro. Imagine-se o que teria sido se os fundadores das Comunidades Europeias se tivessem enredado num debate estereotipado sobre o modelo institucional?

Do mesmo passo retenha-se a frieza pragmática com que o grupo original dos seis Estados firmou o contrato de integração europeia, sabendo que trabalhando com eficácia para o seu sucesso acabariam por atrair todos os outros Estados europeus, como veio a acontecer naturalmente. Tivessem eles optado por longas negociações abrangentes de cariz pan-europeu e as Comunidades Europeias seriam hoje um departamento retórico de uma qualquer OSCE!

Solidariedade, também! A convicção de que os Estados fundadores estavam unidos por um projecto solidário foi factor de confiança dos povos na construção europeia. O famoso compromisso do Luxemburgo, "consagrando" a tese do "interesse vital" e o poder de veto como último recurso para qualquer Estado Membro selou essa garantia de confiança, ainda que esse compromisso nunca tenha sido formalmente assimilado como fazendo parte do "acquis" comunitário. Alguns fundamentalismos contra este "poder de veto implícito" ignoram o papel muito positivo que este "instrumento virtual" teve no aprofundamento da integração europeia ao longo das últimas três décadas. Tem funcionado como uma espécie de "safety net" que resguarda os Estados de medidas gravosamente lesivas dos seus interesses fundamentais o que, visto "a contrário", permite alargar o espaço de convergências onde os interesses nacionais confluem para fazer nascer o interesse comum – o qual sempre resulta maior do que o somatório dos interesses nacionais.

Dois exemplos apenas: o comércio e as relações externas. Com a integração europeia gerou-se um saldo criação de comércio/ /desvio de comércio altamente positivo que beneficiou as economias europeias e a economia mundial. Hoje o "valor" do mercado europeu (e consequentemente o peso relativo da sua voz à escala internacional) está acima da soma dos mercados nacionais que o compõem.

A rede de acordos comerciais, de associação ou de cooperação que a UE detém hoje (a mais vasta à escala mundial) era impossível de constituir baseada nas iniciativas nacionais isoladas e tem por isso um potencial que transcende o potencial dos Estados Membros.

2. A criativa tensão entre interesse nacional e interesse comum

Sempre latente está a tensão entre interesse nacional e interesse comum. Ela é, em si mesma, fonte de equilíbrio de interesses na União Europeia. Não haveria interesse comum sem a explicitação natural de interesses nacionais, por definição diversos, às vezes divergentes, senão mesmo frontalmente conflituantes. Mas só a existência de um projecto integrador realizado debaixo de uma moldura institucional com competências próprias supranacionais permitiu que o interesse comum se tornasse tangível e consequente.

Mas é claro que a integração europeia nunca escapa a uma tensão, às vezes intensa, entre os diversos interesses nacionais e o interesse comum, tal como é assumido pelas instituições comunitárias.

Essa tensão emerge por exemplo no que se refere ao método de decisão: intergovernamental, comunitário ou híbrido. As decisões intergovernamentais são as que relevam das áreas onde os Estados querem reservar para si o controlo político absoluto e não admitem qualquer partilha ou transferência de soberania com a UE. O terceiro pilar de Maastricht foi disso um exemplo. A defesa outro exemplo. Mas mesmo na área comunitária há zonas cinzentas por onde o intergovernamentalismo entra, às vezes subrepticiamente, como é o caso do sector dos serviços no que se refere à política comercial comum – sector, que para vários Estados Membros, não releva da competência comunitária como as outras áreas comeciais.

No domínio da PESC tem prevalecido uma lógica híbrida, entre o comunitário e o intergovernamental, mas com este a prevalecer de forma muito expressiva.

A tensão entre os Estados Membros e a UE resulta quer da divergência de interesses, quer da desconfiança que gera atitudes defensivas e nacionalistas. A divergência de interesses é natural e o que o sistema comunitário tem de saber fazer é "integrar" o máximo denominador comum, sem colisão com os interesses nacionais. É aqui que o trabalho político e técnico nos vários patamares decisionais é crítico. Não raras vezes se falhou na definição de uma acção comum por que foi insuficiente e/ou deficiente a preparação político-técnica da respectiva decisão. O desconhecimento ou substimação das idiossincrasias nacionais fez abortar muitas iniciativas comunitárias de manifesto interesse comum.

Pior é, contudo, quando a tensão tem a sua origem em meras desconfianças institucionais. Nenhum Estado partilha poderes soberanos com um sistema em que não confia. Há decisões e políticas comuns que estão condenadas à partida por falta de confiança dos Estados nas instituições comunitárias.

O equilíbrio de interesses é defendido desde logo pela existência de uma certa flexibilidade das competências comunitárias, ajustáveis à dinâmica dos desafios, ainda que sempre debaixo do controlo dos Estados Membros e sob a "umbrella" matriz do princípio da subsidiariedade. A rigidez na definição das competências, como alguns ora defendem, pode ser geradora de desequilíbrios de interesses insanáveis e, a prazo, de tensões e desconfianças insustentáveis. As competências da U.E. têm de ser evolutivas, dinâmicas, com a agilidade adequada a um mundo irreversivelmente cada vez mais global, multilateral e multiregional.

O balanço equilibrado dos interesses faz-se em quatro patamares institucionais: a Comissão Europeia, o Conselho e o Parlamento Europeu, o Conselho Europeu e o Tribunal de Justiça.

À Comissão, com o direito exclusivo de iniciativa (sábia construção dos fundadores) que tem sido um dos factores do sucesso do processo de integração europeia, cabe-lhe propor as medidas e as políticas que defendam e promovam o interesse comum. Essas iniciativas são a parte visível do "iceberg", constituído, na parte não visível, por uma laboriosa construção de estudos, processos e recomendações, que naturalmente reflectem também a multiplicidade de lóbis nacionais e europeus, económicos e sociais com os mais diversos perfis.

Nesta fase de "inputs" a Comissão funda-se em boa parte nos Comités Consultivos ou nos Comités de Regulamentação que dão expressão a uma complexa comitologia, subestimada por alguns Estados membros.

Esta fase do "decision-shaping" é a mais importante de todo o processo de decisão, porque é ela que determina largamente a definição do interesse comum em causa, bem como as excepções e especificidades nacionais passíveis de ser ponderadas e preservadas. É no "decision-shaping" que se faz sentir – às vezes de forma opaca – o peso político dos Estados membros e a influência dos grandes lóbis. É aqui que a influência portuguesa tem sido mais modesta, o que diminui a capacidade negocial na fase do "decision-making", ou seja, quando o Conselho (em co-decisão ou não com o P.E.) é chamado a decidir.

É por tudo isto que é preocupante a tese de reduzir o número de Comissários, deixando cair o princípio original de assegurar a presença de todos os Estados (i. e. de um seu nacional) na Comissão Europeia. A Comissão, pelo seu papel no processo de decisão, tem de ter independência, sem dúvida. Mas tem de reflectir, na composição do seu plenário, a diversidade de Estados, sem o que criará desconfianças insanáveis.

É claro que é no Conselho e no P.E. que se procede a uma importante filtragem das propostas da Comissão, se garante o teste de coerência das medidas com o interesse comum e se define o perímetro de intervenção à luz da salvaguarda de interesses nacionais legítimos e da matriz de competências comunitárias.

No Conselho, cada delegação tem sempre um duplo papel: por um lado, a defesa do interesse nacional, por outro lado, a promoção do interesse comum. É claro que não é fácil. Mas a experiência de décadas demonstra que é possível o Conselho decidir de forma equilibrada, para o que é importante tomar como regra as decisões por maioria qualificada, salvaguardando o compromisso do Luxemburgo.

Instância eminentemente vocacionada para reequilibrar os interesses é o Tribunal de Justiça. As suas decisões são garante de justiça, nomeadamente no confronto entre interesses nacionais e interesse comum. A sua Jurisprudência tem sido um dos mais importantes factores de consistência e de credibilidade da construção europeia. A independência e a colegialidade que tem caracterizado esse órgão têm de ser preservados.

Em resumo, pode-se dizer que o equilíbrio de interesses sai ferido quando:

    i) se reduzem os poderes da Comissão;
    ii) se enfraquece a representabilidade dos Estados;
    iii) se reforça a intergovernamentalidade;
    iv) se promove o bilateralismo em contraponto à visão e ao espírito comunitário;
    v) se aumenta a rigidez das competências;
    vi) se enfraquece o poder coordenador do Conselho de Assuntos Gerais;
    vii) se promove a cooperação reforçada como regra;
    viii) se adoptam processos de decisão não transparentes.

Ao contrário o equilíbrio de interesses está mais garantido quando:

i) se reforça o método comunitário;
ii) se reforça o papel da Comissão como garante dos tratados e com o exclusivo do direito de iniciativa;
iii) se assegura transparência quer no "decision-making", quer no "decision-shaping";
iv) se equilibra o binómio subsidiariedade-solidariedade;
v) se reforça o papel coordenador do Conselho de Assuntos Gerais.

3. Portugal: europeizar o interesse nacional

A melhor forma de defender o interesse nacional é através da sua europeização. Isto é: pela sua inserção no perímetro do interesse comum. Uma vez incorporado como parte integrante do interesse comum, o interesse nacional está naturalmente defendido.

É por isso que para um País como o nosso é tão importante conquistar credibilidade e influência. *Credibilidade* para ampliar a nossa voz nas instâncias europeias. *Influência* para poder contribuir consistente e consequentemente para a formação do interesse comum (desde as fases de gestação inicial, como é o designado "decision-shaping phase").

A credibilidade conquista-se pela performance e estabilidade internas e pela seriedade e empenho na frente negocial. A influência, que muito bebe naturalmente também da credibilidade, alavanca-se com a presença competente e empenhada de portugueses nos vários níveis de decisão: desde os representantes nos múltiplos Comités (às vezes à rédea solta!), nos Grupos do Conselho, na REPER, até aos funcionários das instituições. No tirar partido das sinergias de uma presença e acção eficaz e continuada, nos vários níveis de preparação das decisões, é que está o principal ganho de influência dos países pequenos e médios da UE.

Ao invés, um País desacreditado na sua performance política, económica e social e com presença marginal nas diversas instâncias decisórias, tem uma capacidade muito reduzida para defender os seus interesses. Ou seja: acaba a reboque dos interesses de outros e acomoda-se à formação do interesse comum que emerge do cruzamento de influências de Estados, de instituições e de lóbis.

Para Portugal a questão da credibilidade externa é vital. Tal como a questão da sua influência no tecido institucional comunitário. Qualquer destas questões suscita sérias preocupações e recomenda prioridade na sua abordagem. Parece que Portugal terá entrado, desde há alguns anos atrás, num ciclo decrescente de credibilidade e de influência na esfera europeia. E se algumas razões para isso são exógenas, como é o caso da dinâmica do alargamento, a verdade é que os principais factores dessa situação emergem de causas endógenas que nos compete a nós, portugueses em geral e órgãos de soberania em particular, despistar e superar.

O sucesso da participação de Portugal na U.E. resultará sempre de três factores fundamentais: a) "performance" económica, social e política; b) capacidade de integrar o interesse nacional na formação do interesse comum; c) credibilidade e capacidade de intervenção nas instituições comunitárias (Comissão, Conselho, P.E., em particular neste triângulo decisivo).

É claro que se trata de três factores que interagem e com sinergias importantes, já que cada um deles de per se pode alavancar os outros ou, ao contrário, reduzir-lhes o alcance.

Perante um problema sério resultante de uma expectável decisão comunitária que se impõe defender à luz de relevante interesse nacional, há três alternativas negociais: a) bloquear a decisão, impedindo que a sua implementação produza os efeitos negativos antecipados; b) conquistar disposições específicas derrogatórias ou transitórias especialmente aplicáveis ao caso português; c) introduzir na decisão comunitária o ponto de vista nacional que assim passará a ser assumido como parte integrante do interesse comum.

É claro que a primeira alternativa tem espectro de aplicação reduzido. Só é exequível em duas hipóteses: decisões por unanimidade (cada vez menos) ou, nos casos extremos, em que a relevância do interesse em causa leva à invocação do "interesse vital" admitido pelo designado compromisso do Luxemburgo, nos casos em que a decisão é para ser tomada por maioria qualificada. A experiência demonstra que não é fácil a nenhum país e ainda menos a um Estado pequeno ou médio praticar sistematicamente o bloqueio das decisões. O compromisso do Luxemburgo então só em casos raríssimos foi invocado, sendo por todos esgrimido como arma eminentemente dissuasiva. Tenho conhecimento de Portugal ter invocado por uma única vez o compromisso do Luxemburgo em mais de 15 anos de integração europeia.

A segunda alternativa é pertinente em casos de especificidade flagrante que conflitua com a lógica comunitária dominante, especificidade que não pode ser removida sob pena de gravosas consequências económicas e sociais. O "opting-out" é uma fórmula deste tipo, usada na UEM, também em Schengen, assim como na vertente segurança e defesa. Portugal conseguiu algumas vezes fazer valer essa especificidade, em casos de marcada relevância nacional. Exemplos eloquentes são o PEDIP (Programa Específico de Desenvolvimento da Indústria Portuguesa) negociado em 1988, a declaração específica aplicável à agricultura portuguesa (transição específica) decidida no Conselho Europeu de Copenhague de 1987 e a especificidade dos vistos a cidadãos brasileiros (prazos de validade) no quadro de Schengen (em 1991).

A terceira alternativa é de todas, a mais consistente e estável. É também a mais construtiva. Acresce ainda que é aquela que impõe menor erosão negocial, já que as outras duas induzem sempre um grande desgaste de negociação e uma importante, às vezes drástica, redução dos créditos negociais.

Sempre que viável é na europeização do interesse nacional que devemos apostar. Foi essa a orientação seguida, por exemplo, na negociação do mercado interno entre 1987 e 1992. Muitas das nossas especificidades e insuficiências puderam ser salvaguardadas nas soluções comuns adoptadas pelo Conselho, tirando partido do natural jogo de alianças que se ia tecendo ao longo da negociação. Nessa base foi possível de igual modo conquistar credibilidade, reduzindo ao mínimo a erosão negocial.

Outro exemplo expressivo foi a política para as regiões ultraperiféricas que nasceu de uma iniciativa portuguesa na Cimeira de Rodes em 1988 e que, após vários desenvolvimentos, acabou consagrada nos tratados de Maastricht e de Amsterdão. As questões específicas da Madeira e dos Açores tiveram assim a oportunidade de ser abordadas no quadro de uma orientação comum que integrou também as Canárias, os DOM's e os PTOM's.

A criação do Fundo de Coesão, sob proposta portuguesa, em 1991, aquando da negociação de Maastricht é outro exemplo. Portugal só poderia alavancar significativamente os apoios estruturais de Bruxelas se fosse possível criar um instrumento de coesão fora da lógica regional – o que foi conseguido com o Fundo de Coesão para as redes transeuropeias. Assim se construiu a duplicação dos Fundos Estruturais no Pacote Delors II.

A extensão da elegibilidade do FEDER à área da educação, por iniciativa portuguesa, é ainda outro exemplo daquilo a que chamo a "europeização" do interesse nacional.

A defesa equilibrada dos interesses portugueses na União Europeia resulta da conjugação de uma multiplicidade de factores e de circunstâncias sobre as quais há que agir de forma sistemática, persistente e coordenada.

Procuro agora elencar em síntese, e sem exaustividade, algumas linhas de orientação para o processo de integração europeia favoráveis à defesa do interesse nacional na UE:

i) prosseguir o aprofundamento das competências, de forma gradual e dinâmica, balanceando sempre o binómio subsidiariedade – solidariedade;
ii) recuperar e revigorar o conceito de coesão económica e social (quase em vias de ser metido na gaveta);
iii) estender o método de decisão por maioria qualificada, mas mantendo o compromisso do Luxemburgo como um "safety net";
iv) evitar a cristalização rígida de competências e a tendência para a subsidiariedade financeira e renacionalização de políticas;
v) revitalizar a Comissão Europeia, como motor da construção europeia, preservando o seu direito exclusivo de iniciativa;
vi) promover um papel verdadeiramente coordenador para o Conselho de Assuntos Gerais;

vii) repor o Conselho Europeu no seu papel de orientação estratégica da UE;
viii) constituir um Senado europeu, garante da igualdade dos Estados e filtro superior das questões vitais da UE (alargamento, revisões dos tratados, competências, subsidiariedade).

Sem credibilidade externa e sem influência nas instituições, Portugal será um parceiro cada vez mais marginal na UE, que o mesmo é dizer mais periférico do ponto de vista político, económico, social e até cultural.

COMENTÁRIO

JACINTO NUNES

1. Vencida a etapa do "euro" e perante a acuidade e a relevância dos problemas que defronta a União Europeia, designadamente o alargamento a leste e o reforço da PESC, é de importância fundamental que se promovam reflexões sobre esta problemática, como esta que várias instituições ligadas à Universidade de Coimbra levaram a cabo.

Dos três painéis que constituem o Colóquio coube-me moderar o debate sobre "O quadro económico: riscos e oportunidades", onde os cinco intervenientes traçaram a evolução do envolvimento de Portugal no processo de integração europeia:

"Da OCDE à EFTA", "O processo de integração de Portugal nas Comunidades", "Um percurso difícil de convergência nominal", "O sonho da convergência real" "O equilíbrio de interesses na União Europeia" foram os temas no painel que moderei.

2. Depois de uma hesitação inicial Portugal aderiu no 2.º ano da sua vigência ao Plano Marshall. É com a nossa participação na OECE, criada para coordenar a cooperação europeia, que começa a nossa ligação à Europa. Com a pertença à OECE e depois à OEDE (resultante da transformação da primeira em 1962), conseguimos manter sempre um elo de ligação com os países europeus.

Mas a nossa verdadeira abertura à Europa só se realizou no início de 1960, com a nossa adesão à EFTA em Janeiro desse ano. Xavier Pintado, que trabalhou largos anos na EFTA, acaba de historiar com rigor esse processo.

Mas, por essa altura, a nossa abertura ao exterior não se limitou à Europa, verificou-se também na nossa participação no Fundo Monetário Internacional e no Banco Mundial e na negociação do primeiro empréstimo externo da República Portuguesa após a II Grande Guerra.

3. A nossa marcha para a Europa teve um novo avanço em 1972 com a assinatura de um acordo entre Portugal e a CEE e a CECA até que, em 1977, o Governo português apresenta formalmente o nosso pedido de adesão às Comunidades. Foi longo o período de negociações, só após nove anos a Comunidade aceita a nossa entrada e a da Espanha na CEE, na CECA e no Euratom, a partir de 1 de Janeiro de 1986.

Este processo foi descrito, com amplo conhecimento de causa, por Ernâni Lopes que, como Embaixador junto das Comunidades, foi participante activo nas negociações.

4. O Sistema Monetário Europeu foi criado em 1979, mas Portugal, tal como a Espanha, não aderiu logo, quando da sua entrada nas Comunidades, ao SME. Só o fez em 1992 e foi alvo de muita discussão.

A nossa inflação situava-se muito acima da média da inflação comunitária e temiam-se os efeitos da perda da liberdade cambial e da política monetária como instrumentos de combate à inflação que teria de passar somente pela política orçamental. Mas estávamos num momento político difícil com o desmembramento da União Soviética e o crescente protagonismo alemão, tudo o que se fizesse em favor do fortalecimento da construção europeia seria positivo.

Nesse mesmo ano de 1992, assina-se o Tratado de Maastricht, onde se prevê a União Monetária e a criação do Banco Central Europeu.

Em Janeiro de 1999, Portugal é um dos onze países, satisfazendo os critérios de convergência nominal, que aderem ao euro, que prevê a criação de uma moeda única entre eles a partir de Janeiro de 2002.

Com brilho, Jorge Braga de Macedo desenvolveu esta problemática.

5. A convergência nominal foi alcançada, mas o nosso rendimento *per capita* em relação à média da União, não obstante ter subido cerca de 20 pontos, situa-se ainda a pouco mais de 3/4 desta.

O caminho neste domínio não tem sido linear, com avanços e recuos, designadamente nos últimos anos ora temos períodos onde crescemos a uma taxa superior à média comunitária, ora temos mesmo taxas inferiores, ou ainda, quando tal não sucede, a diferença positiva é tão diminuta que atira para as "calendas" a aproximação desejada.

É preciso uma estratégia bem definida, impondo as reformas necessárias para um crescimento mais acelerado e harmónico.

Foi sobre este "Sonho da Convergência Real" que Manuel Porto acaba de dissertar, com conhecimento fundado, sentido realista e finura de espírito.

6. Que futuro para a Europa? No início da nossa intervenção referimos alguns dos problemas que a Europa defronta. E Portugal? Os pequenos países após a Conferência de Nice ficaram algo perplexos com a sua perda de poder no seio da União. É óbvio que antes do alargamento a situação dos chamados grandes tinha de sofrer alguma correcção. Mas ter-se-á ido longe de mais. Sobre a problemática do "Equilíbrio de interesses na União Europeia" discorreu com notável lucidez e clareza Vitor Martins, um velho (mas novo na idade) *routier* do processo da construção europeia, com larga participação activa nesse processo.

7. Temos de acompanhar de muito perto e com estudo aprofundado todo o processo que está a decorrer na União Europeia, embora esta pareça estar num compasso, não direi de espera, mas de certa indefinição. Mas o alargamento vai ser uma realidade e, apoiando-o, não podemos deixar de procurar minimizar eventuais prejuízos que nos possa trazer. Este é o trabalho na frente externa. Mas o principal trabalho é o de casa, romper com a letargia, pensar em termos de país e não de partidos e tomar as medidas, nomeadamente o reequilíbrio das finanças públicas e o acréscimo da competitividade que nos ponha no caminho seguro e firme da convergência real.